GEO GRAPHIE 5

MENSCH UND RAUM

Gymnasium Nordrhein-Westfalen

Herausgegeben und bearbeitet von:

Martin Füllner, Dr. Wolfgang Gerber, Rainer Koch,
Hans-Peter Konopka, Dr. Wolfgang Mittag,
Jürgen Neumann, Dr. Ulrich Theißen

in Zusammenarbeit mit der Verlagsredaktion

Cornelsen

Titelfoto: Wärmekraftwerk Bergkamen (Gesamtverband des deutschen Steinkohlenbergbaus, Essen)

Redaktion: Hans-Ragnar Steininger
Technische Umsetzung: sign, Berlin
Kartographie: Cornelsen Kartographie, Bielefeld
Graphik: Dieter Stade, Hemmingen; Otto Götzl, Hannover
Repro: Köhler & Lippmann, Braunschweig

Druck: Cornelsen Druck, Berlin

ISBN 3-464-08214-8

Bestellnummer 82148

1. Auflage ✔ Druck 5 4 3 2 Jahr 2000 99 98 97

Alle Drucke dieser Auflage können im Unterricht nebeneinander verwendet werden.

gedruckt auf säurefreiem Papier, umweltschonend hergestellt aus chlorfrei gebleichten Faserstoffen

Nordrhein-Westfalen (1993)

Fläche: 34 100 km²

Einwohner: 17,4 Mio., davon 9 Mio. Frauen und 8,4 Mio. Männer
Nordrhein-Westfalen hat rund 1,5 Mio. ausländische Mitbürgerinnen und Mitbürger

Hauptstadt: Düsseldorf

Nordrhein-Westfalen ist nach seiner Fläche das viertgrößte Land in Deutschland, gemessen an seiner Einwohnerzahl das größte.
Gegründet wurde das Land 1946 aus dem Nordteil der Rheinprovinz, der Provinz Westfalen und dem Land Lippe-Detmold. Das Landeswappen zeigt die drei Landesteile: Der Rhein steht für die Rheinprovinz, das Pferd für Westfalen und die Rose für Lippe-Detmold.

0 10 20 30 40 50 km

Nordrhein-Westfalen ist ein Land mit vielen Gesichtern: Etwa zwei Drittel des Landes werden vom Tiefland eingenommen, ein Drittel ist Bergland. Es gibt neben großen, dicht besiedelten Räumen auch weite, überwiegend landwirtschaftlich genutzte Gebiete.

Von den achtzig Großstädten, die es in Deutschland gibt, liegen dreißig in Nordrhein-Westfalen, viele davon im Ruhrgebiet. Dort allein leben über fünf Millionen Menschen.

Steinkohle und Erze waren die Grundlagen für die Entwicklung der Industrie. Über die Hälfte der Beschäftigten ist heute jedoch im Dienstleistungsbereich tätig. Auch im Ruhrgebiet, dem größten Industriegebiet in Europa, bietet die Industrie nicht mehr die meisten Arbeitsplätze.

Die Hauptgebiete der Landwirtschaft sind im Tiefland und am Rande der Mittelgebirge. Die Mittelgebirge sind beliebte Naherholungsgebiete und bieten viele Freizeitmöglichkeiten.

1. Schreibe den Anfangsbuchstaben der Städte auf und vervollständige die Namen.
2. Bestimme auf der Karte die Lage deines Schulortes. Nenne die nächste Großstadt.
3. Miss mit Hilfe der Maßstabsleiste die Entfernung zwischen deinem Schulort und der Landeshauptstadt.
4. Nenne mit Hilfe von Atlaskarten Städte in Deutschland, Europa, Asien und Nordamerika, die in etwa auf dem gleichen Breitengrad wie Düsseldorf liegen.
5. Bestimme mit Hilfe von Atlaskarten die Entfernung von Düsseldorf zu folgenden Orten:
   - Hamburg, Berlin, Frankfurt, München;
   - Oslo, Moskau, Athen, Rom, Tunis, Madrid, Lissabon, Paris, London, Amsterdam.
6. Die Kleinbuchstaben bezeichnen Flüsse und Kanäle oder Seen. Ordne jedem Buchstaben den richtigen Namen zu.
7. Nenne die Namen der beiden Berge im Rothaargebirge. Wie hoch sind sie?
8. Mit welchen Staaten hat Nordrhein-Westfalen eine gemeinsame Grenze?
9. Nenne die Bundesländer, die an Nordrhein-Westfalen grenzen.

Peter Brackmann
Karlstrasse 2
2845 Damme
Tel. 05491/1009

Inhaltsverzeichnis

Zusammenleben in Stadt und Land

Arbeit und Versorgung in Agrarräumen

Arbeit und Versorgung in Industrieräumen

Freizeitgestaltung in Nah- und Fernerholungsräumen

Wir untersuchen einen Raum

Geo-Bausteine

E *Dieses Europazeichen zeigt dir, dass ein Ausblick auf Europa folgt.*

Unser neues Fach

Im Fach Erdkunde, das auch **Geographie** heißt, werden verschiedene Gebiete oder Räume auf der Erde unter bestimmten Leitfragen untersucht:

Wie ist ein Raum beschaffen?
Verschiedene Räume auf der Erde sind von der Natur her meist unterschiedlich ausgestattet. Manche Räume sind eben, andere sind hügelig oder gebirgig. In manchen ist der Boden fruchtbar, in manchen nicht. In einigen Räumen regnet es viel, in anderen wenig. Auch die Temperaturen in den einzelnen Jahreszeiten sind nicht überall gleich.

Wie orientiert man sich im Raum?
Die Erde ist sehr groß. Wenn wir im Unterricht über ferne Räume sprechen wollen, müssen wir uns zunächst einmal zurechtfinden. Wir müssen uns orientieren. Dabei helfen uns Karten im Atlas, die Wandkarte oder der Globus. In diesem Schuljahr lernst du vor allem, dich in Deutschland und in Europa zu orientieren.

Küste

Hochgebirge

Landwirtschaft

Industrie

Erdkunde

Wie nutzt der Mensch den Raum?
Um seine Ernährung zu sichern, betreibt der Mensch Landwirtschaft. In vielen Räumen prägen Ackerbau und Viehzucht das Landschaftsbild. In anderen Gebieten sind große Städte entstanden, in denen viele Menschen wohnen. Dort findet man auch die großen Industriebetriebe. Andere Räume nutzt der Mensch vorwiegend in seiner Freizeit.

Wie verändert der Mensch den Raum?
Überall dort, wo der Mensch den Raum nutzt, verändert er ihn auch. Siedlungen und Freizeiteinrichtungen wachsen immer weiter in die Landschaft hinein. Verkehrswege durchschneiden Wälder und andere Lebensräume. Luft, Wasser und Boden werden vielfach durch den Menschen belastet. Wie kann man den Problemen begegnen?

Du siehst, die Erdkunde behandelt eine Vielzahl interessanter Fragen. Gute Reise nun auf deiner Fahrt durch Deutschland und Europa!

Wohnen in der Stadt

Wohnen auf dem Land

Urlaub an der Küste

Autobahn zur Urlaubszeit

Leben auf dem Dorf – Hilchenbach (Sauerland)

Leben in der Stadt – Soest

Zusammenleben in Stadt und Land

Leben in der Großstadt – Berlin

Wir untersuchen unseren Nahraum

10.1 Wo setze ich meine Schullaufbahn fort?

1. Wir gehen in eine neue Schule

„In welche Grundschule bist du gegangen? Wo liegt die denn eigentlich?“
„Fährst du im Winter auch mit dem Fahrrad zur Schule?“
„Für meinen Schulweg brauche ich jetzt fast zehn Minuten länger als früher.“
„Bisher bin ich zu Fuß gegangen, jetzt benutze ich den Schulbus.“
„Für mich hat sich kaum etwas geändert.“
„Mein Freund aus der Grundschule hat es zur Realschule fast genauso weit wie ich zum Gymnasium.“

Pausengespräche in der ersten Schulwoche an der neuen Schule: Die Schülerinnen und Schüler der 5. Klassen tauschen ihre Erfahrungen über ihren alten und neuen Schulweg aus.

10.2 Das städtische Gymnasium in Herdecke, die Friedrich-Harkort-Schule

Für dich hat der Wechsel zum Gymnasium eine Reihe von Veränderungen und viel Neues gebracht: Neue Gesichter bei Mitschülerinnen und Mitschülern, Lehrerinnen und Lehrern, ein neues Schulgebäude, eine neue Schulumgebung. Du solltest versuchen, diese möglichst schnell kennen zu lernen, schließlich willst du dich einige Jahre lang dort wohl fühlen.

Der folgende Erkundungsauftrag gibt dir und deinen Mitschülerinnen und Mitschülern ein paar Tipps, wie ihr dies gemeinsam im Rahmen des Erdkundeunterrichtes machen könnt. Denkt euch in der Klasse weitere Erkundungs- und Beobachtungsaufgaben aus und sprecht darüber im Unterricht.

Bildet zunächst kleine Arbeitsgruppen von vier bis fünf Mitgliedern. Jede dieser Arbeitsgruppen soll im Laufe der Erarbeitung einen kleinen Ordner anlegen oder eine Wandzeitung für eine „Schulbroschüre“ erstellen. Eure Ergebnisse könnt ihr den anderen Arbeitsgruppen, aber auch den Parallelklassen oder der ganzen Schule vorstellen. Hierfür bietet sich eine kleine Ausstellung während des Elternsprechtages oder am Tag des Schulfestes an.

Einige Anregungen für eure Erkundung:

- Schreibt Namen und Anschrift der Schule auf.
- Listet auf, woher eure Mitschülerinnen und Mitschüler kommen (Geburtsort, Herkunftsland).
- Erkundet, wo sie wohnen (Anschrift, Entfernung Wohnung – Schule).
- Tragt die Wohnstandorte in einen Stadtplan ein.
- Führt eine Strichliste, mit welchen Verkehrsmitteln eure Mitschülerinnen und Mitschüler den Schulweg zurücklegen (zu Fuß, per Fahrrad, Bus, Straßenbahn, Pkw). Veranschaulicht dieses Ergebnis in Form einer Tabelle.
- Stellt fest, wie sicher eurer Schulweg ist: Gibt es Gefahrenpunkte? Wie sollte man sich dort verhalten? Kann man etwas verbessern?
- Welche Spiel- und Erholungsmöglichkeiten bietet eure Schule (Pausenspiele, Pausenhalle, Sportanlagen, Schülerbücherei, Cafeteria)?
- Welche Freizeitangebote macht euch die Schule am Nachmittag oder am Wochenende?
- Welche Gruppen nutzen die Einrichtungen der Schule am Nachmittag oder am Wochenende?
- Zeichnet eine einfache Skizze der näheren Schulumgebung. Nehmt einen Stadtplan und ein Stück Transparentpapier zu Hilfe.

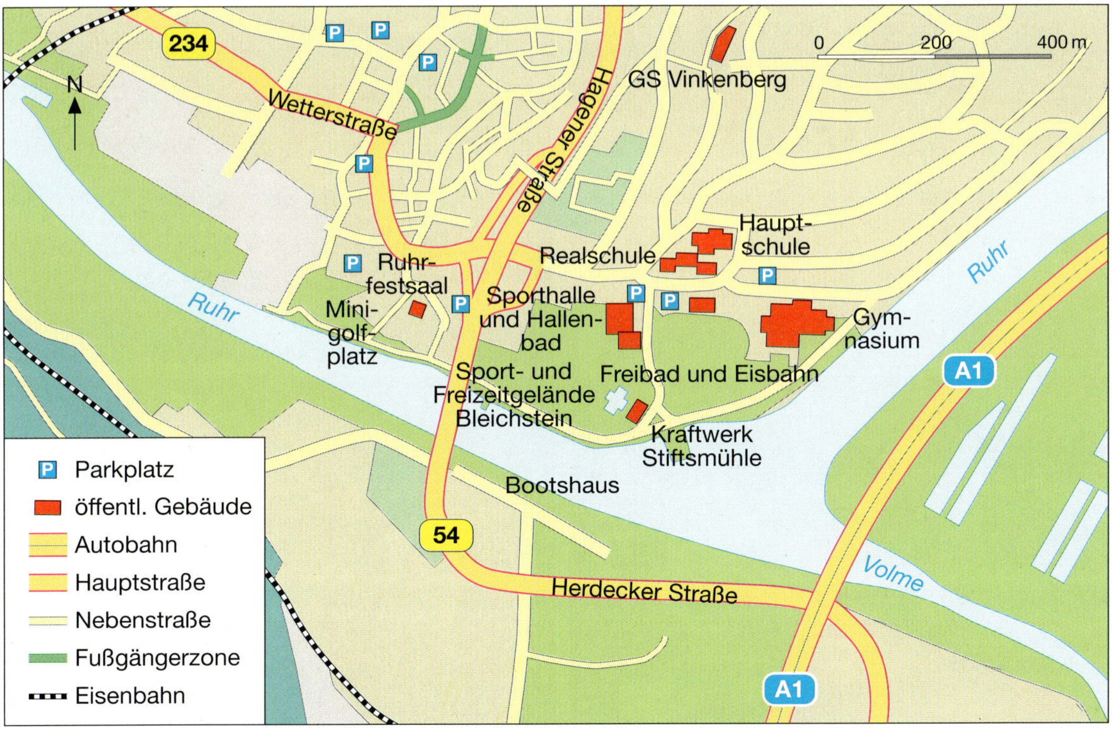

11.1 Schulumgebung des Gymnasiums Friedrich-Harkort-Schule in Herdecke

2. Unser Wohnort

Nina, 11 Jahre, Schülerin der Klasse 5 c, berichtet:
„Ich wohne mit meinen Eltern und meinem Bruder seit über fünf Jahren in Herdecke-Ende in einem Zweifamilienhaus. Der Ortsteil liegt etwa 90 m oberhalb der Stadt an einem Hang des Ardey-Gebirges. Mit dem Bus benötige ich kaum 15 Minuten bis zur Ortsmitte, bis zur Schule sind es ungefähr fünf Minuten mehr. In Herdecke gefällt es mir sehr gut. Es gibt eine sehr schöne Altstadt mit vielen Fachwerkhäusern und eine Fußgängerzone mit vielen Geschäften. Direkt an der Ruhr befinden sich tolle Sport- und Freizeitanlagen, direkt daneben liegt auch mein Gymnasium. Es hat im Übrigen einen eigenen Segelclub.“

Herdecke hat 26 000 Einwohner und gehört zum Ennepe-Ruhr-Kreis. Es liegt in der Ruhrtalzone, die vielen Bewohnern des benachbarten Ruhrgebietes eine Reihe von Naherholungsangeboten macht. Die Menschen im Ennepe-Ruhr-Kreis wohnen, wie die Einwohner anderer Gegenden auch, in sehr unterschiedlichen Siedlungen, Häusern und Wohnungen. Man findet ländliche Gebiete mit alten Dörfern und Bauernhäusern, aber auch Städte mit zum Teil sehr unterschiedlichem Erscheinungsbild. Dieses hängt weitgehend davon ab, ob Handel und Handwerk, Industrie oder Freizeiteinrichtungen das Wirtschaften und Wohnen prägen.

Im Untersuchungsbogen auf Seite 13 findest du einige Hinweise, wie du mehr über das Wohnen und die Wohnumgebung der Menschen an deinem eigenen Wohnort in Erfahrung bringen kannst.

Menschen wohnen unterschiedlich

12.1

Wir untersuchen unseren Wohnort

Herdecke

Fragebogen der Klasse 5:

Schule: ______________________________

Datum: ______________________________

Interviewer: ______________________________

Thema: *Wohnen und Wohnumfeld*

Befragte Person:
Geschlecht: *männlich* ◯ *weiblich* ◯

Alter: ______ *Jahre*

1. **Nehmt einen Plan eures Wohnortes und markiert darauf eure Wohnungen.**
2. **Teilt eure Klasse in Gruppen ein (Gruppenstärke: 3 bis 4 Teilnehmer).**
3. **Stellt mithilfe der folgenden Hinweise einen Fragebogen zusammen und befragt mit eurer Gruppe Mitschülerinnen und Mitschüler und Mitbürgerinnen und Mitbürger nach:**
   - ❑ Art des Hauses, in dem die Befragten wohnen (Mehrfamilienhaus, Reihenhaus, Einfamilienhaus);
   - ❑ Alter des Hauses (Baujahr);
   - ❑ Haustyp, Baumaterial;
   - ❑ Einkaufsmöglichkeiten in der Nähe der Wohnung;
   - ❑ Weitere Angebote in der nahen Wohnumgebung (Arzt, Reinigung, Werkstatt);
   - ❑ Bildungsangebot in Wohnungsnähe (Kindergärten, Schulen, Büchereien);
   - ❑ Spiel-, Freizeit- und Erholungsmöglichkeiten am Wohnort;
   - ❑ Verkehrsbedingungen am Wohnort oder in der Nähe der Wohnung;
   - ❑ Umweltbedingungen am Wohnort oder in Wohnungsnähe (Lärm, Schmutz, Geruch);
   - ❑ Zufriedenheit bzw. Unzufriedenheit mit Wohnung und Wohnort;
   - ❑ Änderungswünsche/Wohnungswünsche
4. **Vergleicht die Untersuchungsergebnisse der einzelnen Gruppen; fertigt eine Zusammenfassung an.**
5. **Stellt eure Ergebnisse mithilfe von Fotos, Tabellen oder Diagrammen dar (vgl. Geo-Bausteine S. 154/155).**

13.1 Erkundungsbogen

1. Eine Stadt hat viele Gesichter

Elke Herrlich, 11 Jahre, wohnt in Garath, einem Vorort im Süden der Landeshauptstadt Düsseldorf. Seit 1960 entwickelt sich Garath zu einem lebendigen Stadtteil Düsseldorfs. Anfangs bezeichnete man Garath als reine „Schlafstadt". Heute gibt es dort alle Einrichtungen, die für das Wohlbefinden der in Garath lebenden Menschen wichtig sind. Einkaufszentren, Kindergärten und Schulen, Spiel- und Sportplätze, ein großes Freizeit- und Kulturzentrum sowie gute ärztliche Versorgungseinrichtungen machen Garath zu einem modernen Stadtteil. Busse und der im Zentrum gelegene S-Bahnhof ermöglichen günstige Verkehrsverbindungen bis in Düsseldorfs Stadtmitte sowie nach Köln und ins Ruhrgebiet. Elke fährt jeden Tag mit der S-Bahn nach Düsseldorf-Benrath, wo sie die 5. Klasse des Schloss-Gymnasiums besucht. Elkes Mutter arbeitet als Krankenschwester in der

Schauspielhaus

Rheinstadion

Königsallee

Regierungsviertel

Steckbrief Düsseldorf
- Seit 1946 Hauptstadt des Landes Nordrhein-Westfalen
- 575 000 Einwohner, davon rund 70 000 Ausländer
- Sitz der Landesregierung (Landtag und Ministerien)
- Zahlreiche ausländische Vertretungen (z. B. von Japan)
- Sitz vieler Banken, Wirtschaftsunternehmen und Handelsvertretungen
- Bedeutende Messestadt; Börse
- Weithin bekannte kulturelle Einrichtungen: Oper, Theater, Museen
- Größter Charterflughafen Deutschlands, auch Linienflugverkehr

15.1 Düsseldorf

Düsseldorfer Universitätsklinik. Ihr Vater ist bei einem großen Waschmittelhersteller im Stadtteil Holthausen angestellt. Elkes Eltern erreichen ihren jeweiligen Arbeitsplatz mit Bus, Straßenbahn und S-Bahn, sodass der private Pkw wochentags meist in der Garage bleiben kann.

Elke fühlt sich in Garath wohl. Sie spielt beim SV Garath Basketball und hat durch Sportverein und Schule viele Bekannte und Freunde. Manchmal fährt sie mit ihren Freundinnen und Freunden in die Stadtmitte um ins Kino zu gehen oder durch die großen Kaufhäuser und die Altstadt zu bummeln.

Wenn Elkes Eltern am Wochenende Zeit haben, unternimmt die Familie ab und zu etwas gemeinsam: Sie gehen in die Altstadt zum Pizza-Essen, fahren zu einer Sportveranstaltung ins Rheinstadion im Stadtteil Stockum oder ins Eisstadion an der Brehmstraße, sie besuchen das Marionetten-Theater an der Bilker Straße in der Altstadt oder den Aqua-Zoo im Nordpark. Weitere interessante Ausflugsziele bieten der Flughafen in Düsseldorf-Lohausen, die vielen Museen, Düsseldorfs Prachtstraße Königsallee sowie die Erholungsparks in Düsseldorf und am Rande der Stadt.

Altstadt, Karlstadt und Stadtmitte bilden die eigentliche Düsseldorfer Innenstadt, die City. Hier in der Innenstadt werden viele Häuser in gleicher Weise genutzt: Ebenerdig findet man Geschäfte oder Restaurants, im 1. und 2. Stock meist Büro- und Praxisräume. Mietwohnungen gibt es nur noch in den oberen Stockwerken.

Stadtviertel in Düsseldorf

Wie jede andere Stadt hat auch Düsseldorf viele Stadtviertel, die verschieden aussehen und bestimmte Aufgaben haben: Wohnviertel, Geschäfts- und Verwaltungsviertel, Gewerbe- bzw. Industrieviertel. Außerdem findet man Erholungs- und Freizeiteinrichtungen.

1. Lokalisiere einige in den Texten S. 14 bis 16 genannte Stadtteile und Stadtviertel auf der Düsseldorf-Karte (Karte 15.1).

2. Nenne einige Gewerbe- und Industriezweige in bestimmten Stadtteilen Düsseldorfs (Karte 15.1).

3. Besorge dir einen Plan deines Wohnortes (Rathaus, Reisebüro). Zeige und markiere darauf:
- Wohnviertel,
- Innenstadt,
- Gewerbe- und Industriegebiete,
- Erholungs- und Freizeiteinrichtungen,
- Verwaltungsgebäude (z. B. Rathaus),
- Verkehrseinrichtungen (z. B. Bahnhof, Hafen, Flughafen, Autobahn).

Wohnviertel
Die Wohnviertel sind über das gesamte Stadtgebiet Düsseldorfs verteilt (s. Karte 15.1). In den meisten Wohngebieten befinden sich auch Geschäfte, Kleinbetriebe und Freizeiteinrichtungen.

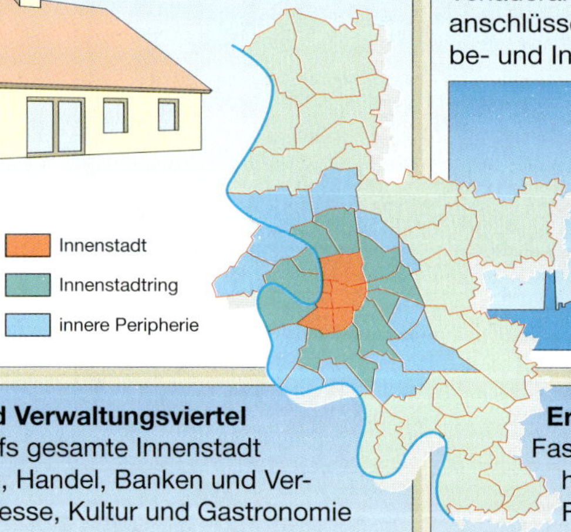

Gewerbe- und Industrieviertel
Kleinere Gewerbebetriebe sind in fast allen Stadtteilen Düsseldorfs zu finden (s. Karte 15.1). Größere Gewerbe- und Industrieflächen sind dagegen nur in einigen Stadtteilen anzutreffen. Lager- und Maschinenhallen, Rohrleitungen, Verladerampen, Kräne und besondere Verkehrsanschlüsse bestimmen das Bild dieser Gewerbe- und Industrieviertel.

Geschäfts- und Verwaltungsviertel
Über Düsseldorfs gesamte Innenstadt sind Verwaltung, Handel, Banken und Versicherungen, Presse, Kultur und Gastronomie verteilt. Düsseldorfs berühmte Altstadt ist eine Mischung aus alten Wohnhäusern, Kultureinrichtungen, Galerien, Brauhäusern, Kneipen, Restaurants, Diskotheken und Verwaltungsgebäuden.

Erholungs- und Freizeiteinrichtungen
Fast jeder Stadtteil Düsseldorfs bietet Erholungs- und Freizeitmöglichkeiten an. Freizeitparks, größere Park-, Wald- und Wasserflächen, Spiel- und Sportmöglichkeiten im Freien und in der Halle, Gartenanlagen, Tiergehege und Aquarium, Theater, Museen, Restaurants und weitere Unterhaltungseinrichtungen bieten den Menschen je nach Bedarf sehr unterschiedliche Gelegenheiten zur Gestaltung ihrer Erholung und Freizeit. Gute Verkehrsverbindungen ermöglichen außerdem Ausflüge in die nähere und weitere Umgebung Düsseldorfs.

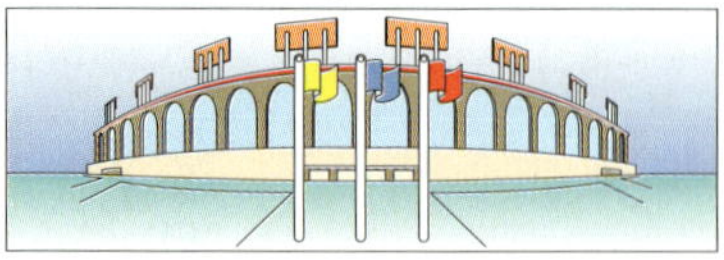

16.1 Düsseldorf hat viele Viertel

2. Verkehr in der Großstadt

„Fachleute befürchten: Düsseldorf wird im Verkehr ersticken." Mit dieser Zeitungsüberschrift beginnt Frau Sommer den Erdkundeunterricht in der 5. Klasse des Benrather Schloss-Gymnasiums, in der auch Elke Herrlich sitzt. Die Klasse beschließt, zum Thema „Verkehr in der Großstadt" ein Projekt durchzuführen. Elke, Alexandra, Tobias und Christoph bilden dabei eine Arbeitsgruppe.

Mit einem Kassettenrekorder machen sie sich auf den Weg um Elkes Onkel Heinz Blöcher aus Düsseldorf-Urdenbach zum Thema „Verkehr in der Großstadt" zu interviewen (s. Schülerinterview).

Einige Tage nach ihrem Interview fährt Elke mit ihrer Arbeitsgruppe zum Düsseldorfer Rathaus und besorgt sich dort folgende Zahlen über die Verkehrssituation in der Landeshauptstadt:

• Kraftfahrzeuge, die täglich von außerhalb nach Düsseldorf einfahren:		381 000
davon	Pkw	337 000
	Lkw	38 000
	Krafträder, Mopeds	6 000
• Erwerbstätige, die pro Tag von außerhalb nach Düsseldorf zur Arbeit kommen:		140 000
• Erwerbstätige insgesamt:		243 000

Täglich fahren Zehntausende Erwerbstätige mit ihren Autos zur Arbeit. Viele dieser Arbeitnehmer kommen aus der Umgebung von Düsseldorf, aus dem Ruhrgebiet und vom Niederrhein.

Schülerin: Herr Blöcher, wo wohnen und arbeiten Sie in Düsseldorf?

Herr B.: Ich wohne auf der Urdenbacher Dorfstraße in Düsseldorf-Urdenbach. Ich arbeite als Bankkaufmann bei einer bekannten Bank auf der Westseite der Königsallee in der Stadtmitte.

Schülerin: Und wie kommen Sie morgens bei dem dichten Verkehr zur Arbeit?

Herr B.: Früher bin ich immer mit meinem Auto zur Arbeit gefahren. In den letzten Jahren hat der Verkehr jedoch vor allem morgens und am frühen Abend sehr stark zugenommen. Außerdem bekam ich immer häufiger Schwierigkeiten, überhaupt einen Parkplatz in der Düsseldorfer Innenstadt zu finden. Die zu mietenden Dauerparkplätze kosten inzwischen viel Geld. Seit etwa einem Jahr benutze ich deshalb jeden Tag den Bus, die S-Bahn und die Straßenbahn.

Schülerin: Und wie sind Ihre Erfahrungen mit diesen öffentlichen Nahverkehrsmitteln?

Herr B.: Die Busse und Bahnen sind zwar immer ziemlich voll, dafür spare ich aber eindeutig Geld. Ich kann nur hoffen, dass in Zukunft viele Menschen ihren Pkw in der Garage lassen, wenn sie in Düsseldorf zur Arbeit fahren. Dann könnten Busse und Bahnen auch noch preiswerter und häufiger fahren. Außerdem vermindern die Nahverkehrsmittel die Umweltbelastung.

17.2 Schülerinterview

17.1 Zur Hauptverkehrszeit in Düsseldorf

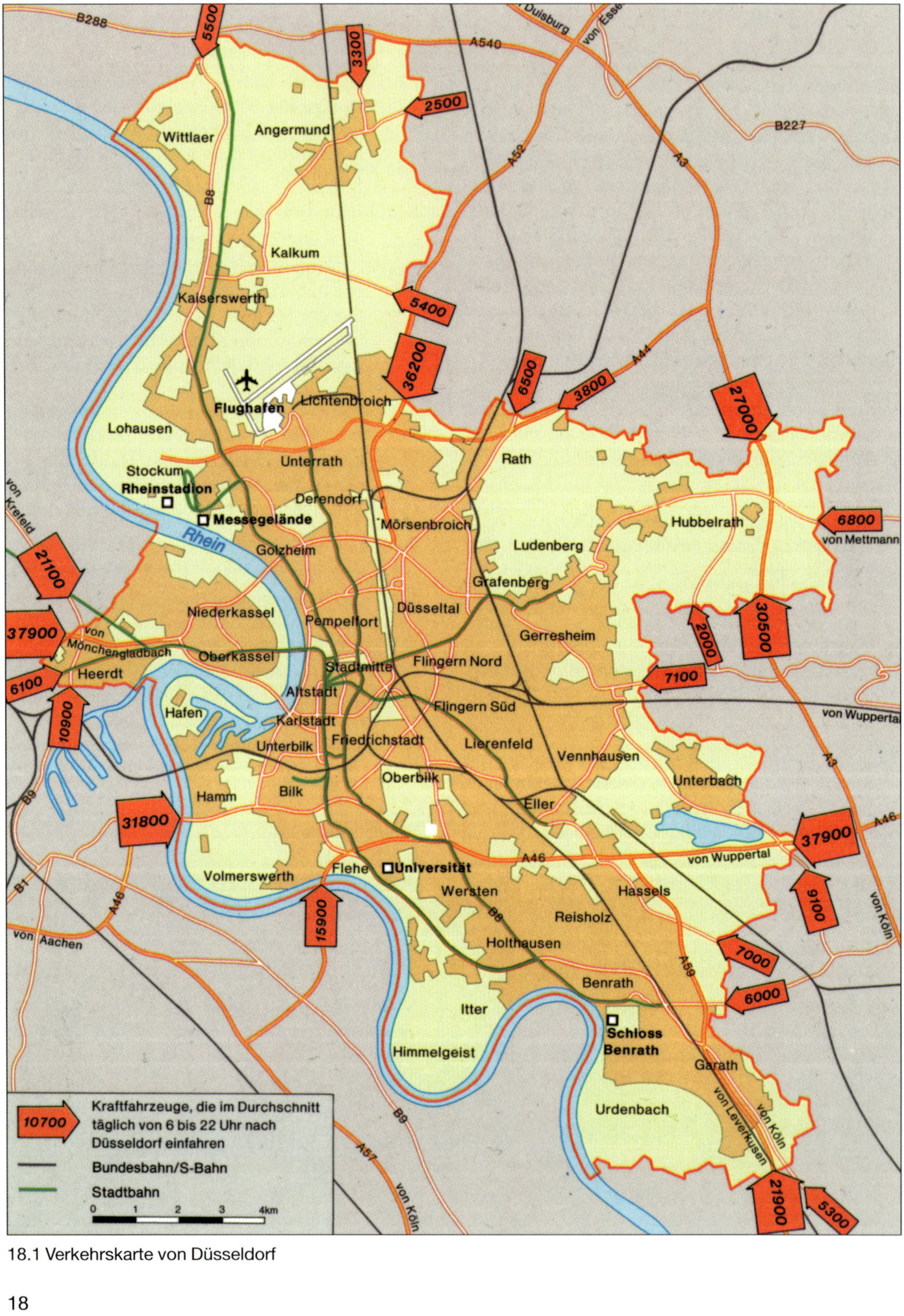

18.1 Verkehrskarte von Düsseldorf

Die Polizei meldet Staus und zäh fließenden Verkehr von folgenden Autobahnen:

A 46 von Wuppertal in Richtung Düsseldorf zwischen Düsseldorf-Süd und der Abfahrt Wersten, 5 Kilometer.

A 46 von Heinsberg in Richtung Düsseldorf zwischen Grevenbroich-Kapellen und Neuss-West, 4 Kilometer.

A 52 von Mönchengladbach in Richtung Düsseldorf zwischen Mönchengladbach-Nord und Meerbusch/Neuss, 14 Kilometer.

A 52 von Essen in Richtung Düsseldorf zwischen Ratingen-Lintorf und Mörsenbroicher Ei, 9 Kilometer.

A 57 von Köln oder Krefeld in Richtung Düsseldorf zwischen Neuss-Reuschenberg und der Düsseldorfer Südbrücke, 5 Kilometer.

19.1 Verkehrsbericht

Um ihre Berichterstattung zum Thema „Verkehr in der Großstadt" zu vervollständigen, nimmt Elke eines Morgens um 7.35 Uhr diese Verkehrshinweise im WDR 2 mit ihrem Kassettenrekorder auf. Außerdem führt Elkes Arbeitsgruppe weitere Interviews mit Schulkindern und Erwachsenen durch. Auch die anderen Arbeitsgruppen aus Elkes Klasse sind fleißig. In der letzten Erdkundestunde vor den Herbstferien tragen alle Gruppen ihre Arbeitsergebnisse vor. In der Besprechung werden Düsseldorfs große Verkehrsprobleme deutlich:

- Zur gleichen Zeit, wenn der Verkehr von außen in die Stadt hineinrollt, erreicht auch der innerstädtische Verkehr seine Spitze. Grüne Ampeln helfen nicht weiter, der Verkehr stockt, es kommt zu Staus.
- Ist der Autofahrer endlich am Ziel, so findet er kaum einen Parkplatz.
  Parkhäuser und Großparkplätze sind häufig überfüllt, der ruhende Verkehr verstopft die Straßenränder. Sogar Gehsteige und Radwege sind durch parkende Autos blockiert. Vor den Geschäften und Kaufhäusern wird Ware geliefert und abgeholt.
- Radfahrer, Kinder und ältere Menschen sind in diesem täglichen Verkehrsgewühl besonders gefährdet.
- Lärm und Abgase belasten in hohem Maße die Umwelt und gefährden die Gesundheit der Menschen.

Natürlich bemüht sich die Stadt Düsseldorf um die Lösung ihrer Verkehrsprobleme. So soll z. B. der Öffentliche Personennahverkehr (ÖPNV) erweitert und modernisiert werden. Für die einzelnen Verkehrsmittel braucht man inzwischen nur noch eine Fahrkarte, die ein schnelles und kostengünstiges Umsteigen ermöglicht. Darum wurde z. B. der Düsseldorfer Hauptbahnhof als Verknüpfungspunkt von Bundesbahn, S-Bahn, U-Bahn, Bus- und Straßenbahnlinien völlig umgebaut.

1. Besprecht das Schülerinterview. Vergleicht mit der Verkehrssituation an eurem Wohnort. Nennt Vor- und Nachteile, die sich bei der Benutzung von Autos und öffentlichen Nahverkehrsmitteln ergeben.

2. Suche in Karte 18.1 die am stärksten befahrenen Straßen nach Düsseldorf hinein. Vergleiche mit den im Verkehrsbericht 19.1 von WDR 2 erwähnten Strecken.

3. Erkundet an eurem Wohnort:

a) Wo kommt es regelmäßig zu Staus oder zäh fließendem Verkehr?

b) Wo gibt es Parkplatzprobleme?

c) Nennt Maßnahmen, die Fußgängern und Radfahrern mehr Sicherheit geben.

d) Wie versucht man an eurem Wohnort, solche Verkehrsprobleme zu lösen (siehe hierzu auch Abb. 19.2)?

Verkehrskonzept Düsseldorf

- Sperrung der Innenstadt bzw. hohe Gebühren für die Fahrt in die Innenstadt
- ÖPNV-Beschleunigungsprogramm (kürzere Zeitabstände)
- Tempo-30-Zonen
- Verkehrsleitsystem (z.B. Ampelvorrangschaltung für den ÖPNV)
- Parkleitsystem (freie Parkplätze werden auf Leuchttafeln entlang den Hauptverkehrsstraßen angezeigt)
- P+R-Konzept (Park-and-ride-System)
- B+R-Konzept (Bike-and-ride-System)
- Ausbau des Radwegenetzes
- Unterbindung von Durchgangsverkehr
- Parkvorrechte für Anwohner
- Einführung einer „Umweltkarte" (nutzbar für ÖPNV und Stadtbahn)

19.2 Düsseldorfs Verkehrskonzept für die Zukunft

20.1 Wahrzeichen Berlins

3. Berlin – zwei Städte wachsen zusammen

„Meine Damen und Herren, ich begrüße Sie herzlich zu unserer Rundfahrt durch das Stadtzentrum von Berlin. Wir fahren gerade über eine der Hauptgeschäftsstraßen, den Kurfürstendamm oder Kudamm, wie wir Berliner sagen. Links sehen Sie gleich die Kaiser-Wilhelm-Gedächtnis-Kirche. Nun geht es am Zoologischen Garten und am Tiergarten entlang zum Potsdamer Platz. Hier verlief bis 1989 die Mauer mitten durch den ehemaligen Stadtkern. In wenigen Jahren wird auf diesem Gelände ein neues Stadtzentrum entstehen.

Nun erreichen wir den Alexanderplatz. Hier wurde vor mehr als 750 Jahren die Stadt Berlin gegründet. Vom Alex aus fahren wir über die Karl-Liebknecht-Straße, vorbei an Fernsehturm und Rotem Rathaus. Rechts, direkt an der Spree, steht der Berliner Dom, links sehen Sie die Regierungsgebäude der ehemaligen DDR. Jetzt erreichen wir die Straße Unter den Linden und in der Ferne sehen Sie bereits das Brandenburger Tor, das Symbol der deutschen Einheit ...“

1. Suche Berlin auf einer Atlaskarte. Bestimme die Entfernung (Luftlinie) zu deinem Schulort.
2. Bestimme auf einer Atlaskarte die größte Ost-West-Ausdehnung von Berlin. Vergleiche mit der Entfernung Duisburg-Dortmund.
3. Verfolge auf einer Atlaskarte den Weg der Stadtrundfahrt.
4. Welche der in Abb. 20.1 gezeigten Wahrzeichen Berlins kennst du? Bestimme ihre Lage in der Stadt (Atlas).
5. Beschreibe anhand einer Atlaskarte den Verlauf der ehemaligen Mauer in Berlin.

Vielleicht hast du dich ein wenig über den Titel dieses Kapitels gewundert: Berlin – zwei Städte wachsen zusammen. Dies erscheint widersinnig. Ist Berlin etwa keine gewöhnliche Stadt wie beispielsweise München oder Köln? Nein – die Stadt Berlin hat ein ganz besonderes Schicksal.

Nach dem Zweiten Weltkrieg entstanden auf dem Gebiet des ehemaligen Deutschen Reiches zwei Staaten: Im Westen die Bundesrepublik Deutschland mit der neuen Hauptstadt Bonn und im Osten die DDR. Auch die ehemalige Reichshauptstadt

Berlin wurde geteilt. Berlin (West) blieb eng mit der Bundesrepublik Deutschland verbunden, Berlin (Ost) wurde zur Hauptstadt der DDR erklärt.

1961 ließ die DDR eine Mauer mit einem breiten Schutzstreifen zwischen Berlin (West) und Berlin (Ost) sowie dem heutigen Land Brandenburg errichten. Zeitweise unterband die Regierung der DDR sogar Besuche der Menschen zwischen beiden Teilen Berlins.

Im Herbst 1989 erzwang die Bevölkerung der DDR in einer friedlichen Revolution die Öffnung der Grenzen und den Rücktritt der kommunistischen Regierung. Am 3. Oktober 1990 traten die Länder aus dem Gebiet der ehemaligen DDR der Bundesrepublik Deutschland bei. Berlin wurde zur Hauptstadt des vereinten Deutschlands erklärt. Bislang ist Bonn weiterhin Sitz der Bundesregierung. Der Umzug der Regierung nach Berlin soll in einigen Jahren erfolgen.

Die alte und neue Hauptstadt Berlin steht nach der Wiedervereinigung vor schwierigen Aufgaben. Während der Teilung entstanden in beiden Stadthälften unabhängig voneinander alle Einrichtungen, die zu einer großen Stadt gehören, doppelt oder mehrfach. Jetzt, nach der Vereinigung, sind manche dieser mehrfach vorhandenen Einrichtungen überflüssig geworden. Welche sollen aufgelöst werden, die im Westen oder die im Osten?

Die Verkehrsverbindungen zwischen den beiden Teilen der Stadt waren bis auf wenige Ausnahmen jahrzehntelang unterbrochen. Schon kurze Zeit nach der Öffnung der Grenze konnten aber U- und S-Bahnen wieder auf den gleichen Linien wie vor dem Mauerbau verkehren. Bahnanlagen und Bahnhöfe müssen allerdings an vielen Stellen unter großem Kostenaufwand erneuert werden.

Dort, wo die Mauer verlief, gibt es große unbebaute Flächen, für die eine neue sinnvolle Nutzung gefunden werden muss. Dies gilt vor allem für den Potsdamer Platz. Anfang der Neunzigerjahre erstreckte sich hier noch eine riesige „Wüste“. In den nächsten Jahren soll am Potsdamer Platz ein neues Stadtzentrum entstehen, mit Kaufhäusern, Cafés, Restaurants, Theatern, Hotels und Wohnungen.

6. Beschreibe den Potsdamer Platz vor dem Fall der Mauer. Wie sieht die Gestaltung des Platzes für die Zukunft aus (Abb. 21.1)? Suche das Gebiet auf einer Atlaskarte.

Das Zusammenwachsen der beiden Stadtteile bringt besonders für die Menschen aus dem Ostteil Berlins viele Probleme mit sich. Fast über Nacht mussten sie sich mit Veränderungen in den meisten Bereichen des täglichen Lebens vertraut machen. Viele Ost-Berliner verloren nach der Vereinigung der beiden deutschen Staaten ihren Arbeitsplatz. Mieten und andere Ausgaben sind in Ost-Berlin sehr schnell gestiegen, obwohl die meisten Menschen dort augenblicklich noch weniger verdienen als die West-Berliner. Besonders ältere Menschen haben Probleme, sich innerhalb kurzer Zeit an die neuen Verhältnisse zu gewöhnen.

Hilfsbereitschaft und Verständnis sind vor allem seitens der West-Berliner nötig, um die Folgen der Teilung möglichst rasch zu überwinden.

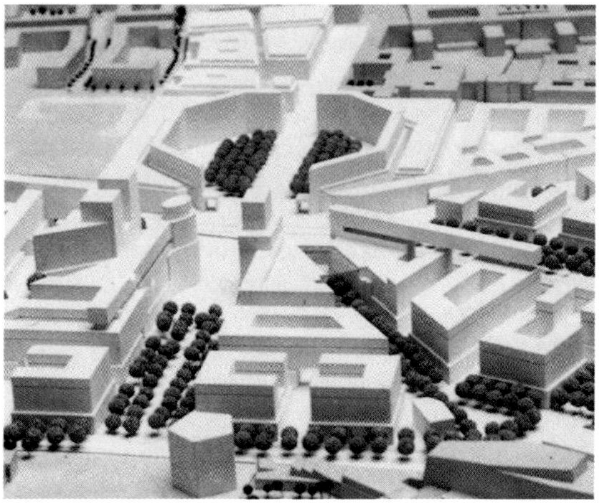

21.1 Potsdamer Platz. Links vor 1989; rechts Planung (Modell)

22.1 Ausländische Familien im Tiergarten

22.2 In einer Moschee in Kreuzberg

In Berlin leben Menschen aus vielen Ländern zusammen

Bei einem Spaziergang durch Berlin begegnet man Menschen aller Hautfarben, hört man viele verschiedene Sprachen. Warum leben Menschen aus allen Teilen der Welt in Berlin?

Schon vor mehr als 100 Jahren, als Berlin die Hauptstadt des Deutschen Reiches wurde, kamen Menschen aus Polen, Russland, Böhmen und anderen Ländern in die Stadt um dort Arbeit zu finden. Berlin wurde zu einem Schmelztiegel verschiedener Völker, die dort friedlich zusammenlebten.

Nach der Teilung Berlins und dem Mauerbau 1961 hatte die Wirtschaft vor allem in West-Berlin große Schwierigkeiten, genügend Arbeitskräfte zu finden. Daraufhin wurden ausländische Arbeiter angeworben. Menschen aus Italien, Griechenland, Jugoslawien, der Türkei und anderen Ländern kamen nach Berlin. Zunächst waren es vorwiegend junge Männer, die hier arbeiteten. Viele von ihnen holten bald ihre Familien nach. Anfang der Neunzigerjahre war die Zahl der ausländischen Mitbürgerinnen und Mitbürger in West-Berlin auf über 250 000 gestiegen. Fast die Hälfte davon stammte aus der Türkei. Auch die DDR holte Arbeitskräfte aus dem Ausland nach Ost-Berlin, vor allem aus Vietnam, aber auch aus Osteuropa und Afrika.

Seit dem Zusammenbruch der kommunistischen Herrschaft in den Staaten Mittel-, Ost- und Südosteuropas Ende der Achtzigerjahre strömen viele Menschen aus diesen Ländern nach Berlin und in andere deutsche Städte. Sie hoffen, in Deutschland bessere Lebensverhältnisse als in ihrer Heimat zu finden. Dazu kommen Flüchtlinge und Asylsuchende aus vielen Teilen der Welt, die wegen eines Krieges oder aus Angst vor Verfolgung ihre Heimat verlassen haben.

Den meisten Ausländern, die sich längere Zeit in Berlin aufhalten, ist es gelungen sich einzuleben, einen Arbeitsplatz und eine Wohnung zu finden. Die Mehrheit der Deutschen steht den ausländischen Mitbürgerinnen und Mitbürgern wohlwollend und verständnisvoll gegenüber. Es ist allerdings leider auch vorgekommen, dass sich Deutsche Ausländern gegenüber feindselig verhalten haben. Die große Mehrheit der Bevölkerung hat sich aber eindeutig gegen jede Form von Ausländerfeindlichkeit ausgesprochen.

Zu direkten persönlichen Kontakten zwischen Deutschen und Ausländern kommt es jedoch noch zu selten, meist nur am Arbeitsplatz. Dies liegt zum einen an fehlenden Sprachkenntnissen, zum anderen auch daran, dass viele Deutsche den fremden Gebräuchen und Kulturen wenig Verständnis entgegenbringen. Das bessere gegenseitige Verstehen kann vielerorts gefördert werden, so zum Beispiel auch in der Schule.

1. Sprecht in der Klasse über die Berichte von Tülin und Thuy (vgl. S. 23). Diskutiert über mögliche Ursachen von Streitigkeiten zwischen Ausländern und Deutschen. Lasst ausländische Schülerinnen und Schüler aus eurer Klasse über ihr Leben in Deutschland berichten. Überlegt, wie ihr euch gegenseitig helfen könnt, euch besser zu verstehen.

Tülin, ein türkisches Mädchen, erzählt:
„Unsere Familie lebt schon seit 15 Jahren in Berlin-Kreuzberg. Meine drei Geschwister und ich sind hier geboren.

Für uns ist Berlin die Heimat, nicht die Türkei. Wir wohnen in einer großen Altbauwohnung mit zwei Kinderzimmern. Uns geht es besser als vielen anderen Türken, die meist kleinere Wohnungen haben als wir.

Mein Vater hat vor einigen Jahren ein Geschäft mit türkischen Waren eröffnet. Weil in unserer Straße und im ganzen Viertel viele Türken wohnen, die fast alle bei uns einkaufen, geht das Geschäft recht gut. Deutsche Kunden haben wir auch.

Ich komme mit deutschen Kindern eigentlich nur in der Schule zusammen.

23.1 Türkische Bäckerei in Kreuzberg

Nur dort spreche ich auch deutsch; zu Hause wird nur türkisch gesprochen. Ausländerfeindlichkeit habe ich selbst noch nicht erlebt. Manchmal gibt es allerdings im Haus Streit zwischen den deutschen Mietern und uns. Weil wir uns gern mit Verwandten und Nachbarn treffen und gemeinsam reden, essen und trinken, geht es bei uns schon mal etwas laut zu. Dann schimpfen die Deutschen über den Lärm; außerdem beschweren sie sich oft darüber, dass es im ganzen Haus nach Knoblauch riecht. ...“

Thuy, eine junge Frau aus Vietnam, erzählt:
„Ich kam vor fast fünf Jahren nach Berlin. Die Regierung der DDR hatte damals in Vietnam Tausende von jungen Männern und Frauen als Arbeitskräfte angeworben. Wir verdienten in der DDR ganz gut, hatten aber fast keinen Kontakt zu den Deutschen. Durch die deutsche Einheit ist das Leben für uns sehr schwer geworden. Bis vor kurzem arbeitete ich in einem Betrieb der Elektroindustrie.

Doch vor einigen Wochen bin ich entlassen worden und seitdem arbeitslos. Fast alle Vietnamesen in Berlin haben ihren alten Arbeitsplatz verloren. Ich verdiene jetzt etwas Geld als Straßenhändlerin. Sparen kann ich nichts mehr, denn es reicht gerade zum Leben.

23.2 Arbeiterin aus Vietnam in einem Betrieb in Tempelhof

Aus meiner Wohnung in einem Wohnheim in Berlin-Marzahn muss ich nächsten Monat ausziehen. Wohin ich dann gehen soll, weiß ich noch nicht. Es ist sehr schwer, in Berlin eine billige Wohnung zu finden. Die meisten meiner Landsleute sind schon wieder nach Vietnam zurückgegangen. Viele von ihnen sind mit den neuen Verhältnissen nach der deutschen Einheit nicht zurechtgekommen. Ich würde gern bleiben, aber meine Aufenthaltserlaubnis läuft bald ab. Ob sie verlängert wird, weiß ich noch nicht ...“

Lebensraum Dorf

24.1 Kapellen um 1900

1. Das Leben im Dorf hat sich gewandelt

Kapellen ist ein kleiner Ort mit ca. 5800 Einwohnern. 1975 wurde Kapellen in die Stadt Grevenbroich eingemeindet. Trotzdem fühlen sich viele, vor allem ältere Einwohner, immer noch als Kapellener Bürger: Für sie heißt es nicht nach Grevenbroich, sondern „in die Stadt" zu fahren.

Frau Schmitz wurde 1909 in Kapellen geboren und wuchs dort mit ihren sieben Geschwistern auf. Wenn ihre zwölfjährige Enkelin Sabine zu Besuch kommt, erzählt sie gerne aus der alten Zeit. Sabine ist neugierig, wie das Leben in Kapellen früher war und stellt ihrer Großmutter viele Fragen:

„Bist du denn auch mit dem Bus zur Schule gefahren?"

„Nein, Sabine, das brauchten wir nicht. Meine Volksschule lag zwei Straßen weiter. Es wurden jeweils zwei Jahrgänge gemeinsam unterrichtet. Da wir täglich von 8 bis 12 Uhr und von 14 bis 16 Uhr Unterricht hatten, konnten wir mittags immer zu Hause essen. In der Schule lernten wir Hochdeutsch, aber daheim sprachen wir nur Plattdeutsch, wie wir älteren Leute es untereinander auch heute noch tun."

„Was habt ihr in eurer Freizeit gemacht?"

„Wir lebten damals auf einem der Bauernhöfe, von denen es hier viele gab. Nach der Schule haben wir oft zu Hause helfen müssen, denn landwirtschaftliche Maschinen gab es kaum. Die ganze Arbeit auf dem Feld und im Garten musste mit der Hand gemacht werden. Mein Vater war oft mit seinen Pferden draußen und hat das Feld bearbeitet. Ich selber habe mir einige Pfennige dadurch verdient, dass ich den Nachbarn Wasser von der Dorfpumpe holte. Eine Wasserleitung war nämlich noch nicht vorhanden. Ebenso wenig gab es elektrischen Strom und die Kanalisation. Und wenn wir wirklich Freizeit hatten, sind wir im Sommer in der Erft schwimmen gegangen."

„Gab es denn damals auch schon den Supermarkt?"

„Nein, Sabine, solch ein großes Geschäft brauchten wir damals auch nicht. Vieles von dem, was wir zum Leben benötigten, bauten wir in unserem Garten an oder bekamen es von anderen Bauern. Und für die wenigen anderen Dinge hatten wir ein paar kleine Geschäfte im Ort."

„Und wohin seid ihr in den Urlaub gefahren?"

„Urlaubsreisen, wie du sie kennst, gab es damals noch nicht. Wir sind öfter einmal nach Grevenbroich zu Fuß gegangen. Ein Auto hatten wir ja noch nicht. Es gab zwar auch schon die Eisenbahn, aber die war für uns sehr teuer. So haben wir nur selten das Dorf verlassen, dafür aber eine gute Nachbarschaft gepflegt. Auch heute treffen wir uns noch regelmäßig und erzählen dann von den vergangenen Zeiten."

Sabine ist vor einiger Zeit mit ihrer Familie von Düsseldorf nach Kapellen gezogen. Hier bewohnt sie ein Einfamilienhaus in einem Neubauviertel. Sie erzählt, wie ihre Familie heute lebt:

„Mein Vater fährt jeden Morgen bereits um 6 Uhr mit dem Auto los, damit er nicht im Stau stehen muss, denn er muss pünktlich in seinem Büro in Düsseldorf sein. Um 7 Uhr gehe ich mit meinem 17-jährigen Bruder Thomas zur Haltestelle, wo unser Schulbus zum Gymnasium in Grevenbroich abfährt. Meine Mutter würde gerne wieder arbeiten, aber in Kapellen gibt es für sie keine Stelle.

Wenn ich die Hausaufgaben gemacht habe, bleibt noch Zeit, im Garten mit Freundinnen zu spielen. Oft gehen wir auch ein Eis essen, denn in der Eisdiele treffen sich viele Kinder des Dorfes. Außerdem treibe ich Sport und spiele Gitarre. Umständlich ist es jedoch, zur Musikschule nach Grevenbroich zu gelangen. Es vergeht eine Menge Zeit, mit Zug und Bus in die Stadt zu fahren.

Mittlerweile fühlen sich meine Eltern in Kapellen heimisch. Durch die Mitarbeit im Schützenverein sind sie schnell in der Dorfgemeinschaft aufgenommen worden. Meine Mutter hatte es auch leichter, denn im Pfarrgemeinderat hat sie wieder zahlreiche alte Bekannte getroffen. Mein Vater hat außerdem viele Leute im Sportverein kennen gelernt.

Thomas jedoch ist nicht ganz so zufrieden. Er vermisst besonders das Kino und den Pizzabäcker, außerdem muss er zur nächsten Diskothek bis nach Grevenbroich fahren."

1. Lokalisiere Kapellen auf einer Atlaskarte.
2. Vergleiche das frühere mit dem heutigen Dorfleben in Kapellen (Text).
3. Beschreibe die Entwicklung der Bevölkerung in Kapellen (Abb. 25.1).
4. Berichte über Arbeitsablauf und Stellung der Frau in früheren Zeiten (Text 25.2). Vergleiche mit der Situation von Sabines Mutter.

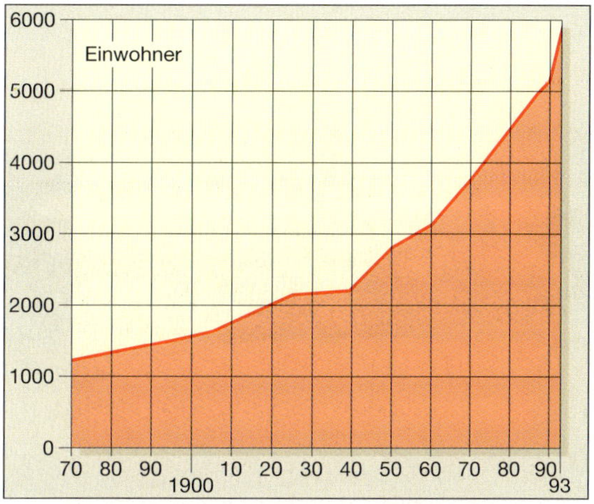

25.1 Bevölkerungsentwicklung von Kapellen

Die Mehrzahl der erwerbstätigen Frauen war in der Landwirtschaft beschäftigt, teils als Bäuerin, teils als Landarbeiterin, teils als Gesinde. Das Haus war das Reich der Frau, die Hausarbeit ausschließlich ihre Sache. Die Frau musste kochen, die Wohnung sauber halten, auf die Vorräte achten, die Kühe melken und die Milchwirtschaft besorgen. Hinzu kam noch die Versorgung des Gartens, des Kleinviehs und der Kinder. Auch die Stallarbeit musste überwiegend von den Frauen gemacht werden. Der Zaun um das Haus war die Grenze der Zuständigkeit. Für das Bestellen des Ackers war der Mann verantwortlich. Die Frauen hatten mit den Fragen des Feldanbaus nichts zu tun. Außerdem waren die Männer diejenigen, die die gemeinsamen Probleme in der Gemeinde lösten.

So wurde eine bäuerliche Welt aufgebaut mit einer Unterscheidung von männlichen und weiblichen Aufgaben: Die Männer mussten mit der Natur, den Feldern und den Tieren fertig werden, die Frauen mit der Hauswirtschaft und den Kindern. So wurden auch die Kinder erzogen. Die Mädchen hatten die kleineren Geschwister zu beaufsichtigen und sie hatten zu schweigen, wenn etwas gesagt wurde. Die Jungen dagegen mussten wild sein, wurden gereizt und aggressive Reaktionen wurden als aufregend männlich begrüßt.

(nach KUCZYNSKI, J.: Geschichte des Alltags des deutschen Volkes. Köln 1982, S. 273 ff)

25.2 Arbeit und Leben der Frau auf dem Bauernhof vor 100 Jahren

26.1 Neue Wohnsiedlung

26.2 Im Ort

2. Kapellen hat sich verändert

Früher arbeiteten zwei Drittel der Bevölkerung in der Landwirtschaft. Inzwischen wurden aber viele Höfe aufgegeben, denn sie waren zu klein um ertragreich wirtschaften zu können oder die Maschinen waren in der Anschaffung zu teuer. Einige Landwirte haben auch ihre Betriebsflächen verpachtet. Heute arbeiten nur noch jeweils 2 von 100 Personen in der Landwirtschaft.

In Kapellen befanden sich um die Jahrhundertwende noch zahlreiche kleine Handwerksbetriebe. Dort arbeiteten Hufschmiede, Radmacher, Sattler und auch Korbmacher. Diese Berufe gibt es heute nicht mehr. Andere jedoch wie Maler und Glaser haben ihren Betrieb nicht aufgeben müssen.

Auch Bäcker und Metzger haben heute noch ihre Einzelhandelsgeschäfte im Ort. Sie haben sich aber teilweise größeren Handelsketten angeschlossen. Außerdem steht ein Supermarkt für den täglichen Einkauf zur Verfügung. Viele Familien fahren zum Einkauf auch auf die „grüne Wiese“ in der Umgebung, wo sich einige große Einkaufszentren befinden. Dort decken sie ihren wöchentlichen Bedarf an Lebensmitteln.

Am Ortsrand von Kapellen ist in den vergangenen Jahren ein kleines Gewerbegebiet stark erweitert worden. Die Firmen nutzen die guten Verkehrsanbindungen. So hat hier u. a. ein Betrieb sein Auslieferungslager neu angesiedelt und auch der Vertrieb von Büromaschinen erfolgt nun von hier aus. In einem neuen Bürogebäude arbeiten fast 100 Personen.

Die Freizeit kann man vielseitig in Kapellen verbringen. Neben den Sportmöglichkeiten im Stadion stehen Turnhallen und Tennisplätze zur Verfügung. Entlang der Erft lassen sich ausgedehnte Wanderungen und Radtouren machen. Für den Besuch eines Schwimmbades muss man allerdings in weiter entfernte Nachbarorte fahren. Auch andere Freizeiteinrichtungen wie eine Minigolfanlage, einen Waldlehrpfad oder ein Wildfreigehege gibt es hier nicht.

Seit der Eingemeindung müssen die Einwohner Kapellens für viele Behördengänge bis nach Grevenbroich fahren. Es existiert nämlich nur noch eine kleine Nebenstelle, bei der man Anträge für Ausweise, Anmeldungen des Wohnsitzes u. a. stellen kann. Alles andere muss man in Grevenbroich erledigen, z. B. Baugenehmigungen, Eheschließungen und Gewerbeanmeldungen.

1. Beschreibe, welche Ortsteile es in Kapellen gibt (Abb. 26.1, 26.2).

2. Erläutere, was sich in Kapellen verändert hat. Nenne Vorteile, die sich aus deiner Sicht für die Einwohner Kapellens ergeben haben.

3. Vergleiche die Arbeitsplätze in früherer Zeit mit denen heute (Text).

4. Arbeite mit dem Ortsplan von 1993 (Abb. 27.2) und vergleiche mit dem Kapellen des 19. Jahrhunderts (Abb. 27.1):
- Beschreibe die Lage von Wohngebieten und öffentlichen Einrichtungen.
- Erläutere die Lage der Gewerbegebiete.
- Beschreibe, wie das Land außerhalb des Ortes genutzt wird.

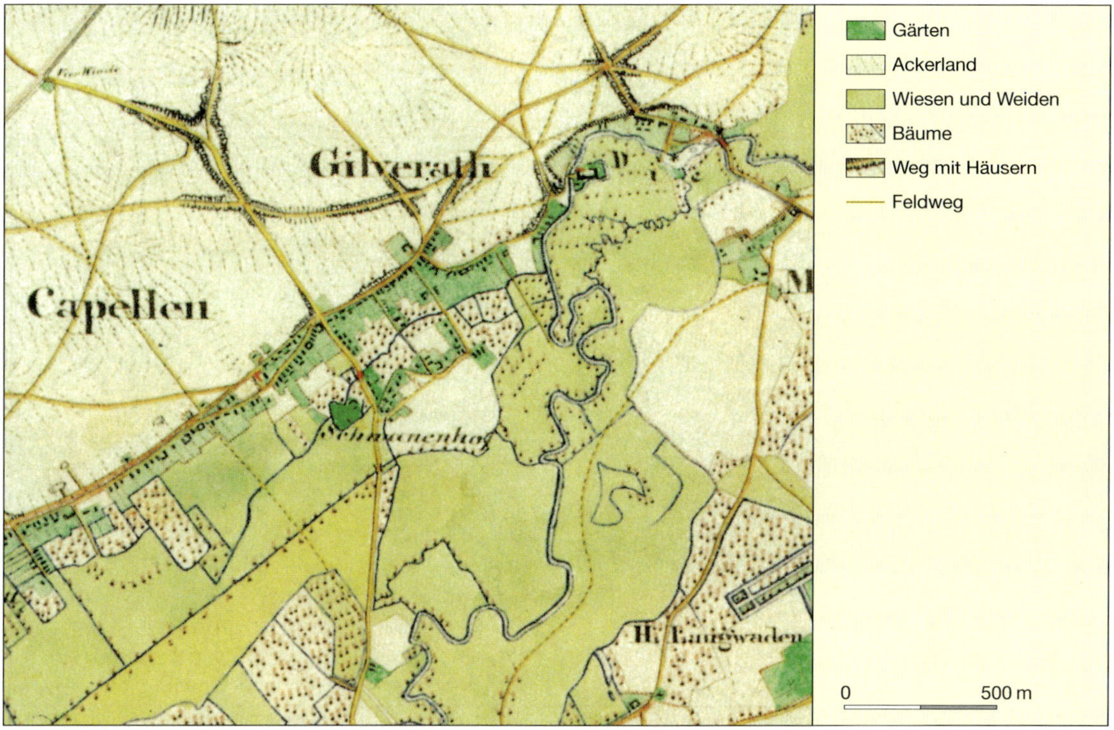

27.1 Kapellen um 1845

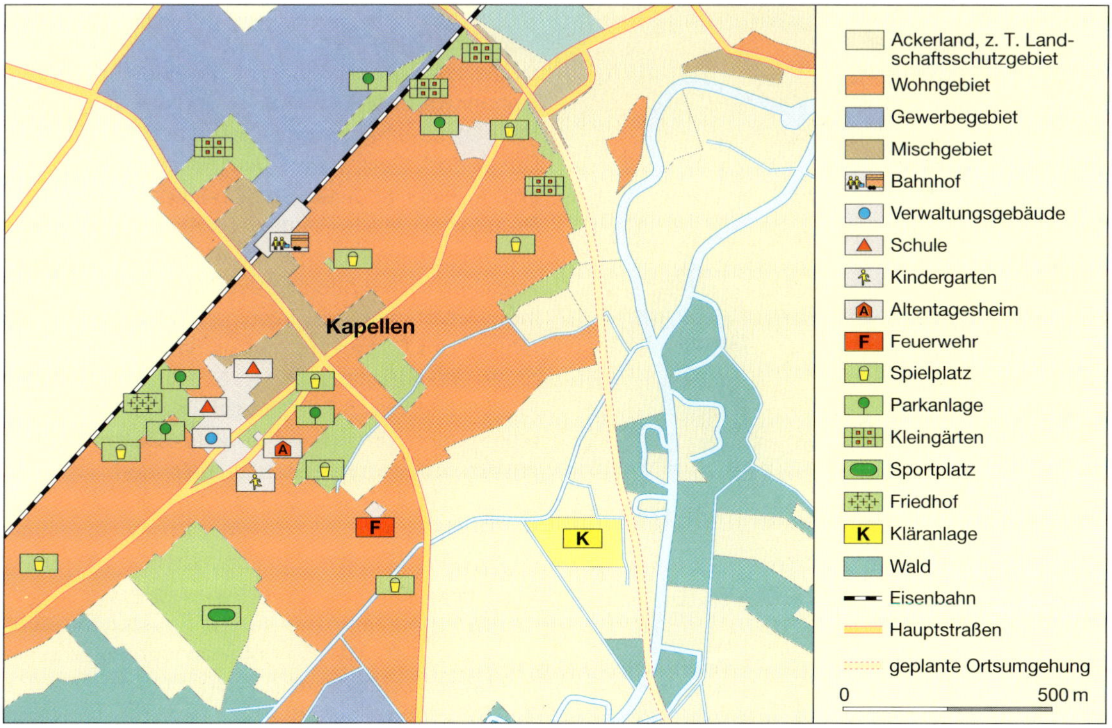

27.2 Ortsplan von Kapellen 1993

28.1 Verkehrsanschluss von Kapellen

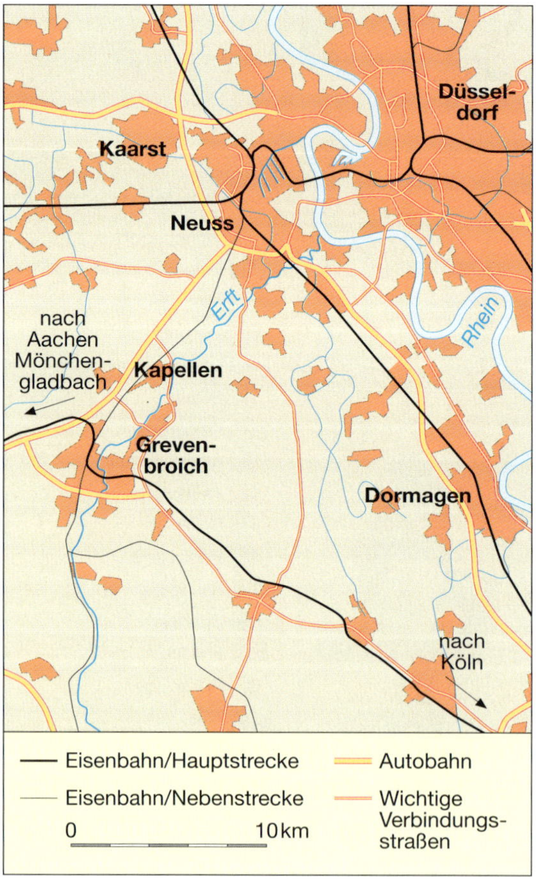

28.2 Umgebung von Kapellen

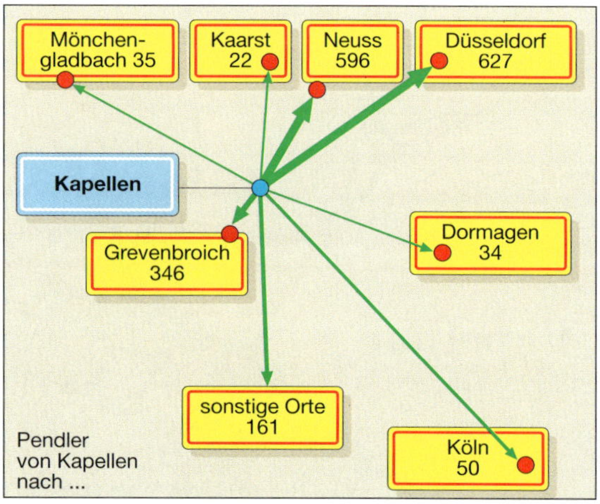

28.3 Zielorte der Pendler

Seit den Sechzigerjahren errichtet man in Kapellen neue Wohnviertel. Wie Sabine mit ihrer Familie zogen viele aus Düsseldorf und Neuss hierher. Sie fanden eine Umgebung vor mit wenig Lärm und Luftverschmutzung. Auch waren die Grundstückspreise und Mieten erschwinglich, ebenso ist der Arbeitsplatz in der Großstadt nicht zu weit entfernt.

Der ständig wachsende Verkehr machte den Bau einer Umgehungsstraße erforderlich. Durch Kapellen führte nämlich eine direkte Zubringerstraße zur Autobahn nach Düsseldorf. Viele Einwohner Kapellens fahren wie Sabines Vater jeden Morgen zu ihrem Arbeitsplatz nach Neuss oder Düsseldorf. Solche Personen, deren Arbeitsstelle sich in einer anderen Stadt befindet, nennt man **Pendler.** Nicht alle Pendler aus Kapellen benutzen das Auto, viele fahren mit der Eisenbahn. Häufig erreichen sie mit öffentlichen Verkehrsmitteln eher ihren Arbeitsplatz als diejenigen, die mit dem Pkw fahren. Um Düsseldorf gibt es nämlich jeden Tag große Verkehrsstauungen (s. S. 19).

Oft bilden sich Fahrgemeinschaften, das heißt, man verabredet sich mit Arbeitskollegen um nur mit einem Auto in die Stadt zu gelangen.

5. Stelle in Abb. 28.3 die Anzahl der Berufstätigen fest, die in die umliegenden Orte pendeln.

6. Untersuche, welche Verkehrsverbindungen den Pendlern zur Verfügung stehen (Abb. 28.1, 28.2). Welche Entfernungen müssen sie täglich zurücklegen?

7. Begründe anhand Abb. 18.1 die täglichen Verkehrsstauungen im Großraum Düsseldorf.

3. Altes bewahren – Denkmalschutz

Herr Schmitz wohnt in einem Haus, das von der Stadt als denkmalgeschütztes Bauwerk in die Liste der Baudenkmäler aufgenommen wurde. Er hat sich entschlossen, sein Haus zu modernisieren. Seine Vorstellungen darf er aber nicht alle in die Tat umsetzen. Vorher muss er sich nämlich mit dem Amt für Denkmalschutz in Verbindung setzen. So wird zusammen ausgearbeitet, was an dem Gebäude verändert werden darf.

Herr Schmitz erfährt, dass die Fassade des Gebäudes erhalten bleiben muss. Er darf keine größeren Fenster einbauen und das Anbringen von Rolläden wird ihm überhaupt nicht erlaubt. Das würde das Gesamtbild des Hauses verändern. Auch wird ihm vorgeschrieben, in welcher Farbe er den Anstrich des Hauses vorzunehmen hat. Im Inneren des Gebäudes allerdings darf er Wände herausnehmen, um größere Zimmer zu erhalten. Auch die Toiletten, die vorher auf halber Treppe waren, darf er in einem Badezimmer installieren.

Beim Aufstellen der Kosten stellt Herr Schmitz fest, dass der Umbau durch Auflagen des Denkmalschützers wesentlich teurer wird. Allerdings braucht er nicht alle Kosten zu tragen: Er erhält staatliche Zuschüsse, damit sein Haus in der bisherigen Form erhalten werden kann.

1. Erläutere die Aufgaben des Denkmalschutzes (Abb. 29.1 – 3). Wie wird der Erhalt wertvoller Bauten erreicht?

29.2 Haus unter Denkmalschutz

29.3 Altes Wegekreuz

Was ist ein Denkmal?
Ein Denkmal ist ein Haus oder ein anderes bedeutendes Bauwerk. Es ist bedeutend für die kulturelle Entwicklung in einer Region. Manchmal werden sogar ganze Bauernhöfe oder Siedlungen unter Denkmalschutz gestellt, weil sie einzigartig sind. So kann man z. B. auch wertvolle alte Städte erhalten. Denkmäler lassen sich an einem besonderen kleinen Schild erkennen.

Wer ist für den Denkmalschutz verantwortlich?
Die Denkmalpflege wird von den Bundesländern organisiert. Dazu werden alle Denkmäler in Listen eingetragen. So kann man nachschlagen, wo man in seiner Umgebung Denkmäler findet. Der Eigentümer eines Denkmals ist dafür verantwortlich, dass es erhalten und gepflegt wird. Dazu bekommt er Geld vom Staat.

Welche Arbeit kann die Denkmalpflege leisten?
Die Arbeiten an den Denkmälern reichen von einfachen Maßnahmen (z. B. Dach, Anstrich) bis hin zu Spezialarbeiten (z. B. Schutzverglasung). Nicht immer allerdings lässt sich ein Denkmal erhalten. Es kommt vor, dass es bereits verfallen ist. Manchmal fällt es auch anderen Baumaßnahmen zum Opfer.

(nach Brockhaus Enzyklopädie, Mannheim 1988)

29.1 Aufgaben des Denkmalschutzes

Übersicht: Bevölkerungsdichte und Großstädte in Deutschland

Fast 80 Millionen Menschen lebten 1994 in der Bundesrepublik Deutschland, 64 Mio. in den alten, 16 Mio. in den neuen Bundesländern. Ein Blick auf die Bevölkerungskarte im Atlas zeigt, dass die Bevölkerung ungleichmäßig verteilt ist: Große Bereiche der neuen Bundesländer, das Norddeutsche Tiefland, die Mittelgebirge und das Alpenvorland sind nur schwach besiedelt. Dichte Besiedlung findet man hingegen an Rhein, Ruhr und Neckar, wo sich so genannte Siedlungsbänder gebildet haben: Hier befinden sich schon seit dem Mittelalter bedeutende Verkehrs- und Handelsknotenpunkte, die günstig für Industrieansiedlungen sind. Infolgedessen siedelten sich dort immer mehr Menschen an (vgl. Abb. 31.1 und 113.1). In den neuen Bundesländern lässt sich ein Bevölkerungsschwerpunkt außer in Berlin noch im Dreieck Leipzig-Dresden-Chemnitz finden.

Insgesamt lebt etwa ein Drittel der Deutschen in Großstädten (mit mehr als 100 000 E.), ein Viertel der Bevölkerung lebt in Mittelstädten (20 000 – 100 000 E.).

Im größten Verdichtungsraum (Gebiete mit einer Mindestfläche vom 100 km², in denen mindestens 150 000 Menschen leben), dem Rhein-Ruhr-Gebiet, leben mit etwa 10 Mio. E. mehr Menschen als in Berlin, Hamburg, München, Stuttgart und Frankfurt zusammen (vgl. Abb. 113.1).

1. Nenne Großstädte in den Verdichtungsräumen Rhein/Ruhr, Rhein/Main und Rhein/Neckar (Abb. 31.1 und 113.1).
2. In welchen Gebieten der neuen Bundesländer ist die Bevölkerungsdichte besonders groß?
3. Nenne Gründe für das allmähliche Anwachsen der Bevölkerungszahl in Großstädten und in Verdichtungsräumen.
4. Nenne die unterschiedlichen Lebens- und Wohnbedingungen in ländlichen Gebieten und in Verdichtungsräumen.
5. Suche auf der Abb. 31.1 die Landeshauptstädte: Welche liegen in Verdichtungsräumen, welche in ländlichen Gebieten?
6. Nenne anhand der Abb. 31.1 große Flüsse. Betrachte ihren Verlauf von der Quelle bis zur Mündung: Was stellst du hinsichtlich der Bevölkerungsdichte in ihrer Nähe fest?

Land	**Bevölkerung**	**Hauptstadt/** Einwohner		**ausgewählte Großstädte/** Einwohner	
Baden-Württemberg	9 787 000	Stuttgart	580 000		
Bayern	11 221 000	München	1 230 000	Nürnberg	490 000
Berlin	3 430 000	Berlin			
Brandenburg	2 641 000	Potsdam	140 000		
Bremen	674 000	Bremen			
Hamburg	1 626 000	Hamburg			
Hessen	5 661 000	Wiesbaden	260 000	Frankfurt	640 000
Mecklenburg-Vorpommern	1 964 000	Schwerin	130 000	Rostock	250 000
Niedersachsen	7 284 000	Hannover	510 000		
Nordrhein-Westfalen	17 104 000	Düsseldorf	575 000	Köln	950 000
				Essen	630 000
				Dortmund	600 000
Rheinland-Pfalz	3 702 000	Mainz	180 000		
Saarland	1 065 000	Saarbrücken	190 000		
Sachsen	4 901 000	Dresden	490 000	Leipzig	510 000
Sachsen-Anhalt	2 965 000	Magdeburg	280 000	Halle	310 000
Schleswig-Holstein	2 595 000	Kiel	250 000		
Thüringen	2 684 000	Erfurt	210 000		

30.1 Länder der Bundesrepublik Deutschland, Landeshauptstädte, ausgewählte Großstädte (1994)

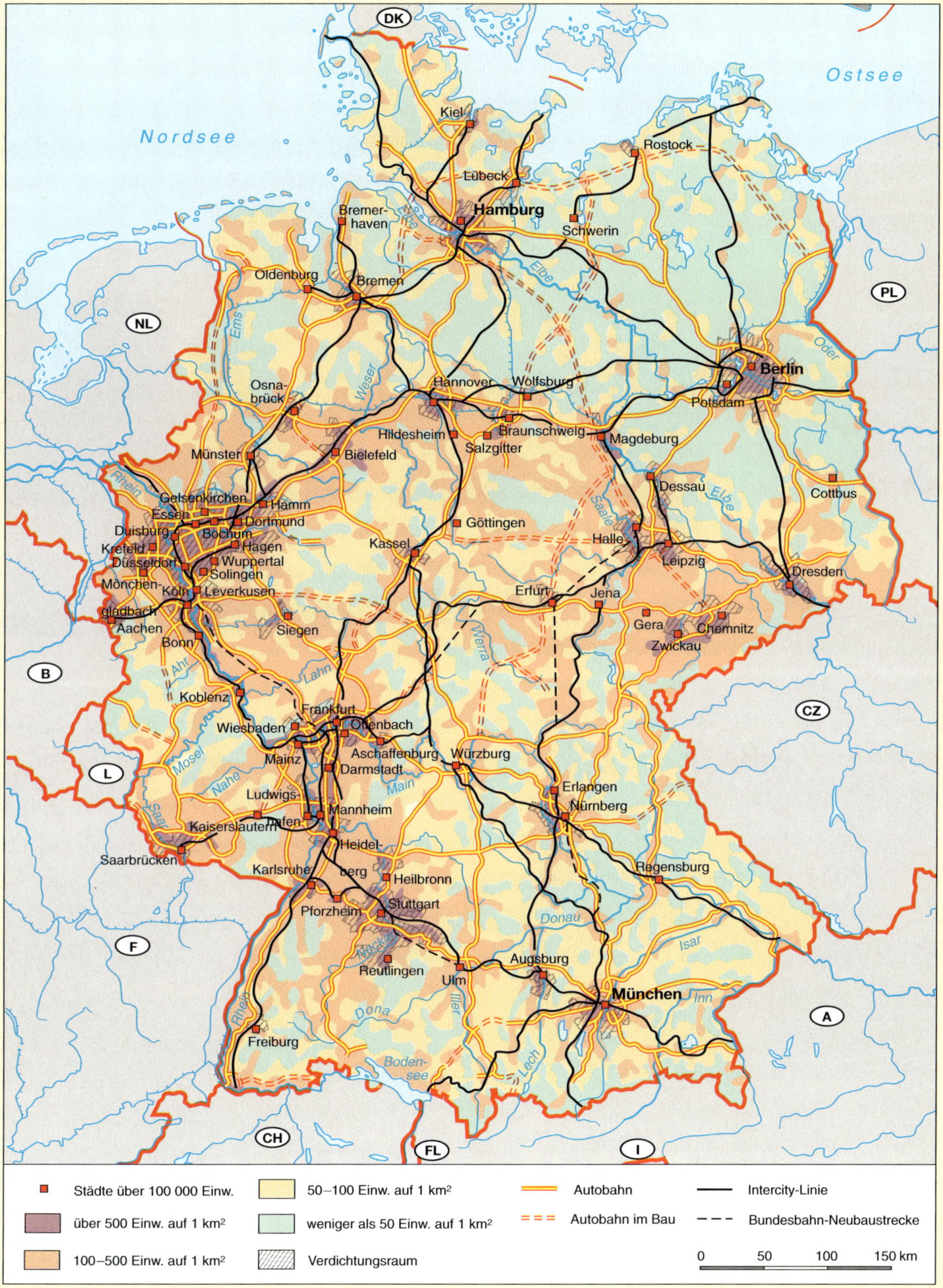

31.1 Bevölkerungsdichte und Großstädte in Deutschland

Erzeugnisse aus ökologischem Landbau

Apfelernte im Obstland Dürrweitzschen (Sachsen)

Arbeit und Versorgung in Agrarräumen

Milchvieh im Allgäu

Wo kommt unser Frühstück her?

So kommt das Frühstück zu uns

FRÜHSTÜCKS-REZEPT

Brot mit Schokoquark (für 2 Kinder)

Du brauchst dazu:

100 g Quark
1 Esslöffel Kakaopulver
etwas Milch
1 Scheibe Vollkornbrot
oder 1 Vollkornbrötchen
Getränk: 1 – 2 Tassen
Malzkaffee oder
1 Glas Orangensaft

So wird's gemacht:

Quark, Kakaopulver und etwas Milch mit einem Schneebesen glatt rühren. Den Schokoquark auf das Brot oder Brötchen streichen und eventuell mit ½ Teelöffel Schokostreusel oder Kokosflocken verzieren.

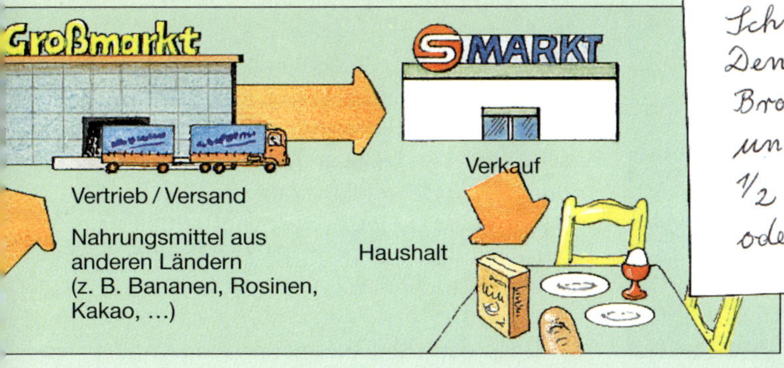

Wir erkunden einen landwirtschaftlichen Betrieb

36.1 Der Hof von Familie Meier

Die Klasse 5b eines Gymnasiums in Meschede (Sauerland) behandelt im Erdkundeunterricht das Thema Landwirtschaft. Die Kinder schlagen ihrer Erdkundelehrerin vor, einen Bauernhof in der näheren Umgebung zu besuchen. Von der Landwirtschaftskammer erhalten sie die Adressen einiger Landwirte aus der Umgebung Meschedes. Die Klasse wählt den Bauernhof des Ehepaares Meier in Wennemen aus.

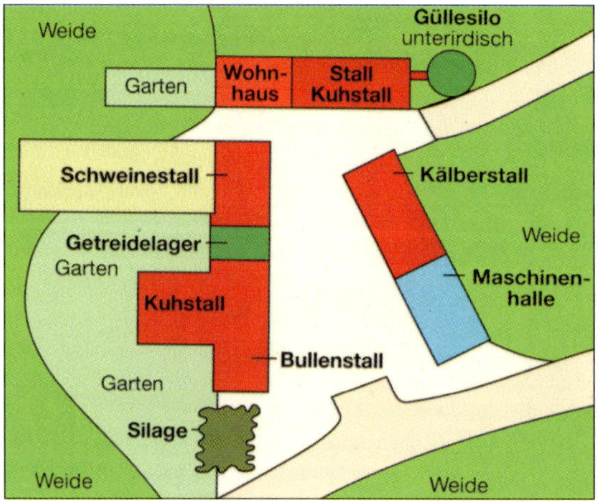

36.2 Plan des Hofes

Die Schülerinnen und Schüler vereinbaren mit der Familie Meier einen Besuchstermin.

Im Erdkundeunterricht wird der bevorstehende Besuch auf dem Bauernhof vorbereitet. Die Klasse teilt sich in Gruppen auf, die mit verschiedenen Erkundungsaufträgen den Arbeitsablauf auf dem Bauernhof untersuchen sollen.

- Sammeln, Ordnen und Aufschreiben von Fragen an Frau und Herrn Meier um ein Interview mit dem Landwirtehepaar durchzuführen (Hilfe: Kassettenrekorder).
- Erstellen eines Erkundungs- bzw. Fragebogens (s. Abb. 37.1).
- Zeichnen (Skizze, Lageplan) und Fotografieren des Bauernhofes.
- Drehen eines kurzen Videofilms über den Besuch auf dem Bauernhof (mit Unterstützung durch die Erdkundelehrerin).

Endlich ist es so weit! Gespannt macht sich die Klasse mit ihrer Lehrerin auf den Weg zum Bauernhof in Wennemen.

1. Besprecht den Erkundungsbogen 37.1. Notiert weitere Fragen an das Landwirtehepaar.

Name: *Martin Becker* Klasse: *5b* Datum: *26.4.1994*

Erkundeter Betrieb

Ort : *Wennemen bei Meschede*

Besitzer : *F. Meier*

Größe des Betriebs : *112 ha, 37 ha davon gepachtet*

Familienangehörige : *Fünf: Großmutter, Vater, Mutter, 2 Söhne*

davon im Betrieb : *Vater, Sohn, Mutter zeitweise*

Weitere Beschäftigte : *—*

Aushilfskräfte : *Während der Erntezeit*

Betriebszweige

Viehwirtschaft (ja/nein): *ja*

Milchviehhaltung (Bestand/Jahresleistung): *35 Milchkühe, 7200 Liter Milch pro Kuh*

Mastviehhaltung (Bestand): *40 Mastbullen, 70 Mastschweine*

Abnehmer : *Ladenschlachter in umliegenden Dörfern, Großschlachthof Paderborn*

Ackerbau (ja/nein) : *ja*

Anbaupflanzen : *5,5 ha Winterweizen*
4 ha Wintergerste, 5 ha Silomais

Abnehmer : *Eigenverwertung*

Düngereinsatz (Art) : *Mist, Gülle, Mineraldünger*

Maschinenpark : *3 Schlepper , davon 1 mit Frontlader und Allradantrieb , 1 Silierwagen, 1 Güllewagen*

Persönliche Situation der Bauernfamilie

Ausbildung : *staatlich geprüfter Landwirt (Sohn)*

Tagesablauf : *5 Uhr aufstehen, Tiere versorgen, Kühe melken; anschließend Arbeiten auf den Feldern oder am Hof; am späten Nachmittag nochmals Kühe melken; abends häufig noch Arbeit am Schreibtisch*

Tägliche Arbeitszeit : *ungefähr 10 Stunden*

Regelmäßiger Jahresurlaub: *unregelmäßig*

Wird der Beruf gerne ausgeübt? *ja*

37.1 Fragebogen

Agrarräume versorgen uns

38.1 Marschlandschaft

1. Rindfleisch aus Eiderstedt

Um zu erfahren, wo unser Rindfleisch herkommt besuchen wir den Landwirt Onno Knudson. Er wohnt auf der Halbinsel Eiderstedt in Nordfriesland, etwa 10 km westlich von Tönning. Das Land hier ist eben wie ein Tisch. Der Boden ist feucht und völlig ohne Steine. Wir sind in der **Marsch.**

Herr Knudson empfängt uns auf seinem Hof, der wie alle Höfe in der Eiderstedter Marsch alleine liegt. Bäume und Sträucher schützen seinen Hof gegen den ständig wehenden Wind.

Am Anfang des Gesprächs legt uns Herr Knudson seinen **Betriebsspiegel** vor. Das ist eine Übersicht, in der alle wichtigen Angaben eines landwirtschaftlichen Betriebes enthalten sind.

1. Lokalisiere die Halbinsel Eiderstedt und die Stadt Tönning (Atlas).

2. Beschreibe die Landschaft und die Lage der Höfe in der Marsch (Abb. 38.1).

3. Beschreibe mit Hilfe von Mat. 39.2 und der Fotos (Abb. 39.3, 39.4) den landwirtschaftlichen Betrieb von Bauer Knudson.

Obwohl es gerade anfängt zu regnen, begleiten wir Herrn Knudson vom Hof auf die angrenzenden Weideflächen. Unterwegs berichtet er:

„Hier in der Eiderstedter Marsch betreiben wir vor allem ***Grünlandwirtschaft.*** *Für die Viehhaltung gibt es mehrere Gründe.*

Die hohen Niederschläge lassen das Gras gut wachsen. Die Winter sind recht mild. Unsere Rinder weiden von Mitte April bis Ende November auf den Fennen. So nennen wir die durch Entwässerungsgräben abgegrenzten Flächen. Die Schafe, die manche Bauern noch zusätzlich halten, bleiben sogar das ganze Jahr über im Freien.

Auch der Marschboden, er heißt ***Klei,*** *begünstigt die Grünlandwirtschaft. Jetzt, bei dem feuchten Wetter, ist er weich und schmierig. Bei Trockenheit aber wird Klei steinhart und lässt sich nur mit schweren Maschinen pflügen. Da unser Land nur etwa einen Meter über dem Meeresspiegel liegt, ist der Grundwasserstand hoch. All dies erschwert den Ackerbau. Gras aber wächst hier gut, wie Ihr seht, denn Graswurzeln dringen nur etwa zehn Zentimeter in den Boden ein und vertragen auch Nässe.*

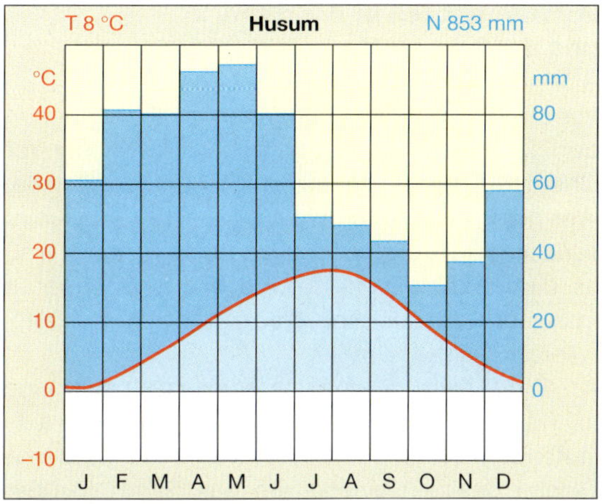

39.1 Klimadiagramm von Husum

39.3 Hof in der Eiderstedter Marsch

Wir betreiben auf unserem Hof **Bullenmast.** *Im April kaufen mein Vater und ich Jungbullen. Sie wiegen 380 kg bis 400 kg. Jeweils Gruppen von 10 bis 15 Tieren bleiben den Sommer über auf einer gemeinsamen Weide. Hier werden sie „fett gegräst“. Im Herbst, wenn die Bullen zwischen 550 kg und 580 kg wiegen, verkaufen wir sie an Schlachthöfe und Fleischfabriken. Von ihnen beziehen Fleischer und Supermärkte ihr Frischfleisch.*

Im Winter haben wir nur wenige Tiere auf dem Hof. So brauchen wir wenig Stallraum und wenig Winterfutter. Im folgenden Frühjahr kaufen wir erneut eineinhalbjährige Bullen bei verschiedenen Bauern aus dem Hinterland. Die ***Weidemast*** *bietet viele Vorteile: Sie verursacht weniger Arbeit und ist billiger als die Mast in einem Stall. Die Tiere sind durch das Leben im Freien weniger anfällig gegen Krankheiten. Das Fleisch der Tiere ist mager. Deshalb kann ich die Jungbullen meist zu einem guten Preis verkaufen.“*

4. Beschreibe den Jahresverlauf der Temperatur und der Niederschläge (Abb. 39.1 u. S. 157).

5. Begründe die lange Weidezeit in der Eiderstedter Marsch (Abb. 39.1, Text).

6. Erkläre, warum viele Bauern in Eiderstedt Grünlandwirtschaft betreiben.

7. Beschreibe den Mastverlauf bei Bullen (Text, Mat. 39.2).

8. Erkläre die Vorteile der Weidemast. Denke dabei an Landwirte, Verbraucher und Tiere.

Betrieb: Onno Knudson, Post Tönning, Nordfriesland
Betriebsgröße: 74 ha Eigentum, davon 4 ha Hof, Wege, Garten (1 Hektar (ha) ist eine Fläche von 100 m Länge und 100 m Breite)
Höhenlage: 0 bis 1 m über dem Meeresspiegel
Niederschläge: 853 mm pro Jahr
Temperatur: 8 °C Jahresdurchschnitt
Boden: Marschboden/Klei
Arbeitskräfte: Betriebsleiter (Herr Knudson), Ehefrau, Vater
Viehbestand: 295 Stück Rindvieh (Sommer 1992)
- Jungbullen 198
- zweijährige Kühe (zur Nachzucht) 23
- Kälber, eigene Aufzucht 74

Bewirtschaftete Fläche: 70 ha Grünland

39.2 Betriebsspiegel

39.4 Fenne

40.1 Seedeich an der Nordseeküste

Veränderungen in der alten und der jungen Marsch

Vor etwa 1000 Jahren begannen die Bewohner an der Nordseeküste, ihr Land und ihre Häuser vor Überflutungen zu schützen. Sie bauten Deiche. Wer nicht mitarbeiten wollte, musste das Gebiet verlassen. „De niet will dieken, muss wieken", hieß es damals. Das eingedeichte Marschland nennt man nördlich der Elbe **Koog** (Mehrzahl: Köge), westlich heißt es **Polder.**

Die Deiche an der Nordseeküste haben eine flache Böschung an der Seeseite, sodass die auflaufenden Wellen ihre Kraft verlieren. Moderne Deiche besitzen einen Kern aus Sand, darüber kommt eine etwa zwei Meter mächtige Schicht aus Klei. An gefährdeten Stellen der Außenböschung werden zusätzlich Steine, Betonplatten oder Asphalt aufgetragen. Sonst sind die Deiche mit Gras bewachsen. Schafe halten das Gras kurz und treten mit ihren Hufen die Grasnarbe fest.

9. Beschreibe den Aufbau eines modernen Deiches (Abb. 40.1, 40.2).

10. Stelle die Verbreitung der Marschen an der Nordseeküste fest. Nenne einzelne Köge bzw. Polder (Atlas).

Vor 750 Jahren gab es die Halbinsel Eiderstedt noch nicht. An ihrer Stelle lagen damals drei Inseln. Schiffe im Wappen von Nordfriesland erinnern an sie. Vor ungefähr 750 Jahren wurden die Inseln durch einen Damm verbunden. Beiderseits des Dammes lagerten die Wellen der Nordsee

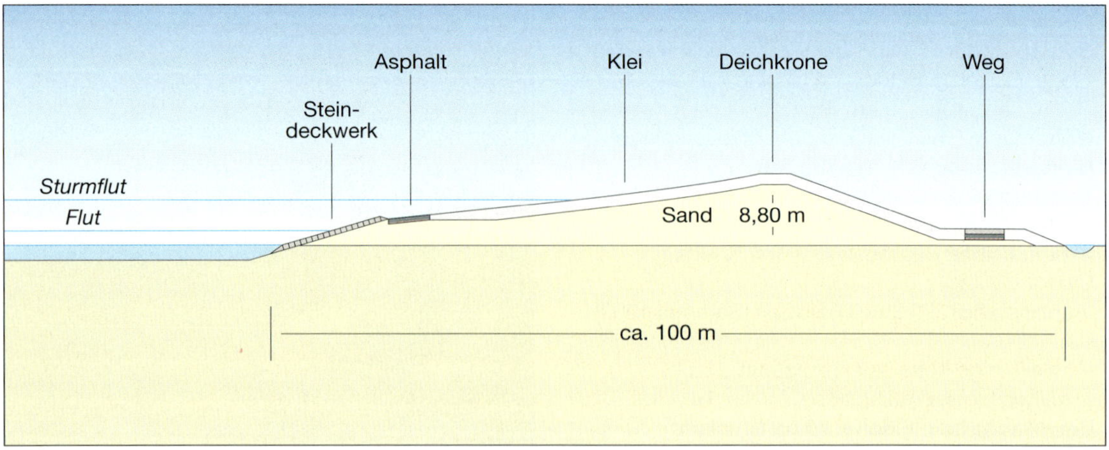

40.2 Profil durch einen Deich

Sand und grauen feinen Schlamm, den **Schlick,** ab. Langsam wuchs Land aus dem Meer. Durch diesen Sand und die Schlickablagerungen, die an flachen Küsten angeschwemmt werden, entsteht die Marsch. Noch heute wächst das Marschland an den Küsten Eiderstedts ständig weiter.

So gibt es in Eiderstedt **alte** und **junge Marschen.** In beiden wird Viehwirtschaft betrieben.

In den jungen Marschen betreiben die Bauern allerdings auch Ackerbau. Der Boden ist kalkreich sowie luft- und wasserdurchlässig. Er lässt sich leicht bearbeiten und bringt gute Erträge. Daher baut man hier vor allem Getreide an.

In den alten Marschen wurde der Boden schon vor Jahrhunderten abgelagert. Im Laufe der Zeit ist er zusammengesunken, hat sich verdichtet und ist daher wasser- und luftundurchlässig. Seine Nährstoffe sind teilweise ausgewaschen. Ackerbau war auf diesen Böden bis vor kurzem selten. Die Bauern erzielten ihren Verdienst durch das Züchten von Jungvieh, den Verkauf von Mastbullen, Mastrindern, Schafen sowie von Milch.

Weiter landeinwärts ändert sich die Landschaft. An die Marsch schließt sich ein etwa 50 bis 80 m hoch gelegenes hügeliges Land an, die **Geest.** Die Böden sind trocken und sandig und weniger fruchtbar. Während die Marsch waldlos ist, finden wir in der Geest einen Wechsel von Wäldern, Äckern und an besonders trockenen Stellen Heiden.

11. Beschreibe das Entstehen des Marschlandes.
12. Wodurch unterscheiden sich alte und junge Marsch (Boden, wirtschaftliche Nutzung)?

Der Hof von Onno Knudson liegt in der alten Marsch, in einem Koog, der schon 1252 eingedeicht wurde. In ihm gab es bis vor wenigen Jahren fast nur Grünlandwirtschaft. Das hat sich geändert. Bauer Knudson erklärt, warum heute in den alten Marschen Ackerbau betrieben wird:

„In den letzten Jahren gibt es in Deutschland und in der Europäischen Union zu viel Rindfleisch. Wir Landwirte produzieren viel mehr, als hier gegessen wird. Hinzu kommt preisgünstiges Rindfleisch aus außereuropäischen Ländern, zum Beispiel aus Argentinien. Dadurch werden die Preise gedrückt.

So wandeln manche meiner Kollegen einige Flurstücke in Ackerland um. Das geht mit Hilfe der modernen Technik heute auch bei uns in der alten Marsch. Mit starken Schleppern und Tiefpflügen können wir unseren schweren Boden umbrechen. Zehn bis fünfzehn Hektar lassen sich so an einem Tag bestellen, eine Arbeit, für die man früher mit vier Pferden vier Wochen brauchte. Verbesserte Entwässerungsmethoden und regelmäßige Düngung machen den Ackerbau auch bei uns in der alten Marsch lohnend.

Viele Bauern bearbeiten den Acker nicht selbst, sondern verpachten das Land zu guten Preisen an Getreidebauern aus den westlichen neuen Kögen, die mit ihrem Maschinenpark das Land kostengünstig bearbeiten können."

13. Beschreibe die Veränderungen in der alten Marsch und nenne Gründe.
14. Erläutere anhand der Abb. 41.1 die wichtigsten Landschaftsteile an der Nordseeküste.

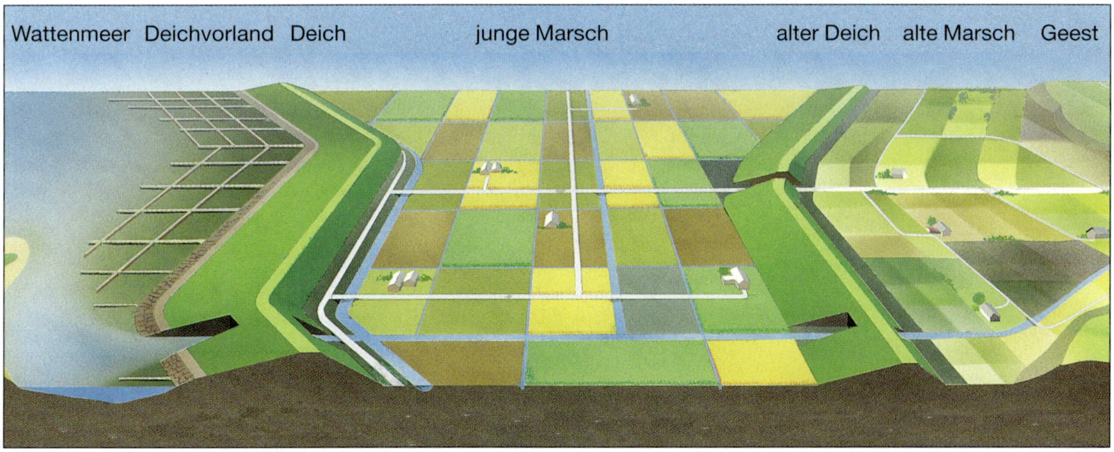

41.1 Blockbild der deutschen Nordseeküste

Der Futterplan eines Schweins

ab 2. Tag: Ferkel werden mit Wasser versorgt
ab 3. Tag: Käfigstarter-Futter
ab 10. Tag: Superstarter-Futter
ab 10./11. Woche: Ferkelaufzucht-Futter
ab 15./16. Woche: Fortuna-Mastfutter

Hauptbestandteile des Schweinefutters sind Getreide (Weizen, Gerste), Sojaschrot und die Vitamine A, D, E als Zusatzstoffe.

42.1 Im Schweinestall

2. Schweinehaltung in Kitzen

In der Nähe von Leipzig liegt der Landwirtschaftsbetrieb Agrarprodukte Kitzen e. G. Neben der Produktion anderer Agrarerzeugnisse betreiben die Kitzener auch Schweinehaltung.

Herr Naundorf, Verantwortlicher für die Schweinehaltung, berichtet:

„Wir betreiben sowohl Schweinezucht als auch Schweinemast in unserem Betrieb. Die Ställe mit den Schweinen befinden sich in den Nachbarorten Eisdorf, Schkorlopp und Werben. In Kitzen ist die Verwaltung unserer Agrargenossenschaft angesiedelt.

Nach der politischen Wende in der DDR haben sich die auf Tier- oder Pflanzenproduktion spezialisierten LPG (Landwirtschaftliche Produktionsgenossenschaften) aufgelöst. Die umliegenden Landwirtschaftsbetriebe gründeten eine neue Agrargenossenschaft, die sowohl Pflanzen- als auch Tierproduktion betreibt. Unser Vorteil ist, dass sämtliche Betriebe, die mit uns in der Schweinehaltung kooperieren, in der Nähe liegen.

Bei der Schweinezucht gibt es künstliche Besamung. Den Samen erhalten wir aus einem Spezialbetrieb aus Grimma.

Das Futter kommt schon längst nicht mehr aus den Abfallkübeln der Bevölkerung. Die Schweine erhalten artgerechtes und auf die einzelnen Lebensabschnitte abgestimmtes Futter. Es kommt aus einem Leipziger Kraftfuttermischwerk, das wir unsererseits mit Getreide beliefern.

Haben die Schweine ihr Idealgewicht von 110 Kilogramm erreicht, werden sie in naheliegende Schlachthöfe gebracht. Bis zu 350 Schweine liefern wir jeden Monat ab.

Die Schweine dürfen auf keinen Fall zu viel fettes Fleisch besitzen. Das Idealschwein hat über die Hälfte mageres Fleisch.

Bei der Schweinehaltung geht es hygienisch zu. Täglich wacht der Tierarzt über die Gesundheit der Tiere. Die Sauen werden mit einem Mittel gespritzt, das Parasiten von ihnen und ihren Nachkommen fernhält. Die Schweinebuchten werden nach dem Umsetzen der Tiere gründlich gescheuert und desinfiziert. Den Kot und Urin, auch Gülle genannt, stampft das Schwein durch einen Spaltenboden in der Bucht. Nach einer gewissen Zeit wird die Gülle als Dünger auf die Felder ausgebracht."

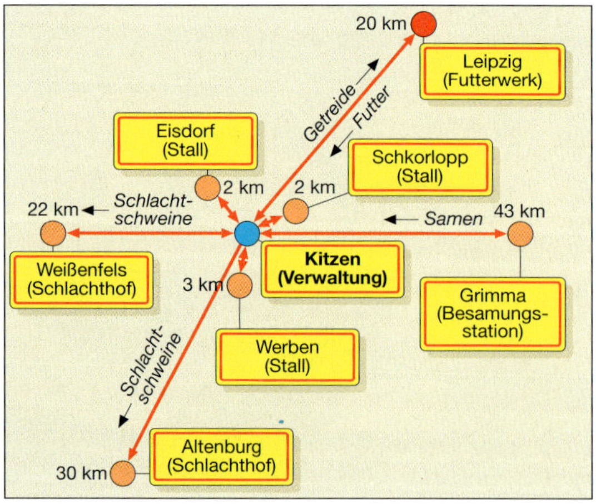

42.2 Der Weg der Erzeugnisse

Der Lebenslauf eines Schweins

Die Sauen werden künstlich befruchtet. Nach 115 Tagen wirft eine Zuchtsau 10 bis 15 Ferkel. Das geschieht zweimal im Jahr.

Zuerst verbleiben die Ferkel 10 bis 14 Tage bei der Muttersau in einer sogenannten Abferkelbucht. Diese Bucht ist so eng, dass die Muttersau nur liegen oder stehen kann. Würde sich die Sau in ihr drehen können, würde sie leicht ihre Nachkommen erdrücken. Die Ferkel liegen an den Zitzen der Mutter. Wenn die Sau zum Fressen aufsteht, spendet ein Rotstrahler Wärme für die Ferkel.

Nach 14 Tagen ziehen Sau und Ferkel in größere Aufzuchtbuchten um. Diese haben zwei Abteilungen. Hier können die Ferkel von der Sau getrennt gehalten werden, da sonst die Sau den Ferkeln das bessere Futter wegfressen würde. Nach sieben Wochen bei einem Gewicht von 15 bis 16 kg heißen die Ferkel Läufer. Sie kommen nun in den Läuferstall. In Buchten zu je 20 Läufern werden sie weiter mit Ferkelaufzuchtfutter versorgt, bis sie ein Gewicht von 30 kg aufweisen. Haben sie dieses Gewicht erreicht, erfolgt die Umsetzung in den Maststall. Bei einer täglichen Gewichtszunahme von 700 Gramm werden die Schweine im Monat um rund 20 kg schwerer. Wenn sie ihr Idealgewicht von 110 kg erreicht haben, wartet der Schlachthof auf sie.

Eine Pflegerin erzählt von ihrer Arbeit:
„In den drei Abteilungen Aufzucht, Läuferstall und Maststall arbeiten fast nur Frauen. Wir verrichten trotz der Technik in den Ställen eine schwere körperliche Arbeit. Im Zuchtbereich betreut eine Frau 70 Sauen, in den Mastställen 800 Sauen.

Männer findet man deshalb nur selten in der Tierpflege, weil der Verdienst gering ist. Wenn ich freie Tage oder Urlaub nehme, müssen die anderen Pflegerinnen meine Arbeit mit erledigen. Unsere tägliche Arbeitszeit beträgt zwar nur fünf bis fünfeinhalb Stunden, aber dafür müssen wir uns jeden Tag um die Tiere kümmern. Da gibt es weder Sonntage noch Feiertage.

Wir sind jedoch sehr froh, dass wir noch Arbeit haben. Zwei von drei Frauen, die in der ehemaligen DDR in der Landwirtschaft tätig waren, sind nun in den fünf neuen Bundesländern arbeitslos. Sie müssen oft für Umschulungen und andere Arbeiten lange Wege von den Dörfern in die größeren Städte zurücklegen. Die Linienbusse verkehren aber nicht mehr so häufig wie früher. Daher bleiben viele dieser Frauen auf dem Lande ohne Arbeit. Nur wenige von uns Frauen auf dem Dorf besitzen einen Führerschein oder können sich ein eigenes Auto leisten.“

1. Erläutere die Produktionsbeziehungen der Schweinehaltung Kitzen (Abb. 42.2, 43.1 u. 2).
2. Beschreibe die Lebensabschnitte eines Schweins. Worauf muss bei der Zucht und der Mast geachtet werden (Text, Abb. 42.1 u. 2)?
3. Errechne das Alter eines Schweins, wenn es mit 110 kg Gewicht in den Schlachthof kommt.
4. Berichte über die Arbeit der Tierpflegerinnen und die Situation der Frauen auf dem Lande in den neuen Bundesländern.

43.1 Ferkel in den Aufzuchtboxen

43.2 Speicher des Werkes für Kraftfutter

44.1 Enkesen in der Soester Börde

3. Ackerbau in der Börde bringt hohe Erträge

Die Soester Börde erstreckt sich vom östlichen Rand des Ruhrgebietes bis Paderborn. Im Norden bildet die Lippe, im Süden das Sauerland die Grenze, Mittelpunkt ist die Kreisstadt Soest.

1. Lokalisiere Soest auf einer Atlaskarte. Grenze die Soester Börde mithilfe der im Text genannten Namen ein.

2. Beschreibe die Landschaft in Abb. 44.1.

3. Vergleiche das Landschaftsbild der Soester Börde (Abb. 44.1) mit dem der Marsch (Abb. 38.1). Nenne Unterschiede zwischen den beiden Landschaften.

44.2 Bunkerköpfroder

44.3 Zuckerfabrik

Schon von weitem erkennt man die rauchenden Schornsteine der Zuckerfabrik. Lastkraftwagen und Trecker mit Anhängern stauen sich Hunderte von Metern. Die Wagen sind hoch beladen mit Zuckerrüben.

Seit Ende September läuft die Ernte auf vollen Touren. Die Arbeit ist voll mechanisiert. Bunkerköpfroder, das sind Maschinen, die alle Arbeitsgänge der Rübenernte durchführen, sind pausenlos im Einsatz. In einem Arbeitsgang werden die Rübenblätter abgeschnitten, die geköpften Rüben aus dem lockeren Boden gehoben, gesäubert und in einem Gitterbehälter, dem Bunker, gesammelt. Nach jeder Runde um das Feld fährt der Roder an den Feldrain.

Die Rüben werden auf einen Lkw oder den Hänger eines Treckers geladen und zur Zuckerfabrik gefahren. Die abgeschnittenen Blätter lässt man auf den Feldern liegen und pflügt sie später unter. Sie bilden einen guten natürlichen Dünger. Viele Bauern allerdings nutzen die Blätter als Futter für ihre Rinder. In hohen Vorratsbehältern, den **Silos,** lagern sie die Blätter ein oder häufen sie in **Mieten** auf, die sie mit einer Folie abdecken.

Während der „Kampagne“, so nennt man die Verarbeitung der Zuckerrüben, werden täglich mehr als 3000 Tonnen Rüben in der Zuckerfabrik angeliefert, das entspricht 350 Treckern mit Anhängern. Die Rüben müssen schnell verarbeitet werden, denn bei längerer Lagerung verringert sich ihr Zuckergehalt. Deshalb arbeitet man in der Fabrik rund um die Uhr. Bis Weihnachten muss die Kampagne beendet sein.

In der Fabrik werden die Rüben gewaschen, geschnitzelt, gekocht und ausgepresst. Aus dem Rübensaft gewinnt man einen braunen Sirup, der in mehreren Arbeitsgängen zu weißem Zucker verarbeitet wird. Sechs Zentner Rüben ergeben ungefähr einen Zentner Haushaltszucker.

Die ausgepressten, trockenen Rübenschnitzel erhalten die Bauern von der Zuckerfabrik zurück. Wie die Blätter der Rüben sind sie ein wertvolles Futter für Rinder.

4. Berichte anhand des Textes und der Abb. 44.2 über die Arbeit eines Bunkerköpfroders.

5. Begründe, warum die Zuckerfabriken mit den Bauern genaue Termine für die Ernte der Zuckerrüben vereinbaren.

6. Beschreibe die Verarbeitung und Verwertung der Zuckerrübe (Text, Abb. 44.3 und 45.1).

7. Stelle eine Liste von Nahrungsmitteln zusammen, in denen Zucker verarbeitet ist. Bei welchem dieser Produkte hättest du keinen Zucker erwartet? Bei welchem hättest du einen geringeren Zuckeranteil erwartet?

Mancher Bauer in der Börde würde gern noch mehr Zuckerrüben anbauen. In den Ländern der Europäischen Union aber gibt es viel zu viel Zucker. Man spricht sogar von einem „Zuckerberg“. Damit dieser nicht noch weiter wächst, erhält der Bauer nur für eine im Voraus festgelegte Menge Rüben den vollen Preis. Erzeugt er mehr, bekommt er dafür nur einen geringeren Preis, sodass sich der Anbau nicht mehr lohnt und er anstelle von Zuckerrüben etwas anderes anbaut.

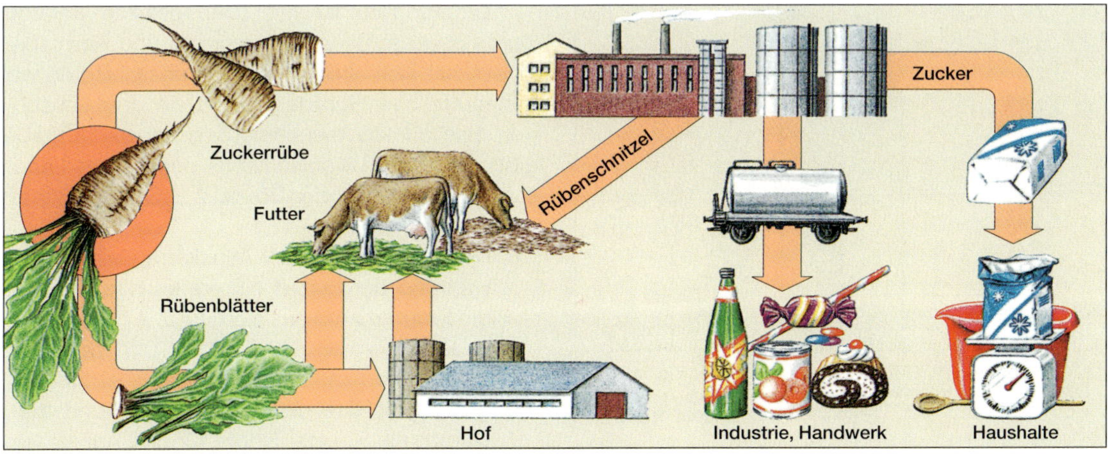

45.1 Verwertung der Zuckerrübe

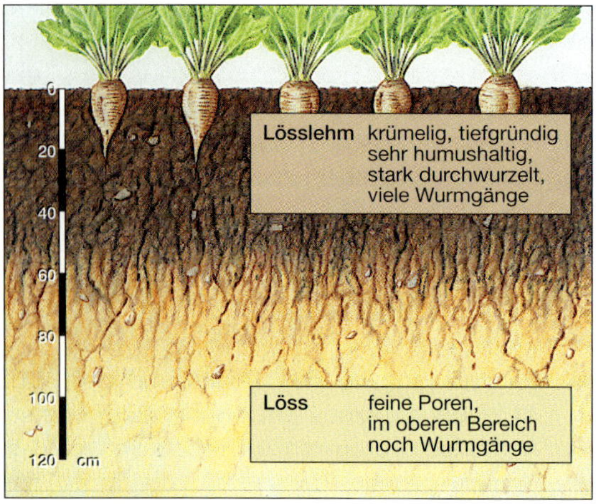

46.1 Lössboden

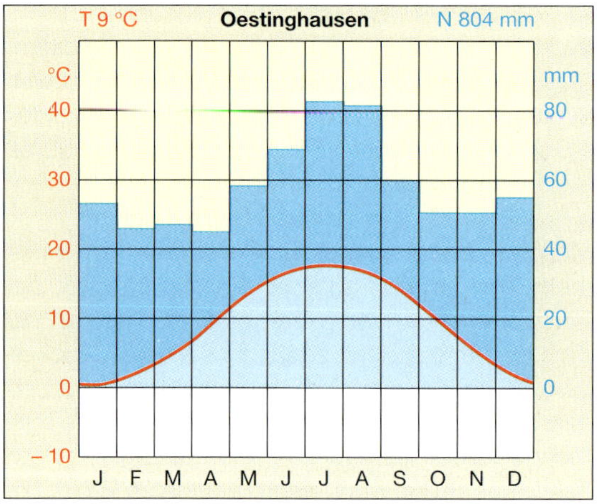

46.2 Klimadiagramm von Oestinghausen bei Soest

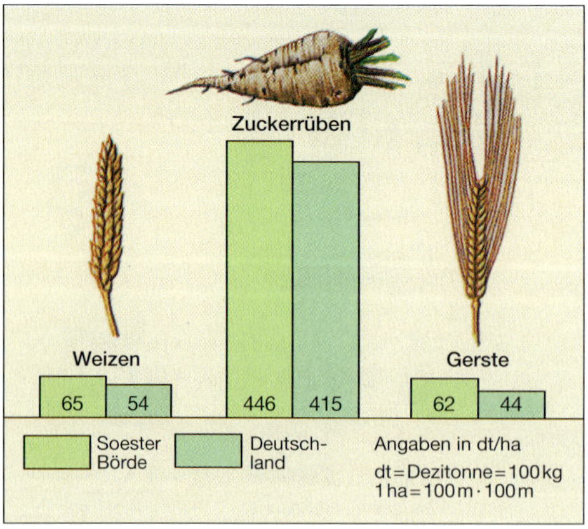

46.3 Ernteerträge im Vergleich

Die Zuckerrübe stellt besondere Anforderungen an das Klima. Die Monate Juli und August sollten feucht sein, damit die Rüben groß werden. Der September sollte trocken sein, damit sich viel Zucker in den Rüben bildet. Auch an den Boden stellen sie hohe Ansprüche: Er soll nährstoffreich und steinfrei sein.

Der Boden im Raum Soest entspricht den hohen Anforderungen der Zuckerrübe. Es handelt sich um **Lössboden.** Das ist ein steinfreier und staubfeiner Boden, der sich wie Mehl anfühlt, wenn man ihn zwischen den Fingern zerreibt. Er ist sehr wasser- und luftdurchlässig, da ihn porenartige Hohlräume durchziehen. In regenreichen Zeiten dringt das Wasser tief in den Boden ein, wird dort gespeichert und steigt bei längerer Trockenheit zu den Wurzeln der Pflanzen empor.

In Deutschland entstand der Lössboden während der letzten **Eiszeit** (vor etwa 10 000 bis 500 000 Jahren). Damals waren die Temperaturen wesentlich niedriger als heute. In Nordeuropa und in den Hochgebirgen bildeten sich Gletscher, die im Laufe der Zeit bis zu 1000 Meter mächtig wurden. Diese Eisdecke schob sich von Nordeuropa langsam nach Süden und bedeckte große Teile von Nord- und Ostdeutschland und lagerte dort Felsbrocken, Geröll und Sand ab. Aus den vereisten Gebieten im Norden wehte ständig ein starker Wind in die wärmeren Landschaften südlich des Eisrandes. Er nahm aus den Geröll- und Sandablagerungen feinen Staub mit nach Süden. Am Nordrand der Mittelgebirge sank dieser feine Staub zu Boden. So entstand im Laufe der Jahrtausende eine oft mehrere Meter mächtige Lössschicht.

Ursprünglich ist der Löss gelblich gefärbt. Durch abgestorbene Pflanzenreste und Kleinlebewesen hat sich aber in den oberen Schichten viel nährstoffreicher **Humus** gebildet, der dem Lössboden eine dunkle, manchmal fast schwarze Farbe gibt. Im Norden Deutschlands nennt man Landschaften mit Lössboden **Börde,** z. B. Soester Börde.

8. Nenne mit Hilfe einer Atlaskarte Gebirge, die während der Eiszeit ein erstes Hindernis für die Staubstürme aus Nordeuropa bildeten.

9. Erläutere anhand des Textes und der Abb. 46.1 Aufbau und Eigenschaften des Löss.

10. Erkläre mit Hilfe von Abb. 46.1, 46.2 und 46.3, warum die Soester Börde für den Anbau von Zuckerrüben besonders geeignet ist.

Wie in allen Landschaften mit Löss betreiben auch in der Soester Börde die Bauern fast nur Ackerbau. Der Boden ist zu wertvoll, um ihn als Grünland oder Wald zu nutzen.

Die wichtigsten Feldfrüchte sind Zuckerrüben und Weizen. Diese Pflanzen bringen hohe Erträge, sie entziehen dem Boden aber auch viele Nährstoffe. Um auf Dauer gute Erträge zu erzielen baut man nicht ständig auf einem Feld die gleiche Ackerfrucht an, sondern wechselt jährlich. In der Börde findet man heute in der Regel eine dreijährige **Fruchtfolge:** Auf einem bestimmten Feld baut der Landwirt im ersten Jahr Zuckerrüben, im zweiten Jahr Weizen und im dritten Jahr Gerste oder Hafer an. Im vierten Jahr werden wieder Zuckerrüben gesät.

Weizen: Eine der anspruchsvollsten Getreidearten, braucht nährstoffreichen Boden, nicht zu hohe Bodenfeuchtigkeit und mildes Klima.

Gerste: Stellt hohe Ansprüche an den Boden, ist aber unempfindlich im Hinblick auf das Klima.

Roggen: Gedeiht auch auf weniger fruchtbaren Böden und ist widerstandsfähig gegen Kälte.

Hafer: Stellt weder an Klima noch Boden besondere Ansprüche.

Mais: Braucht regelmäßigen Niederschlag und ist frostempfindlich, wächst bei guter Düngung auch auf sandigem Boden.

47.3 Ansprüche ausgewählter Feldfrüchte an Klima und Boden

11. Welche Feldfrüchte sind für den Anbau in der Soester Börde gut geeignet (vgl. Abb. 47.3)?

12. Vergleiche die Ernteerträge in Abb. 46.3 und erkläre die Bodennutzung im Kreis Soest (Abb. 47.1).

13. Beschreibe die Fruchtfolge in der Börde und erkläre ihre Vorteile (Text).

14. Suche folgende Börden: Jülich-Zülpicher Börde, Soester Börde, Braunschweiger Börde, Magdeburger Börde (Abb. 47.2 und Atlas).

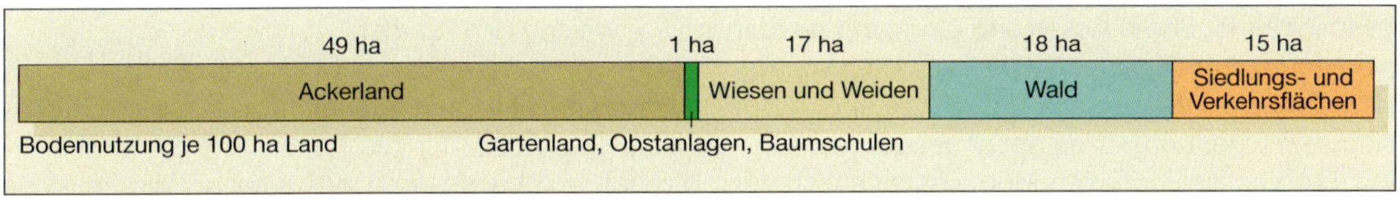

47.1 Bodennutzung im Kreis Soest

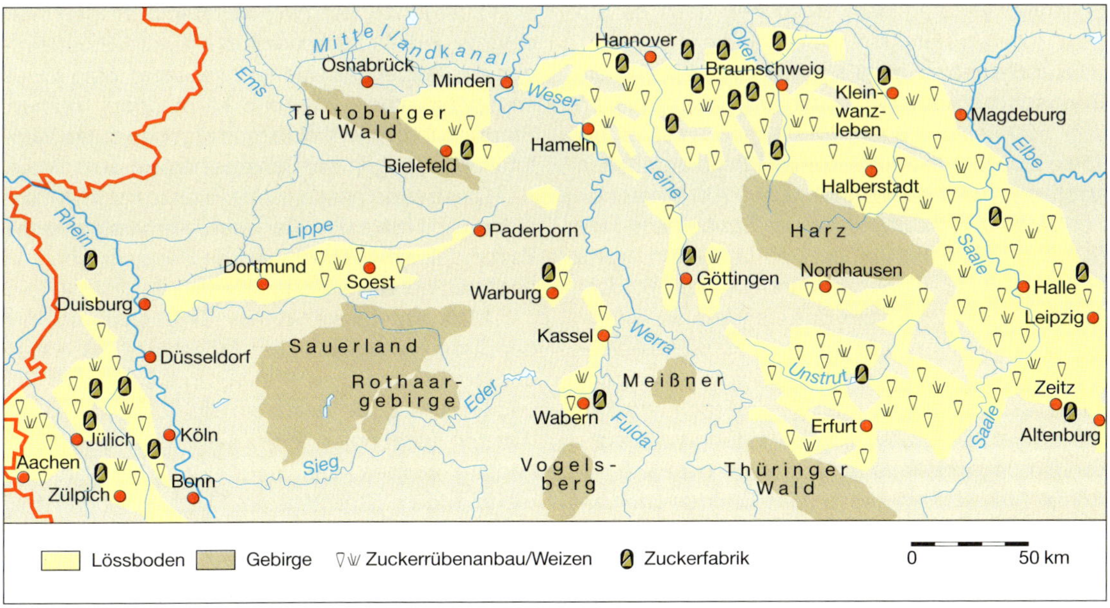

47.2 Bodennutzung in den Börden

48.1 Der Hof von Bauer Tenhaken

4. Ein Gemischtbetrieb im Münsterland

Der Hof der Familie Tenhaken liegt im Münsterland, am Rande der Gemeinde Raesfeld. Die Landschaft ist eben. Äcker und Grünland werden nur selten durch kleine Waldstücke unterbrochen. Herr Tenhaken bewirtschaftet 28 ha Land. 17 ha sind sein Eigentum, 11 ha hat er gepachtet.

Die Familie Tenhaken lebt ausschließlich von der Landwirtschaft. Der Hof ist ein ***Vollerwerbsbetrieb.*** Quieken, Grunzen und Muhen hinter den Stalltüren verraten dem Besucher, dass es auf dem Hof viele Tiere gibt. Herr Tenhaken berichtet: *„Unser Betrieb ist nicht spezialisiert. Wir sind ein* ***Gemischtbetrieb.*** *Wir halten 30 Sauen, die im Jahr 500 Ferkel werfen. Wenn die Ferkel 20 bis 25 kg Gewicht haben, verkaufe ich sie an meinen Nachbarn, der sie mästet und mit 100 kg an den Schlachthof verkauft. Außer den Sauen halten wir Rinder. Wir haben 26 Kühe, von denen ich, wenn es gut geht, 25 Kälber im Jahr erhalte. Pro Jahr kaufe ich etwa 25 Kälber dazu, sodass wir immer etwa 50 Jungtiere im Stall haben, 10 Mutterkälber behalte ich. Sie sollen einmal Milch geben. Die Milch liefern wir an die Molkerei in Essen. Vor fünf Jahren hat mein Vater mit der Haltung von Legehennen begonnen. Jeden Mittwoch fahre ich mit meiner Frau ins Ruhrgebiet nach Dorsten und verkaufe die Eier an etwa 300 private Kunden. Das ist zeitraubend und anstrengend, aber es lohnt sich, denn ich erziele einen wesentlich höheren Preis als bei einem Händler."*

1. Suche das Münsterland und die im Text genannten Orte auf einer Karte im Atlas.
2. Warum bezeichnet Herr Tenhaken seinen Hof als Gemischtbetrieb?
3. Welche Vorteile bietet der Direktverkauf der Eier im nahen Ruhrgebiet Familie Tenhaken, welche den Kunden?

Das Futter für die Legehennen kauft Herr Tenhaken. Das Futter für die Rinder und Schweine erzeugt er überwiegend auf seinen Feldern, 8 ha dienen als Weide. Die 20 ha Ackerfläche teilt Herr Tenhaken in acht Schläge. Auf zwei Schlägen baut er Wintergerste, auf zwei weiteren Schlägen Weidelgras und als Zwischenfrucht jeweils Stoppelrüben an. Weidelgras wächst zwei Jahre. Man sät es im Spätsommer und kann es mehrfach mähen. Stoppelrüben und Weidelgras ergeben gutes Viehfutter. Die übrigen vier Schläge bestellt er mit Mais.

Diese südamerikanische Pflanze hat im Münsterland seit Mitte der 70er-Jahre Karriere gemacht: Es handelt sich dabei meist um Silomais, der grün geerntet, gehäckselt und siliert wird.

Mais bietet viele Vorteile: Er wächst auch auf Sandboden, ist leicht mit Maschinen zu ernten und bietet eine gute Futtergrundlage für Rinder und Schweine. Da er zudem mit Gülle, das ist mit Wasser verdünnter Harn und Kot der Tiere, gedüngt werden kann, verdrängt der Mais zunehmend andere Nutzpflanzen. Das Landschaftsbild verändert sich.

Gülle ist ein wertvoller Dünger. Wird jedoch auf ein Feld mehr Gülle ausgebracht als die Pflanzen während ihrer Wachstumszeit aufnehmen, schädigt sie das Grund- und Trinkwasser und bedeutet eine Gefahr für die Gesundheit. Daher hat der Gesetzgeber eingegriffen. Die Güllemenge, die pro Hektar ausgebracht werden darf, hat man festgelegt. In den Wintermonaten darf überhaupt keine Gülle auf die Felder gebracht werden.

4. Beschreibe die Fruchtfolge (Abb. 49.3). Was wird Herr Tenhaken im 5. Jahr anbauen? Vergleiche mit der Fruchtfolge in der Börde (S. 47, Text).
5. Nenne die Vorteile des Maisanbaus.
6. In Nordrhein-Westfalen ist vom 15. Oktober bis 15. Februar das Ausbringen von Gülle verboten. Begründe.

Herr Tenhaken siliert nicht nur den Mais, sondern auch das Weidelgras und die Stoppelrüben. Silofutter dient als Grundfutter für Rinder und Sauen. Herr Tenhaken berichtet:
„Mit den modernen Maschinen geht die Arbeit heute schneller und leichter als früher. Um einen Hektar Land zu pflügen, brauchte mein Vater 1950 mit 2 Pferden anderthalb Tage. Mit meinem 90-PS-Trecker benötige ich dafür heute nur noch 2 Stunden. Der Trecker hat allerdings 75 000 DM gekostet. Bei den hohen Kosten kann ich nicht für alle Arbeitsgänge moderne Maschinen kaufen. Einige Arbeiten lasse ich daher von einem Lohnunternehmer erledigen. Dessen Arbeitskräfte kommen mit ihren Spezialmaschinen und drillen (säen) den Mais. Auch die Getreideernte mit dem Mähdrescher und das Ernten und Häckseln des Maises übernimmt der Lohnunternehmer. Im vorigen Jahr musste ich dafür 12 700 DM bezahlen. Auf die Dauer wird es billiger, wenn ich zusammen mit meinem Nachbarn eine Drillmaschine für den Mais kaufe. Im nächsten Jahr wird es wohl so weit sein."

Bauer Tenhaken hat noch weitere Pläne für die Zukunft. Die Arbeitsbelastung bei der Sauenhaltung ist zu hoch. Statt der Sauen will er mehr Mastbullen halten. Im nächsten Jahr soll der Schweinestall für die Rinder umgebaut werden. Am liebsten würde Herr Tenhaken 10 ha Land hinzupachten, um noch mehr Rinder halten zu können.

7. Vergleiche die Arbeit auf dem Hof Tenhaken um 1950 und heute.
8. Welche Vor- und Nachteile bietet der gemeinsame Kauf einer Drillmaschine?

49.1 Maisernte

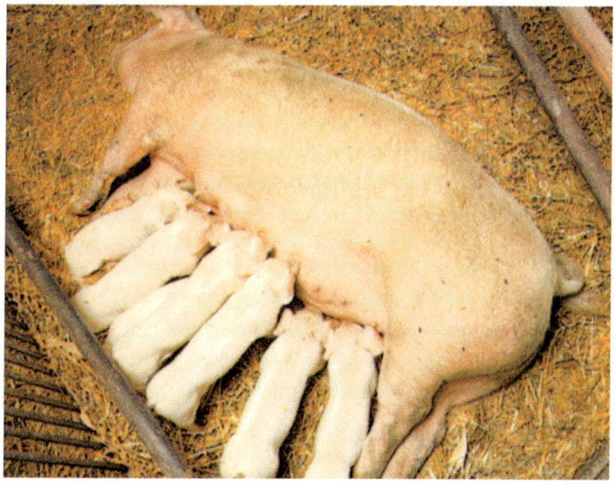
49.2 Sauenhaltung

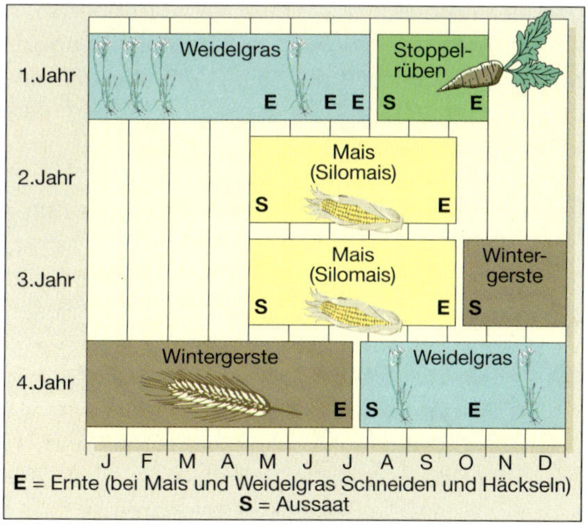

49.3 Fruchtfolge auf dem Hof Tenhaken

50.1 Erzeugnisse aus Alpenmilch

5. Milch und Käse aus den Alpen

Almwirtschaft

„Ein halbes Jahr ist es Winter, ein halbes Jahr ist es kalt", beschreibt ein Bergbauer das Wetter in seinem Alpental. Sein Hof liegt dort in 1000 m Höhe. Im späten Frühling, wenn in den tiefer liegenden Tälern der Alpen bereits die Osterglocken blühen, erscheinen in 1000 m Höhe gerade die Schneeglöckchen. Weiter in der Höhe liegt immer noch tiefer Schnee. Auf den Spitzen der Berge, oberhalb der **Schneegrenze,** bleibt er das ganze Jahr über liegen.

Mit zunehmender Höhe sinken die Temperaturen und der Niederschlag nimmt zu. Je höher man kommt, desto kürzer wird die **Vegetationsperiode** (Wachstumszeit der Pflanzen). Deshalb findet man in den unterschiedlichen Höhen verschiedene Pflanzen.

E
1. Lokalisiere im Atlas die Länder, die Anteil an den Alpen haben.
2. In den Alpen sagt man: „Der Frühling steigt von den Tälern in die Berge." Versuche diesen Satz zu erklären.
3. Arbeite mit Abb. 51.1:
- „Steige" vom Talhof zur Felswand. Beschreibe, wie sich die Landschaft und der Pflanzenwuchs ändern.
- Erläutere die Begriffe Getreidegrenze, Waldgrenze und Schneegrenze.

Die Bergbauern haben ihre Wirtschaftsweise der Natur angeglichen. In den Tälern werden Getreide und Kartoffeln nur langsam reif aufgrund von hohen Niederschlägen, niedrigen Temperaturen und auch häufig nassen und steinigen Böden. Gras aber gedeiht bei hohem Niederschlag gut und kommt mit der kurzen Wachstumszeit aus. Deshalb betreiben die Bauern vor allem Rinderhaltung. Dabei nutzen sie nicht nur die Talflächen.

Anfang April schmilzt der Schnee in den Tälern. Das Winterfutter ist aufgebraucht, die Weidezeit beginnt. Zunächst bleiben die Tiere nur einige Tage auf den Weiden nahe am Hof um sich an das frische Futter zu gewöhnen. Ende April werden die Rinder auf die **Voralm** (Maiensäß) getrieben. Sobald der Schnee auf den Matten geschmolzen ist, treibt man das Vieh hinauf zur **Hochalm.** Es wäre zu mühsam, das Gras dort oben zu mähen, zu trocknen und dann in das Tal zu befördern. Daher ziehen die Tiere zum Gras. Die Bauern betreiben **Almwirtschaft.**

Für den Bauern im Tal gibt es im Sommer viel Arbeit. Mehrmals muss er im Tal und auf der Voralm das Gras schneiden, zum Trocknen wenden und in die Scheune fahren, um genügend Futter für den langen Winter zu haben. Bereits Ende August beginnt der Abstieg der Herde von der Hochalm. Die Tiere bleiben zunächst auf der Voralm. Anfang November, wenn auf der Hochalm schon dichter Schnee liegt, werden die Rinder auf die Talweiden getrieben. Hier bleiben sie, bis der erste Schnee fällt.

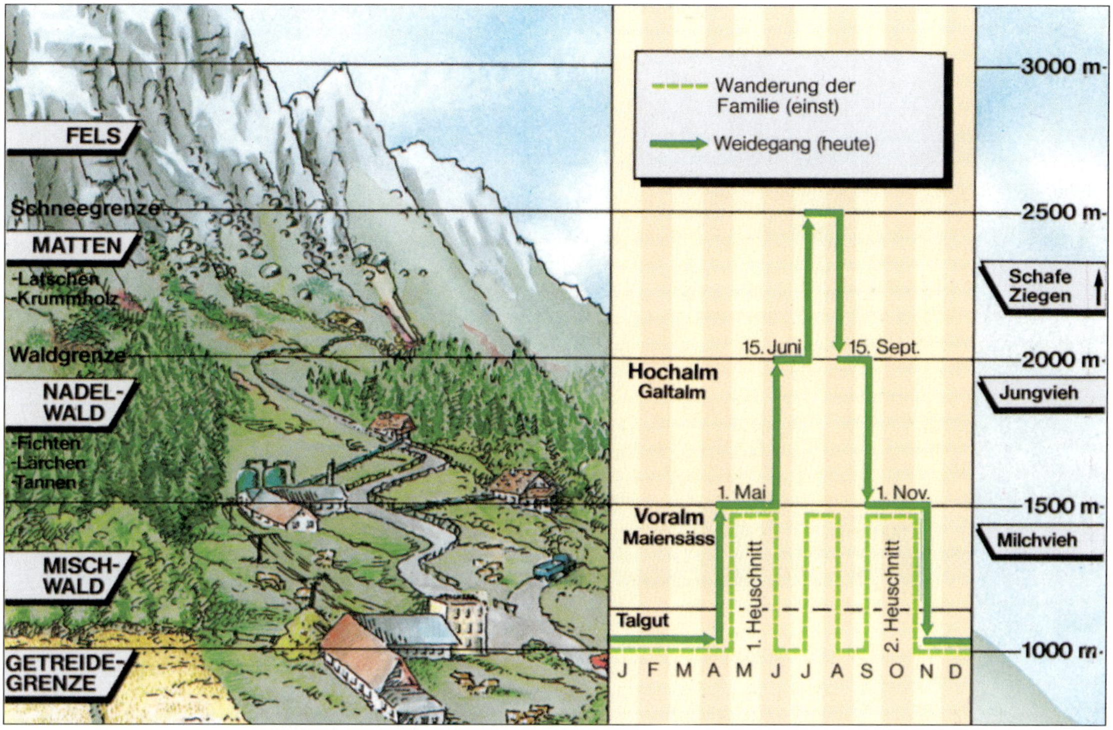

51.1 Almwirtschaft früher und heute

Die Nutzung der Almen verändert sich. Es wird immer schwieriger – und auch teurer –, Hirten zu finden, die bereit sind, die schwere Arbeit auf den Hochalmen zu übernehmen und rund 100 Tage weitab vom Dorf in einer Hütte zu leben.

Die Milchkühe bleiben heute meist im Tal und auf den Voralmen. Diese sind über Wirtschaftswege leicht vom Dorf aus zu erreichen. Fahrzeuge holen täglich die Milch ab. Einige Vor- und Hochalmen haben sogar eine Rohrleitung, durch die die Milch ins Tal geleitet wird.

Die meisten Hochalmen werden heute als **Galtalmen** (Jungviehalmen) genutzt. Das Jungvieh, das noch keine Milch gibt, verursacht weniger Arbeit. Für die Herde eines Dorfes genügt oft ein Hirte. Da einige Almen heute eingezäunt sind, weiden die Herden manchmal auch ohne Aufsicht. Andere Hochweiden werden ganz aufgegeben.

Almflächen, die nicht mehr beweidet werden, bedeuten allerdings eine Gefahr für die Landschaft. Auf langem Gras und Kräutern kommt der Schnee leicht ins Rutschen und reißt die schützende Pflanzendecke auf. Wind und Regen tragen den Boden ab. Erhöhter Steinschlag und Lawinengefahr sind oft die Folge.

4. Erkläre den Begriff Almwirtschaft (Text, Abb. 51.1 und 51.2).

5. Beschreibe, wie sich Arbeit und Leben bei den Bergbauern verändern.

6. Aus dem staatlichen „Bergbauernprogramm“ erhalten Bauern für jedes Rind, das den Sommer über auf einer Hochalm weidet, eine Prämie. Begründe.

51.2 Hochalm

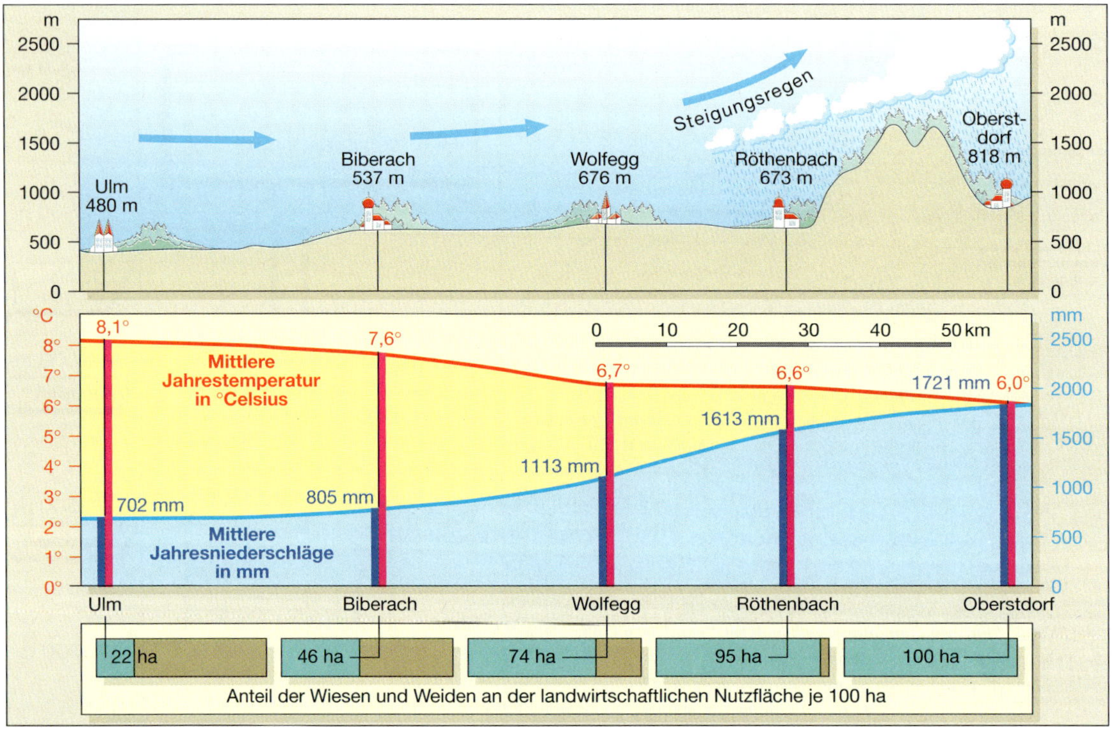

52.1 Profil durch das Allgäu

Weidewirtschaft im Allgäu

Das Allgäu erstreckt sich im Norden von den Hügeln und Seen des Voralpenlandes bei Memmingen und Kaufbeuren bis zu den Gipfeln der Allgäuer Alpen im Süden. Im Westen bildet der Bodensee, im Osten der Lech die Grenze.

7. Lokalisiere das Allgäu im Atlas. Schreibe die Städte mit mehr als 20 000 Einwohnern auf.

8. Beschreibe Landschaft und Bodennutzung im Allgäu (Abb. S. 33). Bestimme die Getreide-, die Wald- und die Schneegrenze.

9. Arbeite mit Abb. 52.1:
- Miss die Entfernung zwischen Ulm und Oberstdorf (Atlaskarte).
- Wie ändern sich die Höhen von Norden nach Süden?
- Welcher Zusammenhang besteht zwischen der Höhenlage, den Temperaturen und dem Niederschlag?
- Stelle fest, wie sich der Anteil des Grünlandes an der gesamten landwirtschaftlichen Nutzfläche vom Kreis Ulm zum Kreis Oberallgäu ändert.

Im Allgäu fällt viel Niederschlag. Wenn der Wind aus dem Alpenvorland nach Süden weht und auf die Alpen trifft, stauen sich die Luftmassen. Sie werden zum Aufsteigen gezwungen und kühlen dabei ab. Wolken bilden sich und es regnet. Dies nennt man **Stau-** oder **Steigungsniederschlag.** Im feuchten und kühlen Klima gedeiht Gras besonders gut. Vor allem im südlichen Allgäu herrscht daher Grünland vor. Ackerland gibt es fast nicht. Der Hof des Bauern Schwaiger liegt nördlich von Sonthofen. Hier gehen die Allgäuer Alpen in das hügelige Voralpenland über. Herr Schwaiger bewirtschaftet 32 ha Land, die geschlossen um den Hof liegen. Auf 2 ha baut er Futterpflanzen an, der Rest ist Grünland.

Es ist Ende Mai. Herr Schwaiger arbeitet im Stall, während Frau Schwaiger Auskunft gibt: *„Wir haben uns auf Milchwirtschaft spezialisiert. Wir besitzen 40 Milchkühe. Das reicht gerade. Heute sind 35 Kühe notwendig, wenn man ausschließlich von der Milchproduktion leben will.*

Fünfzehn Jungtiere waren den Winter über auf dem Hof. Ich habe sie vorgestern auf eine Alp, so heißt im Allgäu die Alm, gebracht. Dort, oberhalb von Sonthofen, bleiben sie bis in den Oktober. Ich

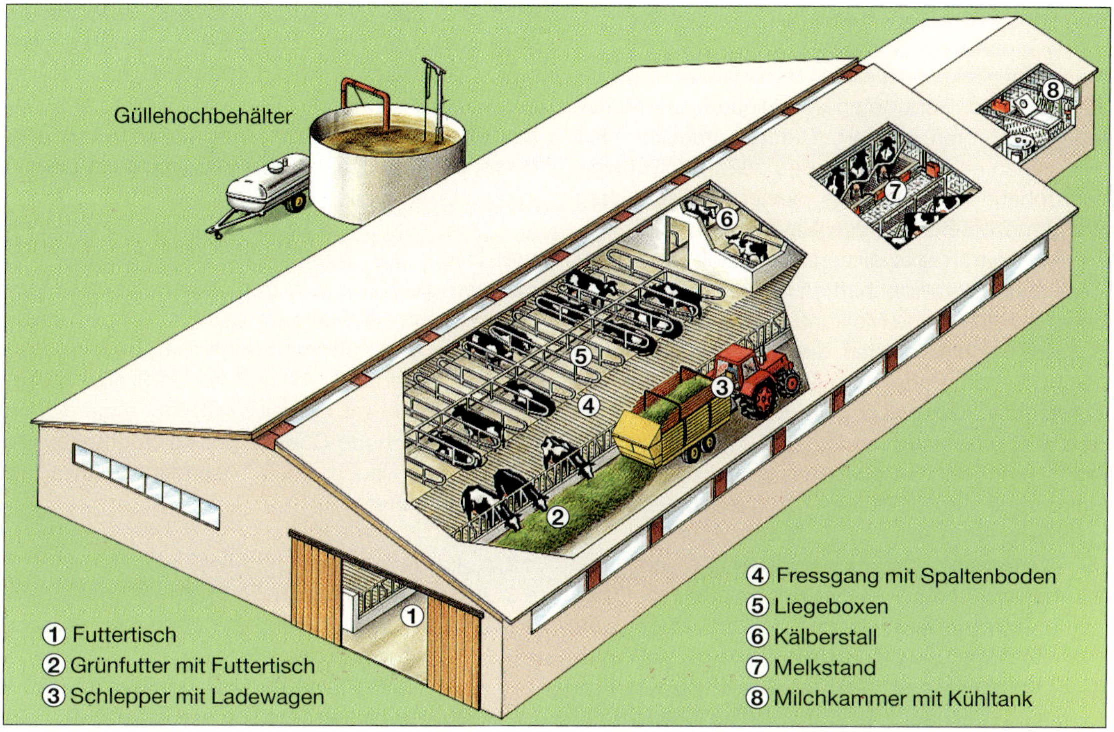

53.1 Boxenlaufstall

hoffe, sie werden im nächsten Jahr ebenso gute Milchkühe wie die, die Sie hier sehen. Jede Kuh gibt im Jahr über 7000 l Milch.

Früher trieben wir unsere Milchkühe im Sommer auf die Weide. Mit einem Elektrozaun, der leicht zu versetzen ist, wurden kleine Flächen abgetrennt. Auf ihnen weideten die Kühe vier bis fünf Tage. Dann haben wir eine neue Fläche abgesteckt und die abgegraste Weide gedüngt. Wochen später wurde das nachgewachsene Gras gemäht, um Heu für den langen Winter zu gewinnen. Diese ***Mähweidewirtschaft*** *war sehr arbeitsintensiv. Wir mussten die Tiere zweimal täglich in den Stall zum Melken bringen und die Zäune mussten wir ständig neu setzen.*

Deshalb haben wir vor drei Jahren auf ***Stallhaltung*** *umgestellt und einen Boxenlaufstall gebaut. In ihm bleiben die Tiere fast das ganze Jahr über. Jedes Tier hat eine eigene Box, in die es sich zurückziehen kann. Gefüttert wird zweimal am Tag. Dazu fahren mein Mann oder ich mit der Mähmaschine und dem Anhänger auf eine der Wiesen und holen Frischfutter. Zusätzlich zum Gras bekommen die Rinder Kraftfutter, das ein Futtercomputer zuteilt.*

Jedes Tier trägt um den Hals ein Computerhalsband mit einem kleinen Sender. Kommt das Tier an den Futterplatz, teilt ihm der Computer die von uns eingestellte Menge Kraftfutter zu. Wir müssen kaum noch entmisten. Dung und Harn der Tiere fallen durch den Spaltenboden und werden in die Güllebehälter gespült.

Morgens und abends melken wir die Tiere im Melkstand. Für die 30 Kühe brauchen wir ungefähr 40 Minuten. Direkt aus dem Euter fließt die Milch durch eine Leitung in den gekühlten Milchtank, der in einem Nebenraum steht. Einmal am Tag holt ein Kühlwagen die Milch ab und fährt sie in die Molkerei nach Sonthofen, wo sie zu Trinkmilch, Butter oder Joghurt verarbeitet wird.

Der Boxenlaufstall erleichtert die Arbeit. Deshalb haben viele Bauern hier bei uns im Allgäu die Mähweidewirtschaft aufgegeben und ihre alten Ställe umgebaut. Den Touristen allerdings gefällt diese Modernisierung weniger, denn sie sehen nur noch selten Milchkühe auf den Talweiden."

10. Erläutere die Mähweidewirtschaft. Begründe, warum viele Bauern sie aufgeben.

11. Beschreibe den Boxenlaufstall (Abb. 53.1).

Von der Milch zum Käse

Mit einem riesigen Käselaib, er wog 364 kg, wurde 1977 der 150. Geburtstag des Allgäuer Emmentalers in Kempten gefeiert. Der Käsemeister hielt sich genau an das Rezept, das 1827 der Schweizer Johann Altbauer aus seiner Heimat, dem Emmental bei Bern, in das Allgäu mitbrachte.

Schon früh spezialisierten sich die Bauern im Allgäu auf Milchwirtschaft. In fast jeder Gemeinde entstand eine kleine Molkerei, die die Milch verarbeitete. Dorthin lieferten die Bauern täglich ihre Milch. Neben Butter und Weichkäse wurde der Emmentaler das wichtigste Erzeugnis, denn er wird in Deutschland nur im Allgäu hergestellt. Ein Mann brauchte damals einen ganzen Tag um in Handarbeit aus 1000 Litern Milch einen Käse herzustellen.

Dazu musste er die angelieferte Milch unter ständigem Rühren in einem Kessel erhitzen. Dann fügte er einen Stoff hinzu, der die Milch zum Gerinnen brachte. Nach dem Gerinnen schöpfte er die Käsemasse ab und presste sie in einer Holzform zu einem Laib von 80 bis 100 kg Gewicht.

Früher hatte fast jede Gemeinde im Allgäu ihre eigene kleine Käserei. Nach 1950 wurden die meisten kleinen Käsereien stillgelegt. Moderne Großbetriebe können heute mehr als 100 000 l Milch pro Tag in automatischen Käsefertigern zu Emmentaler Käse verarbeiten. Zu ihnen gehört das Emmentalerwerk Kißlegg in Zeisenhofen, das etwa 30 km nordöstlich von Lindau zwischen Wangen und Leutkirchen liegt.

Während sich die Herstellung des Emmentalers stark verändert hat, ist sein Rezept gleich geblieben. Auch heute wird aus 1000 l Milch ein Käselaib von 80 bis 100 kg Gewicht. Mindestens drei Monate lagert der Käse anschließend und reift. Dabei bilden sich Gase, die die typischen Löcher in dem Emmentaler Käse verursachen.

Nur beste Milch ist für die Herstellung geeignet. Damit die Qualität der Milch gesichert ist, machen die Käsereien den Bauern genaue Vorschriften für die Düngung des Grünlandes sowie die Pflege und Fütterung der Kühe. Die Tiere dürfen kein Silofutter erhalten, sondern ausschließlich Gras und Heu, die mit Kraftfutter angereichert sind. Für die hohe Qualität der Milch erhalten die Bauern dann auch einen besonders guten Preis von der Käserei.

12. Lokalisiere Kißlegg im Atlas.
13. Arbeite mit der Karte 55.1:
- Wie viele Bauern beliefern die Käserei Kißlegg mit Frischmilch?
- Wie viele kleine Käsereien haben im Raum Kißlegg die Produktion eingestellt?

14. Die Käsereien machen ihren Milchlieferanten strenge Vorschriften. Dennoch schließen sich immer mehr Bauern den Großbetrieben an. Welche Gründe sprechen dafür?
15. Beschreibe die einzelnen Stationen bei der Verarbeitung von Milch und Käse (Abb. 54.1).
16. Stelle beim Einkaufen fest, woher die Milchprodukte kommen, die du in deinem Wohnort kaufen kannst. Sind auch welche aus dem Allgäu dabei?

54.1 Von der Milch zum Käse

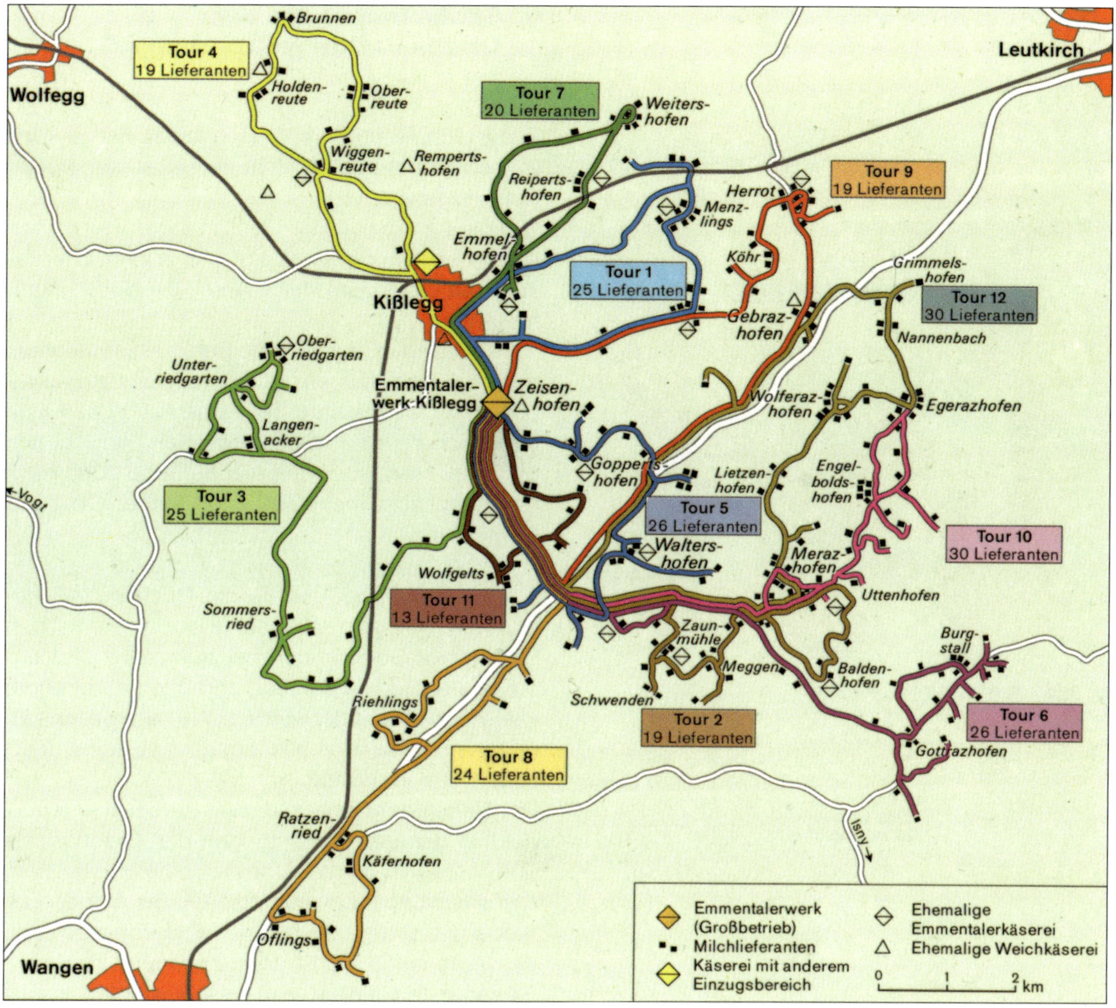

55.1 Einzugsbereich des Emmentalerwerkes Kißlegg

56.1 Benjaminis für den Verkauf

56.2 Lage der Obstland AG

Erdbeeren:	Juni
Himbeeren:	Juni
Stachelbeeren:	Juni/Juli
Kirschen:	Juni/Juli
Johannisbeeren:	Juni/Juli
Birnen:	August bis Oktober
Äpfel:	August bis Oktober

56.3 Erntekalender verschiedener Obstsorten

6. Sachsenobst aus der Obstland Dürrweitzschen AG

In der Schule sind die Pausen leider viel zu kurz. Da schafft man es oft nicht einmal, einen großen Apfel zu essen.

Die Mitarbeiter der Obstland Dürrweitzschen AG haben sich da etwas einfallen lassen: Sie produzieren besonders kleine Äpfel, die sie Benjaminis tauften.

Das Gebiet, auf dem die Benjaminis wachsen, gehört zu den ältesten und größten Obstanbaugebieten in Deutschland. Der Boden und das Klima ermöglichen eine Obstproduktion mit hohen Erträgen. Man produziert hier auf rund 2000 Hektar Anbaufläche mehr als 20 000 Tonnen Obst und Gemüse im Jahr.

Am 1. Januar 1991 wurde die Obstland AG gegründet. Sie ging aus aufgelösten ehemaligen LPG hervor. So wurden Arbeitsplätze für die Menschen der Region erhalten und das Land konnte weiter bewirtschaftet werden. 540 Mitarbeiter sind in diesem Unternehmen tätig, das aus 30 ostdeutschen Firmen besteht.

Neben der Obst-, Gemüse- und Getreideproduktion gehören Einrichtungen des Großhandels und Getränkehandels sowie eine Reihe von Dienstleistungsbetrieben zur AG. So gibt es Betriebe des Baugewerbes, des Elektrohandwerks, des Autohandels und des Landmaschinenbaus. Ja sogar Tankstellen, ein Reisebüro, Gaststätten und Hotels sowie eine Computerfirma gehören dem Unternehmen an.

Während andere Obstanbaugebiete in den fünf neuen Ländern schrumpfen, so z. B. bei Eisleben und im Havelland, haben die Dürrweitzschener Obstbauern mit ihren Erzeugnissen gute Aussichten zu bestehen. Die Erzeugnisse der Obstland AG sind unter der Marke Sachsenobst weit über Sachsens Grenzen bekannt geworden.

1. Suche die genannten Obstanbaugebiete auf Atlaskarten.
2. Beschreibe den Weg der Benjaminis vom Apfelbaum bis in die Schultasche (Abb. 57.1).
3. Erläutere, mit welchen Maßnahmen die Dürrweitzschener Obstbauern ihre Produkte vermarkten (Abb. 56.1 und 57.1).

Benjaminis beginnen ihr Apfelleben an niedrigen Apfelbäumen. Besonderen Wert legen die Obstbauern aus Dürrweitzschen auf möglichst geringen Einsatz von Düngemitteln und Schädlingsbekämpfungsmitteln. Die Benjaminis sollen eine schadstoffarme Kindheit und Jugend am Apfelbaum haben. Um Schädlinge von ihnen fernzuhalten, gibt es Starenkästen und Greifvogelstangen zwischen den Apfelbäumen. So werden die Schädlinge von ihren natürlichen Feinden vertilgt.

Im August ist es dann soweit. Die Benjaminis sind reif für die Ernte. Bis Oktober werden sie von vielen fleißigen Helfern gepflückt und in Kisten gelegt, die zwischen den Baumreihen aufgestellt sind. Es dürfen keine Druckstellen an den Äpfeln entstehen, sonst beginnen sie zu faulen. Traktoren bringen die Kisten dann auf ihren Hängern in die Kühllagerräume. Die Obstland AG besitzt eines der größten Kühlhäuser Europas. 18 000 Tonnen Obst kann man hier lagern.

Die meisten Benjaminis werden im Kühlhaus in eine Art Winterschlaf geschickt. Eine besondere Kühltechnik lässt die Äpfel unter geringer Sauerstoffzufuhr sehr langsam atmen und weiterreifen. Die Lagerung der Benjaminis wird somit bis Juli des folgenden Jahres verlängert. Durch moderne Technik erfolgt das Sortieren und Verpacken der Äpfel. Die Äpfel werden als Benjaminis in Tragetaschen verpackt, in denen sich auch Aufkleber und Gewinnspiele befinden. Äpfel schlechterer Qualität werden für die Herstellung von Saft aussortiert.

Nun geht es zu den Verbrauchern. Die Benjaminis treten ihre Reise zu euch an. Zuerst werden die Geschäfte der näheren Umgebung beliefert. In Leipzig allein sind zwölf Obstläden ständige Abnehmer der kleinen schmackhaften Äpfel. Manchen Benjaminis steht ein längerer Weg bevor. Auch nach Nordrhein-Westfalen werden sie geliefert. Hier sind es die großen Supermärkte, die die Benjaminis in ihr Sortiment aufgenommen haben. Vielleicht gibt es auch bei deinem Obsthändler Benjaminis zu kaufen.

57.1 Vom Apfelbaum bis in die Schultasche

58.1 Bewässerte Gemüsefelder

58.2 Bewässerter Orangenhain

E 7. Obst und Gemüse aus der Huerta von Valencia

Anja Braun aus Münster ist mit ihren Eltern auf dem Flughafen von Valencia gelandet. Jetzt sitzen sie im Bus, der sie zusammen mit anderen Urlauberinnen und Urlaubern in ihren Ferienort Cullera am Golf von Valencia bringen soll. Cullera liegt ungefähr 40 km südlich von Valencia. Auf der Fahrt wundert sich Anja über die vielen grünen Felder und Obstbaumhaine. Auf manchen Feldern steht sogar Wasser. Sie hatte gedacht, dass im trockenen und heißen Spanien nur trockene Felder zu sehen wären.

Gerade will sie ihre Eltern nach den Gründen fragen, da nimmt die Reiseleiterin das Mikrofon und erzählt: *„Meine Damen und Herren, wir fahren jetzt durch die berühmte Huerta von Valencia. Huerta heißt auf deutsch Garten. Damit will man sagen, dass dieses Gebiet einem fruchtbaren Garten ähnelt. Sicher werden Sie sich gewundert haben, warum hier im heißen Sommer überhaupt Landwirtschaft betrieben werden kann.*

Die Landwirte haben in der Huerta schon vor Jahrhunderten große Kanäle von den Flüssen in die Huerta gebaut und die Huerta mit einem Netz von kleinen Kanälen überzogen. So kann in den trockenen Sommermonaten mit Hilfe dieser künstlichen Bewässerung Anbau betrieben werden. Da vorne sehen Sie Orangen- und Zitronenbäume, links sind kleine Felder mit Tomaten, Zucchinis, Auberginen, Zwiebeln und anderen Gemüsearten. Ein paar Kilometer weiter werde ich Ihnen auch Reisfelder zeigen können. Seit Spanien der Europäischen Union angehört, gehen immer mehr Produkte in alle Länder der EU. Zu Hause essen auch Sie Obst und Gemüse aus der Huerta von Valencia. Achten Sie bei Ihrem nächsten Einkauf einmal darauf."

Auf der Weiterfahrt durch die Huerta sehen die Urlauber viele kleine Felder, die von niedrigen Dämmen umrahmt sind. Überall arbeiten Menschen auf den Feldern. Sie jäten Unkraut, lockern den Boden oder setzen neue Pflanzen. Viele Parzellen sind noch feucht vom Bewässern. Manchmal führt die Straße über einen Kanal hinweg.

Die Reiseleiterin erklärt, dass mithilfe dieser Kanäle das Wasser von Flüssen in die Huerta geleitet wird. Anja möchte wissen, wie das Wasser von den Flüssen und Kanälen auf die kleinen Felder gelangt und ob die Bewässerung auch funktioniert, wenn in einem trockenen Sommer die Flüsse nur wenig Wasser führen. Die Reiseleiterin schlägt den Urlauberinnen und Urlaubern vor, eine organisierte Busrundfahrt durch die Huerta zu unternehmen. Diese Rundfahrt führt zu den interessantesten Standorten, wo man die Bewässerungstechniken sehen kann.

1. Lokalisiere Valencia, Cullera und die Huerta auf Atlaskarten.

2. Berichte über die Busfahrt. Was hat Anja über die Landwirtschaft in der Huerta von Valencia erfahren?

3. Frage in deinem Lebensmittelgeschäft nach, ob Waren aus der Huerta angeboten werden.

Ausflug in die Huerta

Anja ist mit ihren Eltern im Bus unterwegs auf einer Rundfahrt durch die Huerta von Valencia. Ein ortskundiger Führer erklärt, wie die Bewässerung der Felder durchgeführt wird:
„Das Wasser für die Feldbewässerung entnimmt man zu einem großen Teil den Flüssen Turia und Jucar. Damit diese Flüsse auch im Sommer Wasser führen, hat man an ihrem Oberlauf und an ihren Nebenflüssen Staudämme gebaut. In den Stauseen sammelt sich das Regenwasser des Winterhalbjahres. Im Sommer, wenn kaum Niederschläge fallen, führt man den Flüssen aus den Stauseen Wasser zu. Das Flusswasser wird in Kanäle geleitet, die sich verzweigen und die ganze Huerta mit Wasser versorgen. Von den Zweigkanälen gelangt es über Bewässerungsrinnen auf die Parzellen (Felder). Die Bewässerung eines Feldes erfolgt pro Tag nur für eine geringe Zeit – so lange, wie es für den Wasserbedarf der Pflanzen nötig ist. Außerdem gibt es noch Bewässerungsanlagen, die aus Brunnen gespeist werden.“

In der Huerta von Valencia sind die Winter so mild, dass viele Pflanzen das ganze Jahr über wachsen können. Wenn man z. B. nacheinander mehrere Gemüsesorten anbaut, können bis zu drei Ernten in einem Jahr eingebracht werden. Deshalb genügt den Huertabauern schon eine relativ kleine Anbaufläche, um ein ausreichendes Einkommen zu erzielen. Manche Betriebsflächen sind nur einen Hektar groß.

Viele der Kleinbauern sind einer Genossenschaft angeschlossen. Sie kauft die Ernteerzeugnisse auf und setzt sie meist in Valencia bei Großhändlern ab. Die Großhändler beliefern von Valencia aus Großmärkte im In- und Ausland direkt mit eigenen Lkw oder per Frachtgut mit der Eisenbahn. Einige große Genossenschaften besitzen sogar eigene Lkw zum Warentransport.

4. Beschreibe anhand von Abb. 59.2 und 59.3 den Weg des Wassers vom Fluss bis zu den Feldern. Warum steht auch im Sommer genügend Wasser zur Verfügung?

5. Erläutere den Anbaukalender (Abb. 59.1). Welche Folgen ergeben sich für die Arbeit der Bauern im Jahresverlauf?

6. Beschreibe den Weg der Huertaprodukte vom Erzeuger zum Verbraucher (Abb. 59.3, Atlas).

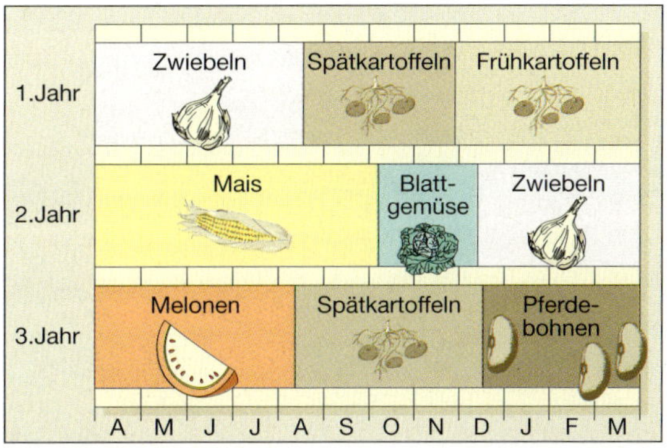

59.1 Anbaukalender

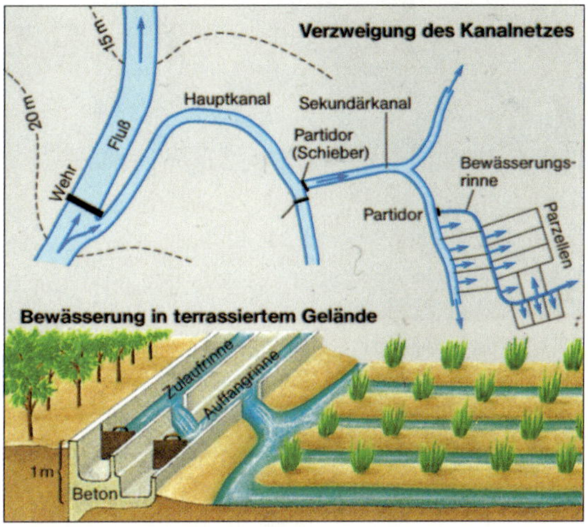

59.2 Wasserverteilung in einer Huerta

59.3 Die Huerta von Valencia

60.1 „Gläserne Stadt“

E 8. Blumen und Gemüse aus Holland

1. Lokalisiere das Westland. Beschreibe die Bodennutzung (Karte 61.1, Atlas, Abb. 60.1 und 61.2).

„Gläserne Stadt“ oder der „Garten Europas“ nennt sich das Westland. Von 14 600 ha sind fast 4000 ha mit Glas bedeckt. Nirgends findet man so viele Gewächshäuser auf so engem Raum. Die Betriebe dieser Region erzeugen vor allem Schnittblumen und Gemüse.

Mijnheer Pluis, der bei der Firma Groenewegen in Monster Gartenbaumeister ist, berichtet:

„Bei uns wachsen auf einem Quadratmeter überglaster Anbaufläche 40 Kilo Tomaten im Jahr. Das sind viermal so viele wie vor 20 Jahren. Jetzt im Juni ist Hochsaison und wir liefern bis zu 3000 Kisten Tomaten am Tag aus. Das sind zwei bis drei Sattelschlepper. Wir ernten fast das ganze Jahr.

Um dieses Produktionsniveau zu erreichen, haben wir für unsere Tomaten eine eigene Welt unter Glas geschaffen. Sie wachsen, wie zwei Drittel des Treibhausgemüses im Westland, ohne Verwendung von Erde. Die Tomaten stehen in einem Geflecht von grobporiger Basaltsteinwolle. Dies bietet große Vorteile. Steinwolle braucht nicht umgegraben zu werden und Schädlinge können sich nicht in ihr festsetzen. Steinwolle hat allerdings auch Nachteile. Sie muss alle drei bis vier Jahre erneuert werden. Das ist kostspielig und schafft zudem Entsorgungsprobleme. Rund 250 000 m³ Steinwolle müssen jährlich auf Mülldeponien gebracht werden.

An den Wurzeln jeder Pflanze im Gewächshaus endet ein kleiner Schlauch, der sie tröpfchenweise mit Wasser und Nährstoffen versorgt. Ein Computer steuert die Zufuhr.

Auch um das ‚Klima‘ kümmert sich unser Computer. Er rechnet die jeweils beste Temperatur und Luftfeuchtigkeit für die Pflanzen aus und gibt sie an die automatische Klimaanlage weiter. Diese Produktionsweise bedingt hohe Kosten. Sie können nur gedeckt werden, wenn der Betrieb große Mengen eines Produktes erzeugt. Diese Beschränkung auf ein oder zwei Hauptprodukte nennt man ***Spezialisierung.“***

2. Beschreibe die Anbaumethoden und begründe, warum der Gartenbau im Westland von der Natur weitgehend unabhängig ist.
3. Fasse die Vor- und Nachteile des Anbaus auf Steinwolle zusammen.

Modern wie die Anbautechniken ist auch die Vermarktung im Westland. Die meisten der rund 3000 Gemüsegärtner sind **Genossenschaften** angeschlossen. Dies ist ein freiwilliger Zusammenschluss von Bauern, die durch den Ankauf großer Mengen von Saatgut und Dünger einen günstigen Einkaufspreis erzielen wollen. Die Genossenschaften vermarkten auch die Produkte ihrer Mitglieder. Dazu besitzen sie eigene Versteigerungshallen.

Die Genossenschaftsmitglieder haben sich verpflichtet, ihre gesamten Erzeugnisse zur Versteigerung anzuliefern. In der Versteigerungshalle sitzen die Einkäufer an Pulten. Alle Käufer blicken auf eine große Uhr mit nur einem Zeiger. Versteigert wird gerade Blumenkohl. Der Auktionator stellt den Zeiger auf 2 Gulden – ein viel zu hoher Preis für einen Kohl. Der Zeiger dreht sich rückwärts – der Preis sinkt. Plötzlich bleibt der Zeiger bei 0,65 stehen. Einer der Einkäufer hat auf einen roten Knopf an seinem Pult gedrückt, damit die Uhr angehalten und den Blumenkohl für 0,65 Gulden ersteigert. Bei längerem Warten hätte er vielleicht billiger eingekauft – oder ein anderer Händler wäre ihm zuvorgekommen.

Die Versteigerung bietet Vorteile. Der Käufer bekommt einen guten Überblick über die Tagespreise und kann schnell einkaufen – ein großer Vorteil bei nur beschränkt haltbaren Produkten. Der Gemüsebauer erhält einen guten Preis, ohne sich um die Vermarktung kümmern zu müssen.

Über drei Viertel der Ware gehen in das Ausland, das meiste nach Deutschland. Transportiert wird das Gemüse in klimatisierten Lkw. Für Großbritannien und Nordeuropa bestimmte Produkte werden zunehmend über Schiphol, den Flughafen von Amsterdam, ausgeführt.

4. Welche Vorteile bietet eine genossenschaftliche Versteigerung gegenüber der Selbstvermarktung?
5. Informiere dich beim Gemüsehändler, welches Gemüse aus Holland kommt. Frage, woher die Tomaten und der Blumenkohl kommen. Lokalisiere die Gebiete im Atlas.

61.1 Das Westland

Fläche insgesamt	14 600 ha
Gartenbau	4 000 ha
Gewächshäuser	3 900 ha
Gartenbaubetriebe	
Anzahl	3 100
Mitarbeiter	ca. 10 000
Gemüseernte	
Tomaten	290 Mio. kg
Gurken	170 Mio. Stück
Kopfsalat	230 Mio. Stück
Paprika	28 Mio. kg
Blumenproduktion	
Chrysanthemen	370 Mio. Stück
Freesien	360 Mio. Stück
Rosen	275 Mio. Stück

61.2 Das Westland in Zahlen (1992)

61.3 Tomatenzucht

62.1 Weihnachtsbaum-Kultur im Sauerland

9. Weihnachtsbäume aus dem Sauerland

Als Klaus Bracht aus Essen kurz vor Weihnachten mit seinen Eltern auf dem Markt war um einen Weihnachtsbaum auszusuchen, fragte er den Baumverkäufer: „Wo kommen denn die vielen Weihnachtsbäume eigentlich her?" „Aus dem Sauerland", war die Antwort, mehr wusste der Verkäufer auch nicht.

Jetzt im Mai ist Klaus in der Heimat der Weihnachtsbäume. Er ist nämlich mit seiner Klasse und der Erdkundelehrerin, Frau Brauckmann, zu einem Schullandheimaufenthalt ins Hochsauerland gefahren. Frau Brauckmann hat für heute eine Wanderung mit einem Förster des Forstamtes Winterberg organisiert.

Zuerst zeigt der Förster ihnen ein Waldstück am Rand einer Talwiese, das nur mit kleinen Fichten bewachsen ist. Die Bäumchen stehen dort in gleichmäßigen Reihen und sind alle gleich hoch. *„Dies ist eine typische Weihnachtsbaum-Kultur", sagt der Förster. „Die meisten Weihnachtsbäume wachsen auf speziellen Anbauflächen, die eigens für Weihnachtsbäume angelegt wurden. Diese Flächen gehören Bauern oder Baumschulen. Auf ihnen sät man Fichtensamen aus oder pflanzt kleine Fichten und dann muss man ungefähr zehn Jahre warten, bis sie groß genug sind. Dann werden alle Fichten auf einer solchen Fläche abgeholzt und verkauft." „Das ist ja fast wie in der Landwirtschaft, nur dass hier der Zeitraum zwischen Säen und Ernten größer ist", meint eine Mitschülerin. „Das ist ein prima Vergleich", sagt der Förster. „Für den Weihnachtsbaum, den ihr in eure Wohnung stellt, wird kein Wald abgeholzt. Aus den Wäldern kommen nur die Weihnachtsbäume, die beim Durchforsten der Wälder geschlagen werden. Beim Durchforsten entfernen die Waldarbeiter alle zu dicht stehenden Bäume, damit die übrigen mehr Platz und Licht zum Wachsen haben. Jeder dritte deutsche Weihnachtsbaum kommt heute aus dem Sauerland."*

So ganz glücklich sind die Forstbeamten nicht mit den Weihnachtsbaumkulturen. Sie ergeben ein eintöniges Bild in der Landschaft. Außerdem werden viele Weihnachtsbaumkulturen gegen Schädlinge und Unkräuter gespritzt. Dadurch werden der Boden belastet und das Grundwasser gefährdet. In Hanglagen kann es auch zur Abspülung von Boden (Erosion) kommen. Manche Weihnachtsbäume werden mit dem Wurzelballen verkauft, damit man sie nachher im eigenen Garten einpflanzen kann. Das schädigt allerdings die Anbauflächen, weil mit dem Ballen auch Boden entnommen wird und Löcher zurückbleiben.

Um diese Gefährdungen zu verringern, müssen seit 1987 Weihnachtsbaumkulturen genehmigt werden. Hierbei werden oft Auflagen erteilt, beispielsweise können die Behörden das Spritzen verbieten.

Weihnachtsbaumkulturen bringen gute Erträge: Diese sind pro Hektar doppelt bis dreimal so hoch wie die Durchschnittserträge der Landwirtschaft im Forstamtsbereich Winterberg.

Als die Klasse durch einen großen Fichtenbestand kommt, fragt Klaus: *„Warum sind hier denn nur Fichten? Das sieht genauso langweilig aus wie die Weihnachtsbaumkulturen!“ „Das ist eine lange Geschichte“, antwortet der Förster. „Ursprünglich hatten wir hier im Sauerland vorwiegend Laubwald. Für die Verhüttung der Erze im Siegerland, zum Hausbau und zum Heizen der Wohnungen brauchte man viel Holz. Um 1800 waren die Wälder fast ganz abgeholzt. Man brauchte aber weiterhin Nutzholz. Deshalb forstete man mit schnell wachsenden Fichten auf. Fichten kann man nach 100 Jahren schlagen, Buchen erst nach 140 Jahren.*

Später brauchte man für die Zechen im Ruhrgebiet immer mehr Grubenholz zum Abstützen der Stollen. Beim Eisenbahnbau benötigte man Holz für die Schwellen. Erneut pflanzte man im Sauerland die schnell wüchsigen Fichten. Darum sieht der Wald heute so eintönig aus. Wir sprechen dann von ***Monokultur.*** *Fichtenwälder sind wie alle Monokulturen für Schädlinge anfällig. Außerdem lässt die Qualität des Bodens nach und wegen der flachen Wurzeln werden die Fichten bei Stürmen leicht umgeworfen. Deshalb pflanzen wir vermehrt Buchen an, wo Fichten gefällt wurden. Wir lassen einen Teil der Altfichten stehen und pflanzen in ihrem Schutz die jungen Buchen. Wenn Wiesen oder Ackerland aufgeforstet werden, setzen wir bis zur Hälfte Laubbäume. Auf diese Weise erhalten wir wieder mehr Laub- und Mischwälder.“*

An einer anderen Stelle zeigt der Förster der Klasse, wie man heute versucht, bei Arbeiten im Wald den Boden zu schonen. Man setzt zum Teil wieder Pferde statt Maschinen ein. So ziehen Pferde z. B. gefällte Bäume aus dem Wald bis zu Schneisen oder Fahrwegen heraus, erst dann treten Maschinen in Aktion.

„Wir alle brauchen den Wald zum Wandern und Erholen“, beschließt der Förster den Rundgang. „Er hält bei Regengüssen den Boden fest, ist Lebensraum für viele Pflanzen und Tiere und speichert Niederschläge für unser Trinkwasser. Er liefert Holz – ja, und ein paar Weihnachtsbäume auch. Wir sollten den Wald alle schützen.“

1. Lokalisiere Winterberg auf einer Atlaskarte.
2. Berichte über die Entwicklung und Nutzung des Sauerländer Waldes (Abb. 63.1, 2 u. 3).
3. Stelle die Vor- und Nachteile von Weihnachtsbaumkulturen zusammen.

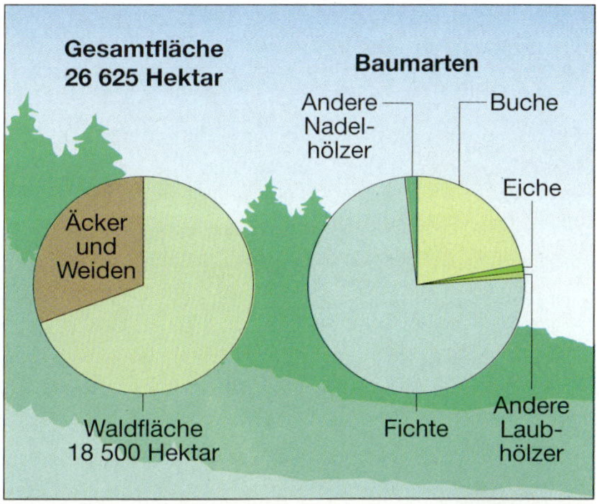

63.1 Forstamt Winterberg

63.2 Waldarbeit mit Maschinen

63.3 Waldarbeit mit Pferden

Ökologischer Landbau

64.1 Ökohof „Ohler Mühle“

Der Hof „Ohler Mühle“ liegt im Ruhrtal bei Hennen, zwischen Iserlohn und Dortmund. Jedes Jahr im September lädt die Familie Deckert, die den Hof bewirtschaftet, zu einem Tag der offenen Tür ein. In diesem Jahr sind auch Sabrina und Alexander mit ihren Eltern gekommen. Sie wollen sich diesen Betrieb einmal ansehen, der „organisch-biologischen Landbau“ betreibt.

Der erste Eindruck ist ein wenig enttäuschend. Äußerlich sieht dieser Betrieb auch nicht anders aus als ein „normaler“ Bauernhof: Von „Öko“ zunächst keine Spur. Frau Deckert, die Bäuerin, erläutert den Besuchern, was hier anders gemacht wird als in der herkömmlichen Landwirtschaft:

„Wir versuchen, Landwirtschaft im Einklang mit der Umwelt zu betreiben. Das bedeutet z. B., dass wir keine chemischen Schädlingsbekämpfungsmittel einsetzen. Wir bemühen uns vielmehr, durch vielfältige Fruchtfolgen die Massenvermehrung von Schädlingen auf unseren Feldern zu verhindern. Unkräuter – wir sagen lieber Beikräuter – werden, wenn nötig, mit Maschinen entfernt. Einige dieser Maschinen, die Sie auf einem herkömmlichen Bauernhof nicht finden werden, sehen Sie hinter sich. Durch die Rübenfelder und durch das Gemüse müssen wir manchmal auch mit der Hacke gehen, weil wir mit einer Maschine zu viele von den angebauten Pflanzen zerstören würden.“

64.2 Mechanische Unkrautbekämpfung

64.3 Auf dem Hühnerhof

„Was erzeugen Sie eigentlich? Worauf haben Sie Ihren Anbau spezialisiert?", möchte eine Besucherin wissen. „Wir haben uns überhaupt nicht spezialisiert", erwidert die Bäuerin. „Wir betreiben Ackerbau und halten auch Vieh. Nach den Anbaurichtlinien für den ökologischen Landbau können wir aber nur so viel Vieh halten, wie wir aus eigenem Anbau ernähren können. Im Augenblick haben wir 32 Milchkühe. Da wir nur kleine Mengen an Spezialfutter zukaufen, müssen wir auf einem Großteil unserer Flächen Futter für die Rinder erzeugen. Von unseren 106 ha Land ist etwa die Hälfte Ackerland. Ein Teil dieser Felder liefert z. B. Futterrüben und Mais für die Kühe. Die andere Hälfte der Fläche ist Grünland. Den größten Teil des Jahres stehen unsere Kühe auf der Weide. Zum Melken werden die Tiere morgens und am Nachmittag in den Stall gebracht."

„Melken Sie die Kühe noch mit der Hand?", unterbricht Sabrina. „Nein", erwidert die Bäuerin, „das würde viel zu lange dauern. Auch bei uns werden die Tiere maschinell gemolken." „Haben Sie sonst noch Tiere, zum Beispiel Pferde oder Schweine?", möchte Alexander wissen. „Ein paar Ponys für unsere Kinder haben wir natürlich auch. Schweine gibt es bei uns nicht, aber wir halten noch 300 Hühner. Den Hühnerhof, wo die Tiere frei herumlaufen können, sehen wir uns nachher noch genauer an.

Jetzt möchte ich aber erst einmal erläutern, welche weiteren Besonderheiten es bei uns im Ackerbau gibt. Da wir keinen Mineraldünger verwenden, müssen wir durch eine besondere ***Fruchtfolge*** *die Bodenfruchtbarkeit erhalten. Unsere Fruchtfolge umfasst einen Zeitraum von sieben Jahren. In den beiden ersten Jahren säen wir auf einem Schlag nur Klee und Gräser. Der Klee reichert den Boden vor allem mit Stickstoff an. Erst im dritten Jahr bauen wir dann dort Weizen an. Zwischen dem Weizen haben wir aber als sogenannte* ***Untersaat*** *weiterhin Klee und Gras. Nur einmal wird in unserer Fruchtfolge mit Mist gedüngt. Den Mist liefern natürlich unsere Kühe. Sie sehen, dass wir so einen teilweise* ***geschlossenen Stoffkreislauf*** *bekommen: Felder, Wiesen und Weiden ernähren unser Vieh, das Vieh gibt dem Boden über Mist und Jauche die Nährstoffe zurück. Der Versuch, in einem Betrieb möglichst geschlossene Stoffkreisläufe zu erreichen, ist ein wichtiger Grundsatz im* ***ökologischen Landbau****.*

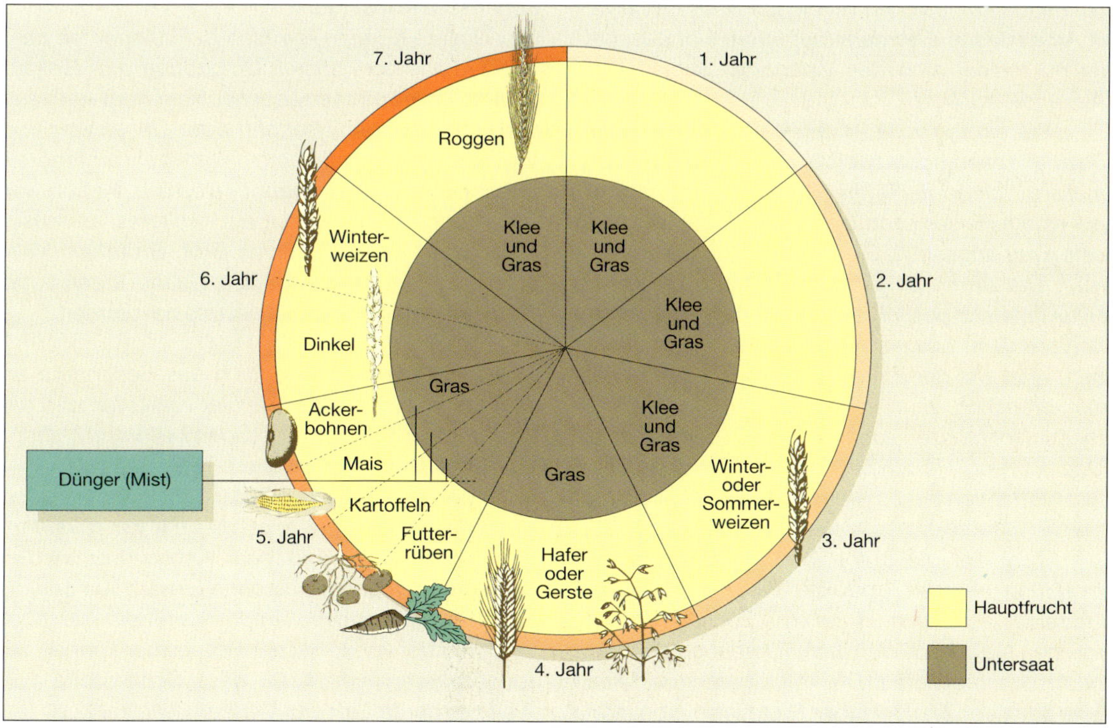

65.1 Anbauplan

66.1 Direktverkauf

Ganz geschlossen können solche Stoffkreisläufe allerdings nicht sein. Das liegt daran, dass wir auch Getreide, Kartoffeln und Gemüse anbauen und nach der Ernte verkaufen. Diese Pflanzen entziehen dem Boden Nährstoffe. Sie müssen ihm durch Zwischenkulturen und besondere Untersaaten wieder zugeführt werden."

„Das alles macht doch sicher viel mehr Arbeit als bei der herkömmlichen Wirtschaftsweise. Wie viele Arbeitskräfte sind denn auf Ihrem Hof beschäftigt?“, meldet sich der Vater von Sabrina und Alexander zu Wort.

„Die einzige volle Arbeitskraft ist mein Mann. Dazu kommen noch zwei Auszubildende, manchmal ein Praktikant. Für den Gemüseanbau, den wir auf einem Hektar Land betreiben, haben wir noch eine Frau angestellt. Sie hilft uns auch beim Verkauf. Die Arbeit ist für meinen Mann und seine Hilfskräfte nur deshalb zu schaffen, weil wir einen hervorragend ausgestatteten Maschinenpark haben. Während der Ernte, vor allem bei den Kartoffeln, brauchen wir allerdings ein paar Aushilfskräfte. Zur Not müssen auch mal die Kinder mithelfen. Und auch ich – ja, ich bin sowieso Mädchen für alles: Mutter von sechs Kindern, Hausfrau, Bäuerin, Managerin – alles in einer Person.

Meine Hauptaufgabe im Betrieb ist die Vermarktung unserer Produkte. Einen Großteil des Getreides verkaufen wir an eine Bäckerei, die die meisten Naturkostläden in der Umgebung mit Brot und Kuchen beliefert. Die Milch geht zum Teil an eine nach den ökologischen Richtlinien arbeitende Molkerei im Münsterland.

Vieles verkaufen wir aber direkt vom Hof. Dreimal in der Woche ist unser Verkauf geöffnet. Dort bieten wir Getreide, Kartoffeln, Salat, Gemüse, Milch und Eier aus eigener Erzeugung an. Rindfleisch und Suppenhühner gibt es nach Bedarf auf Bestellung. Unser Angebot an Salat, Gemüse und Obst hängt vor allem davon ab, was gerade geerntet werden kann. Erdbeeren gibt es dann eben nur im Frühsommer und nicht, wie im Supermarkt, sogar zu Weihnachten.

Unsere Kunden kommen zu Fuß oder mit dem Fahrrad aus der näheren Umgebung zum Einkauf zu uns. Viele kommen aber auch mit dem Auto aus Dortmund, Hagen, Iserlohn oder Unna. Wer von weiter weg hierher kommt, erwartet ein umfangreiches Lebensmittelangebot. Deshalb kaufen wir von anderen Bio-Erzeugern weiteres Gemüse, Salat und Obst dazu. Auch Brot, Brötchen, Vollkornprodukte, Apfelsaft, Käse, Quark, Joghurt und Babynahrung können Sie bei uns bekommen.“

„Was ist denn nun eigentlich das Besondere an den Lebensmitteln, die Sie hier verkaufen und die man auch in den Naturkostläden bekommt?“, fragt eine Besucherin dazwischen.

Frau Deckert erklärt dazu Folgendes: *„Alle unsere Lebensmittel, auch die, die wir zukaufen, stammen aus ökologischem Anbau. Sie werden ohne Mineraldünger und ohne Einsatz von chemischen Schädlingsbekämpfungsmitteln erzeugt und sind frei von Zusatzstoffen. Leider können wir jedoch nicht verhindern, dass Schadstoffe von weit her durch Luft und Wasser vielleicht auch auf unsere Felder kommen.“*

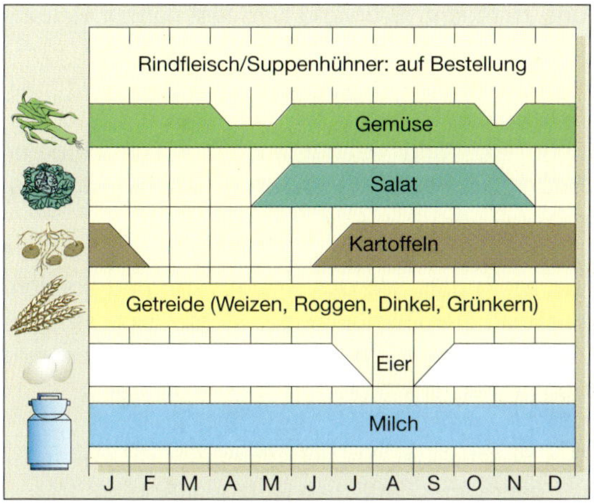

67.1 Produkte und Verkaufszeiträume

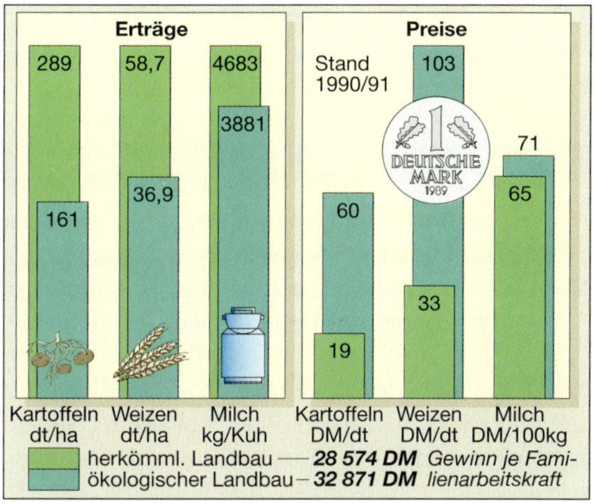

67.3 Erträge in der Landwirtschaft

„Das hört sich ja ganz gut an. Warum Ihre Produkte aber so teuer sind, kann ich nicht recht verstehen“, wirft ein anderer Besucher ein.

„Wir haben höhere Kosten als andere Betriebe. Weil wir keinen Mineraldünger verwenden, liegen unsere Hektarerträge deutlich unter denen herkömmlich wirtschaftender Höfe. Durch unsere besondere Fruchtfolge haben wir auch einen höheren Flächenbedarf, denn nur in fünf von sieben Jahren unseres Anbauplans ernten wir etwas. Die Direktvermarktung macht zudem viel Arbeit, z. B. die Reinigung des Getreides sowie das Abwiegen und Verpacken. Zusätzlich haben wir noch höhere Transportkosten als andere Landwirte. Die Standorte unserer Zulieferer und einiger Großabnehmer unserer Produkte, etwa die Molkerei, sind weit entfernt von Hennen.“

Sabrina und Alexander haben bisher mit Interesse zugehört. Jetzt drängen sie aber ihre Eltern zu gehen, weil sie endlich die Ponys sehen wollen.

1. Beschreibe den Anbauplan des Hofes „Ohler Mühle“ (Abb. 65.1). Vergleiche ihn mit dem Anbauplan des Gemischtbetriebs auf S. 49.

2. Vergleiche die Erträge im ökologischen Landbau mit denen im herkömmlichen Landbau (Abb. 67.3). Erkläre die Unterschiede.

3. Vergleiche zusammenfassend den ökologischen Landbau mit der herkömmlichen Landwirtschaft. Erstelle dazu eine Tabelle.

4. Erkundige dich, wo in der Nähe deines Schulortes ökologisch wirtschaftende Bauernhöfe sind. Wo werden ökologisch erzeugte Lebensmittel verkauft?

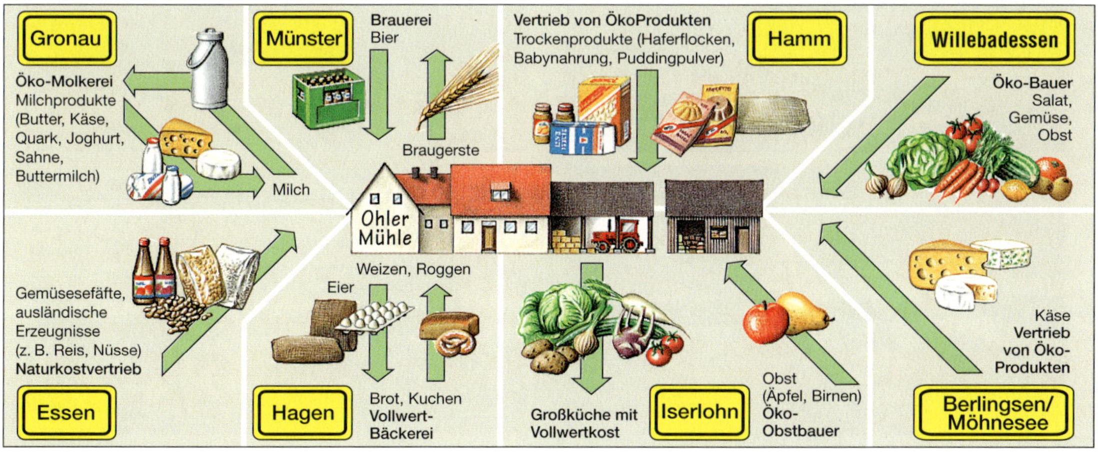

67.2 An- und Verkauf

Übersicht: Regionen unterschiedlicher landwirtschaftlicher Nutzung in Deutschland

1. Beschreibe die Fotografien (Abb. 68.1). Ordne ihnen die Begriffe Tiefland, Mittelgebirge, Alpenvorland und Hochgebirge zu. In welcher der Großlandschaften liegt dein Wohnort?

2. Wo findet man in Deutschland Hochgebirge, Mittelgebirge und Tiefland (Abb. 69.1, Atlas)?

Bei der landwirtschaftlichen Nutzung des Bodens unterscheidet man zwischen **Ackerbau, Grünlandwirtschaft** und **Forstwirtschaft.** Daneben gibt es besondere Formen der Landwirtschaft, die Sonderkulturen. Zu ihnen gehören der Anbau von Obst, Gemüse, Wein und Hopfen.

In Ackerbaugebieten ist trotz der Möglichkeit der Mineraldüngung noch immer die Bodengüte besonders wichtig. Die Bauern in diesen Gebieten erzeugen Ackerfrüchte. Weizen, Roggen und Zuckerrüben werden zu Nahrungsmitteln für den Menschen verarbeitet. Futtergetreide wie Mais und Gerste werden an Tiere verfüttert und damit zu Milch und Fleisch veredelt.

Grünlandwirtschaft betreibt man in Gebieten, in denen Ackerbau nicht möglich oder nicht lohnend ist. Meist sind die Böden zu nass oder das Klima ist für das Reifen von Ackerfrüchten zu kühl und zu feucht. Grünland wird fast nur zur Haltung von Milchkühen und Mastrindern genutzt.

Forstwirtschaft ist meist dort anzutreffen, wo Grünlandwirtschaft nicht mehr möglich oder lohnend ist. Wald wächst auch auf unfruchtbaren Böden sowie in kühlen und feuchten Gebirgsregionen und an steilen Hängen.

Sonderkulturen wie den Weinbau findet man vor allem dort, wo das Klima warm und sonnenreich ist. Der Gemüseanbau richtet sich oft nach den Käufern. Er findet sich daher auch in der Nähe von großen Städten.

3. Beschreibe die verschiedenen Formen der landwirtschaftlichen Nutzung (Abb. 68.1).

4. Welche Arten der Bodennutzung herrschen im Tiefland, in den Mittelgebirgen und im Alpenvorland vor (Abb. 69.1)?

5. Arbeite mit Abb. 69.1:
- Du hast unterschiedliche landwirtschaftliche Betriebe kennen gelernt. Ordne sie in die Karte ein.
- Nenne drei Gebiete mit vorwiegend Ackerbau auf guten Böden sowie drei weitere Gebiete mit vorwiegend Grünlandwirtschaft und Forstwirtschaft.
- Nenne drei Flüsse, an denen Weinbau betrieben wird.
- Nenne sechs Städte, in deren Nähe Gemüseanbau betrieben wird.

68.1 Bodennutzung in verschiedenen Naturräumen

69.1 Bodennutzung in Deutschland

Braunkohlenbagger im Rheinischen Braunkohlenrevier

Automobilbau in Sachsen

Arbeit und Versorgung in Industrieräumen

Verladung von Containern im Hafen von Rotterdam (Niederlande)

Herr Hommel wechselt den Beruf

Christina Hommel, eine 12-jährige Schülerin aus Dortmund, erzählt:

„Meine Eltern, mein jüngerer Bruder Stefan und ich wohnen zur Miete in der Dortmunder Lessingstraße. Wir haben hier viele Bekannte und Freunde. Unsere Schule liegt in der Nähe unserer Wohnung; Einkaufs- und Freizeitmöglichkeiten sind günstig zu erreichen. Wir fühlen uns in unserem Wohnviertel sehr wohl. Mein Vater hat früher in einem großen Stahlwerk gearbeitet, das dicht bei unserer Wohnung liegt.

Vor einigen Jahren musste diese Firma viele Beschäftigte entlassen; darunter war leider auch mein Vater. Nach der Entlassung nahm mein Vater an einer Umschulungsmaßnahme teil und wurde ein Computerfachmann. Er fand dann zum Glück eine Anstellung bei einem Betrieb in der Elektronikindustrie, der eine neue Zweigstelle in Dortmund eröffnete. Allerdings ist diese Firma ziemlich weit von unserer Wohnung entfernt, sodass mein Vater jeden Tag viel Zeit mit der Hin- und Rückfahrt verbringen muss. Er möchte deshalb gerne in die Nähe des Betriebs umziehen, um seinen Arbeitsplatz schneller erreichen zu können . . .“

Täglich stehen viele Menschen vor einer ähnlichen Entscheidung wie die Familie Hommel. Allein in der Großstadt Dortmund ziehen jedes Jahr etwa 50 000 Menschen um. Es gibt viele Gründe, warum Menschen umziehen. In Dortmund hat die Häufigkeit der Umzüge vor allem etwas mit den Veränderungen im Arbeitsplatzangebot in der Stadt zu tun.

In den letzten Jahrzehnten schlossen z. B. nach und nach alle Dortmunder Steinkohlenbergwerke (Zechen). Auch die großen Stahlwerke sowie die Metall verarbeitenden Betriebe mussten viele Mitarbeiterinnen und Mitarbeiter entlassen. Viele Berufstätige aus diesen Erwerbszweigen gingen frühzeitig in Rente. Andere schulten um und erlernten einen neuen Beruf wie Herr Hommel. Ein Teil der Betroffenen zog aus Dortmund fort um in anderen Städten Arbeit zu finden. Mit dem Arbeitsplatzwechsel waren häufig Umzüge verbunden. Sie brachten für die meisten Familien größere Umstellungen mit sich.

In Dortmund traten an die Stelle der abgebauten Industriezweige vor allem Dienstleistungsbetriebe (Verwaltungen u. a.) sowie Betriebe der chemischen und elektrotechnischen Industrie. Hier fanden viele Menschen neue Arbeitsplätze.

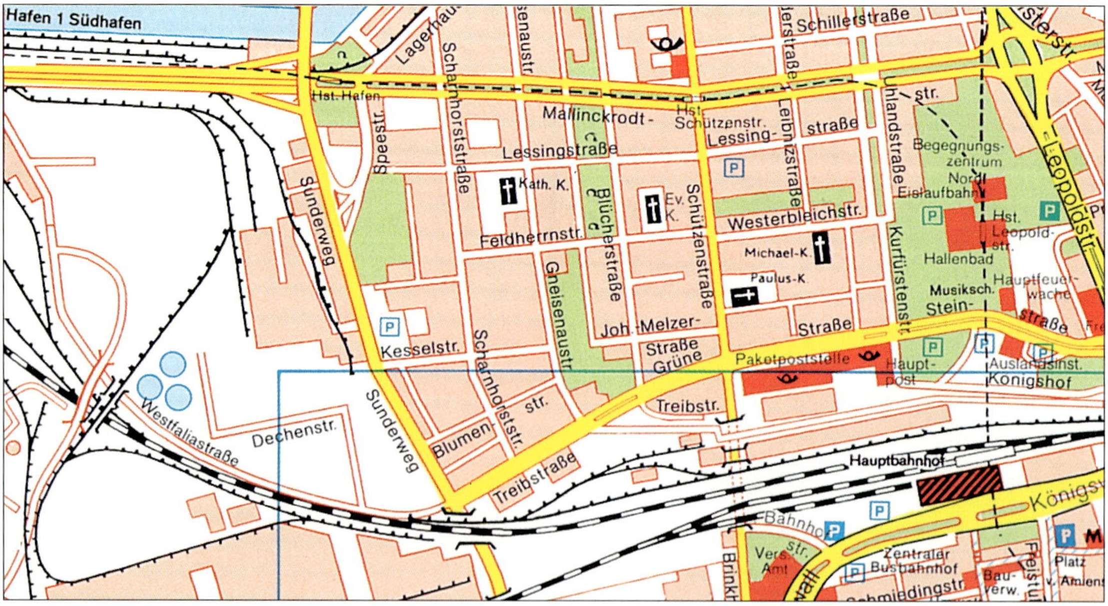

72.1 Stadtplan von Dortmund (Ausschnitt)

Die meisten der neuen Dortmunder Firmen benötigen moderne Gebäude und Ausstattungen, günstige Verkehrsverbindungen und spezialisierte Fachkräfte mit sehr guter Ausbildung.

Günstig für Dortmund wirkt es sich deshalb aus, dass es mehrere Universitäten und Fachhochschulen in erreichbarer Nähe gibt.

Außerdem gründeten die Stadt Dortmund, einige Banken und die Industrie- und Handelskammer vor einigen Jahren neben der Universität den Technologiepark Dortmund. Zwischen der Universität Dortmund und dem Technologiepark findet ein ständiger Erfahrungsaustausch statt. Vor allem neu gegründete Firmen bezogen die mit modernster Technik ausgestatteten Räumlichkeiten. Viele junge Techniker und Wissenschaftler finden im Technologiepark günstige Arbeitsbedingungen oder gründen eigene Firmen.

Ähnliche Versuche zur Wirtschaftsförderung wie in Dortmund gibt es in vielen deutschen Städten und Gemeinden.

Die Schließung oder Eröffnung großer Betriebe verändert das Arbeitsplatzangebot einer Stadt. Dadurch treten nicht nur im Einzelhandel (z. B. Bäckerei, Metzgerei oder Bekleidungsgeschäft) und bei Verwaltungen oder Banken Veränderungen auf, sondern das gesamte Erscheinungsbild und das Leben einer Gemeinde oder Stadt wird dadurch beeinflusst.

73.2 Umzug

1. Lokalisiere im Stadtplan die Wohnung der Familie Hommel und den ehemaligen Arbeitsplatz von Herrn Hommel (Abb. 72.1).

2. Welche größeren Veränderungen traten im Arbeitsplatzangebot der Stadt Dortmund auf?

3. Welche Betriebe an deinem Wohnort wurden in den vergangenen Jahren geschlossen oder eröffnet (Hilfen: Eltern, Lehrer, Rathaus [Amt für Wirtschaftsförderung])?

Von 50 Firmen des Technologieparks Dortmund arbeiten im Bereich:

Elektronik-Entwicklung	5	Entwicklungsarbeit	
Steuer- und Messtechnik	6	für den Bergbau	2
Entwicklung von Computern und Computerprogrammen	5	für den Maschinenbau	2
		für Robotertechnik	2

73.1 Im Technologiepark Dortmund

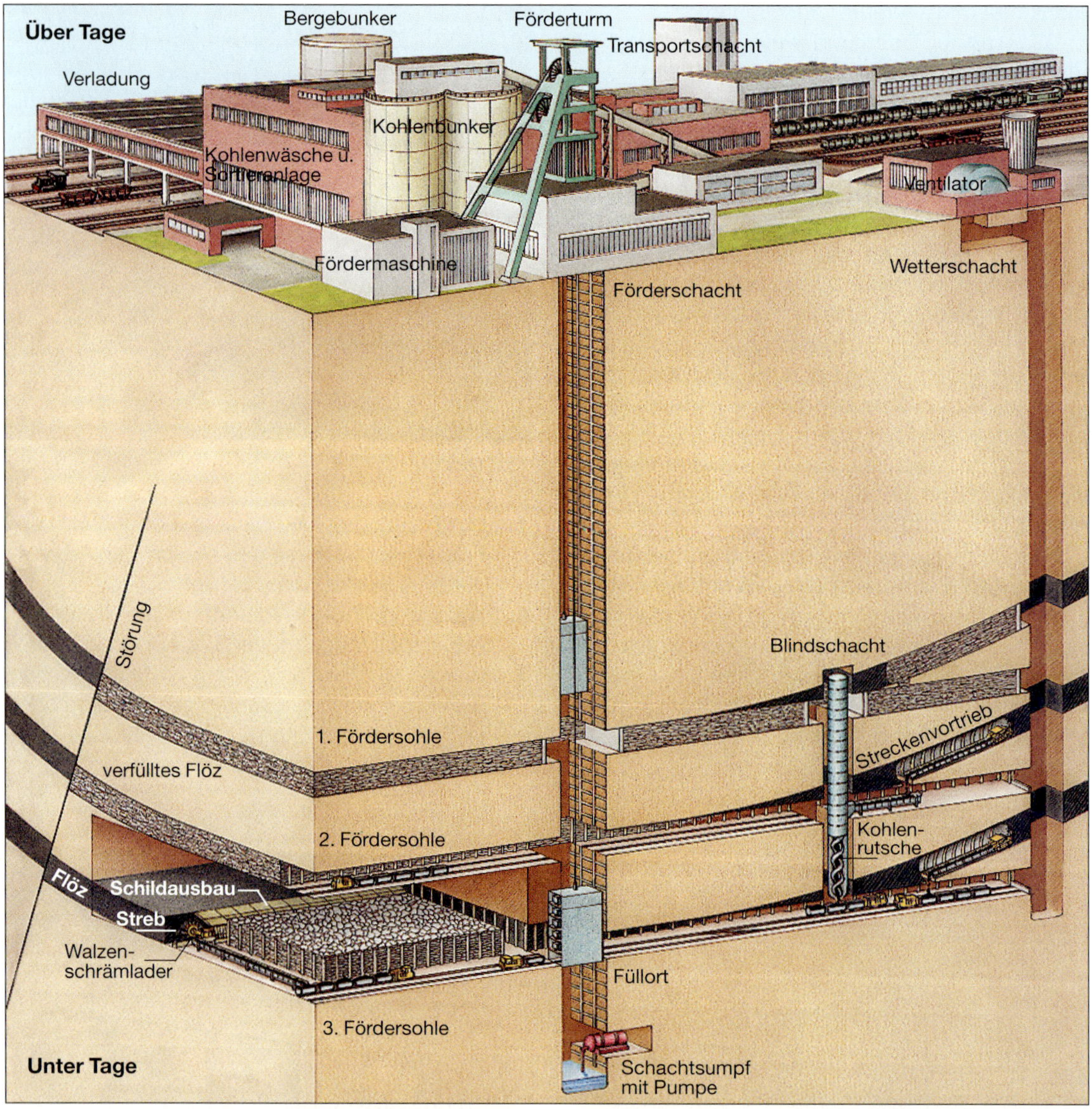

74.1 Schnitt durch ein Steinkohlenbergwerk

1. Kohle und Stahl von der Ruhr

Unter Tage

Ich muss gestehen, dass ich etwas aufgeregt bin, als mir die von der Schicht zurückkehrenden Bergleute aus ihren schwarzen Gesichtern ihr „Glück auf!" entgegenrufen. Schließlich ist es meine erste Fahrt „unter Tage". Der riesige, vierstöckige Förderkorb hält, ungefähr 60 Leute steigen aus, vier volle Loren rollen heraus. Wenig später beginnt die schnelle Abfahrt zusammen mit 90 Kumpeln und zwei leeren Loren. Mit 30 Kilometern pro Stunde fahren wir durch das ca. 500 m mächtige ***Deckgebirge.*** *In kurzen Abständen erblicken wir den Lichtschein der ersten und zweiten* ***Fördersohle*** *und kommen nach zwei Minuten Fahrt in 1000 m Tiefe auf der dritten Sohle an.*

Hier am ***Füllort*** *sieht es aus wie auf einem Rangierbahnhof: In der über 100 m langen Halle laufen Personen- und Materialzüge ein und aus. Manche fahren ohne Lokführer, elektronisch gesteuert und von Fernsehkameras überwacht.*

Die Fahrt mit der Transportbahn dauert etwa 15 Minuten, fast so lange wie eine Zugfahrt von Dortmund nach Bochum. Sie führt durch verschiedene ***Strecken,*** *vorbei an ausgeräumten Streben (die Kumpel nennen sie „Alte Männer"), an Abzweigen zu* ***Wetter-*** *und* ***Blindschächten.*** *An den Wänden glänzt links und rechts das Wasser, das tiefer unten im Schachtsumpf gesammelt wird. Von dort befördert man es mit Pumpen durch den Wetterschacht nach oben. Fällt ein Pumpensystem einmal aus, übernehmen sofort andere Pumpen die Arbeit, damit nicht eine Sohle nach der anderen „absäuft".*

Die Hitze wird allmählich immer größer, es dürften so um die 28 °C sein. Ohne die Luftschächte, durch die ständig Frischluft zugeführt und Abluft abgesaugt wird, wären es über 40 °C. Diese Frischluftzufuhr soll außerdem verhindern, dass sich „Wetter" bilden und es zu lebensgefährlichen Gasexplosionen kommt. Diese sind die größte Gefahr für die Menschen unter Tage.

Vom Haltepunkt der Bahn geht es knapp 300 m zu Fuß durch den Abbaustreb. Ich kann aufrecht stehen, da die Decke zwei Meter hoch ist. Das Atmen fällt jedoch schwer wegen der Hitze und des Kohlenstaubs, der in der Luft schwebt. Im Schein meiner Lampe, die am Helm befestigt ist, folge ich dem Panzerband, einer 80 cm breiten Stahlrinne. In ihr wird das abgeschlagene Material, Kohle samt „taubem" Gestein, zur Abbaustrecke transportiert. Allmählich wird der Lärm vom ***Walzenschrämlader*** *hörbar.*

Mit dieser Maschine, die in einer Stunde so viel leistet wie früher 300 Bergleute in 24 Stunden, wird die Kohle aus dem ***Flöz*** *geschrämt – gut vier Meter frisst sich die 20 Mio. DM teure Maschine täglich vorwärts. Mit jedem Schritt folgen tonnenschwere Stahlschilde und schützen den frei gewordenen Hohlraum. Dahinter bricht das Deckgebirge ein. Hierbei drohen an der 1000 m höher gelegenen Oberfläche „Bergschäden" durch Bergsenkungen. Deshalb füllt man manchmal die Hohlräume mit Abraum aus, nämlich überall dort, wo „oben" wichtige Einrichtungen durch Bergsenkung gefährdet sind, z. B. Fabrikanlagen und Gleisanlagen der Eisenbahn.*

Beeindruckt vom reibungslosen Ablauf dieser unterirdischen Großanlage, überrascht von der Tatsache, dass kein Kumpel mehr mit dem Presslufthammer in der Hand ***„vor Ort"*** *auf dem Bauch liegend Kohle abbaut, kehre ich nach sechs Stunden zusammen mit den Bergleuten zurück an das Tageslicht.* (Rainer Koch: Eindrücke einer Grubenfahrt)

1. Welche Einrichtungen eines Steinkohlenbergwerkes befinden sich über Tage (Abb. 74.1)?

2. Verfolge mithilfe des Textes und der Abb. 74.1 den Weg, den die Kohle vom Flöz bis zur Verladerampe der Zechenbahn zurücklegt. Nenne die einzelnen Stationen.

3. Erläutere die Arbeitsbedingungen unter Tage. Warum befindet sich ein Bergmann während einer achtstündigen Schicht nur sechs Stunden vor Ort?

4. Suche im Atlas (Wirtschaftskarte) die Steinkohlenreviere Deutschlands und nenne wichtige Zechenstandorte.

E **5.** Wo gibt es in Europa weitere Steinkohlenvorkommen? Ziehe deinen Atlas hinzu.

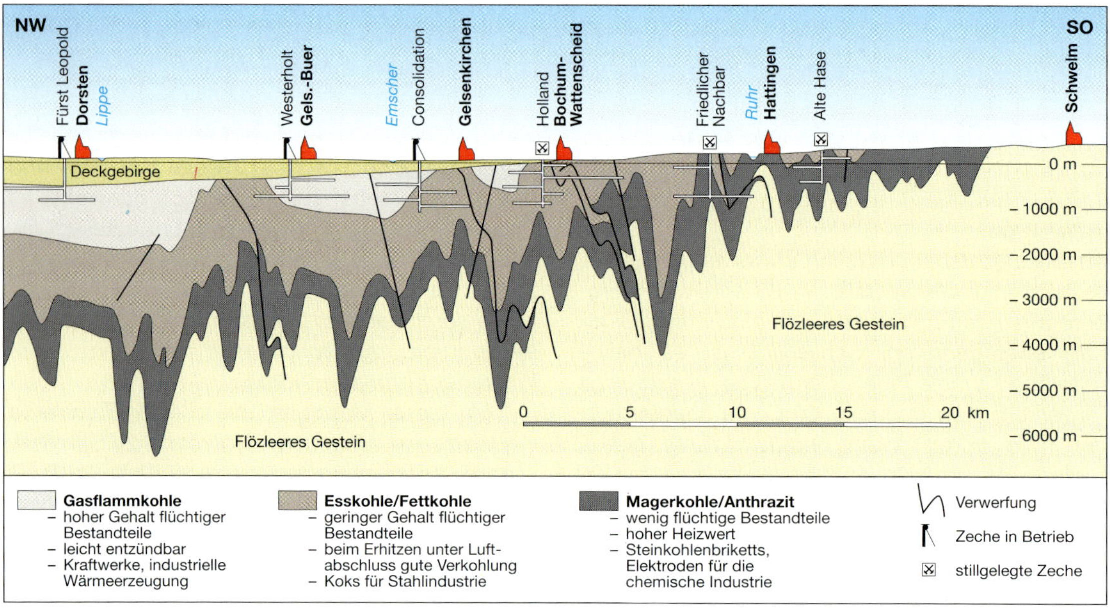

76.1 Querschnitt durch das Kohlengebirge im Ruhrgebiet

Steinkohle – ein Rohstoff für die Zukunft?

Hätte man vor vielen Millionen Jahren einen Schnitt durch das Kohlengebirge gemacht, dann wäre eine Art Schwarzwälder Torte zum Vorschein gekommen: Waagerecht verlaufende Schichten, darunter einige ganz dunkle, die heutigen Steinkohlenflöze. Durch verschiedene Erdbewegungen hat sich diese regelmäßige, horizontale Lagerung der einzelnen Schichten verändert. Sie wurden aufgefaltet und gegeneinander verschoben; es entstanden Verwerfungen. Nach Norden hin ist das Steinkohlengebirge abgesunken. Das insgesamt 3000 m mächtige Gesteinspaket hat großen Druck ausgeübt auf die darunter liegenden Schichten. Zusammen mit der zum Erdinnern hin immer größer werdenden Hitze hat dies dazu geführt, dass sich in unterschiedlicher Tiefe allmählich unterschiedliche Kohlenarten herausgebildet haben. Diese Kohlenarten unterscheiden sich hinsichtlich ihres **Kohlenstoffanteils**: Je tiefer die jeweilige Kohlenschicht liegt, desto höher ist der Kohlenstoffanteil und somit der **Heizwert.**

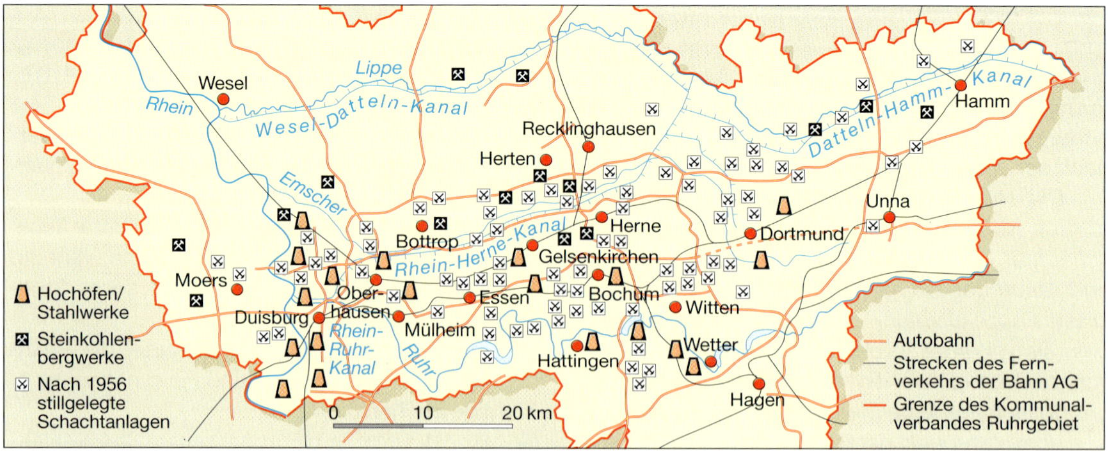

76.2 Steinkohlenbergwerke und Hochöfen/Stahlwerke im Ruhrgebiet 1956 und 1994

So wie die Kohle aus der Zeche kommt, kann sie nicht verwertet werden; vorher sind einige Arbeitsgänge notwendig, um sie aufzubereiten. Die Kohle muss vom **tauben Gestein** getrennt, zerkleinert und sortiert werden – aus dem anfallenden Kohlenstaub lassen sich Briketts herstellen.

Die aufbereitete Kohle wird zu einem Drittel für die Stahlerzeugung und zu mehr als der Hälfte für die Stromerzeugung verwendet, nur geringe Mengen verbrauchen private Haushalte. Für den Antrieb von Lokomotiven wird Kohle nicht mehr benötigt (heute Strom oder Dieselöl).

Bevor man die Kohle bei der Stahlerzeugung einsetzen kann, muss sie in der **Kokerei** zu **Koks** umgewandelt werden. Mit Koks lassen sich höhere Temperaturen erzielen als mit Kohle. Diese höheren Temperaturen sind notwendig um Roheisen zu schmelzen. Bei der Herstellung von Koks werden wertvolle **Gase,** die „flüchtigen Bestandteile" der Kohle, frei. Diese werden als Rohstoff in der chemischen Industrie verwendet.

Steinkohle bietet aber mehr Verwendungsmöglichkeiten, z. B. in der chemischen Industrie. Dort versucht man ständig durch neue Verfahren und durch den Einsatz modernster Techniken die in der Steinkohle enthaltenen Bestandteile zu nutzen. So ist es technisch möglich, Benzin aus Kohle zu gewinnen. Allerdings lohnt sich das aufwendige Verfahren noch nicht, da der Preis für Erdöl immer noch deutlich niedriger ist. Vielleicht kommt aber der Benzingewinnung eines Tages doch größere Bedeutung zu, dann nämlich, wenn die Erdölreserven weltweit knapp werden und der Erdölpreis steigt.

Anfang der Sechzigerjahre begann im Ruhrgebiet das Zechensterben. Immer weniger Steinkohle konnte verkauft werden, u. a. weil mit Erdöl und Erdgas neue Konkurrenten entstanden. Riesige Fördermengen wurden auf Halde gelegt. Viele Bergleute verloren ihren Arbeitsplatz. Die meisten Zechen im Ruhrgebiet mussten damals schließen.

1973/74 verbesserten sich die Wettbewerbsaussichten, als die Erdöl exportierenden Länder zu hohe Preise für ihr Rohöl forderten und es zur Ölkrise kam. 1980 wurde zudem ein wichtiger Vertrag mit den Stromerzeugerfirmen geschlossen. Er stellt sicher, dass die Steinkohlenkraftwerke den Bergwerken jährlich ungefähr 30 Mio. t heimischer Steinkohle abnehmen.

Eine erneute weltweite Absatzkrise bei Eisen- und Stahlerzeugnissen 1992 ließ die Absatzchancen für die Ruhrgebietskohle wieder sinken.

6. Erläutere den Querschnitt durch das Kohlengebirge (Abb. 76.1). Was bedeutet Deckgebirge?
7. Suche im Atlas Standorte der Stahlindustrie, der chemischen Industrie und der Wärmekraftwerke.
8. Begründe, warum Zechen, Kokereien und Wärmekraftwerke dicht beieinander liegen.
9. Erläutere die Bedeutung der Steinkohle für die Energieversorgung Deutschlands (Abb. 77.2 und 155.1).
10. Betrachte die Entwicklung der Standorte von Zechen und Hochöfen/Stahlwerken (Abb. 76.2).
11. Steinkohle – ein Rohstoff für die Zukunft? Diskutiert diese Frage.

77.1 Steinkohlenkraftwerk

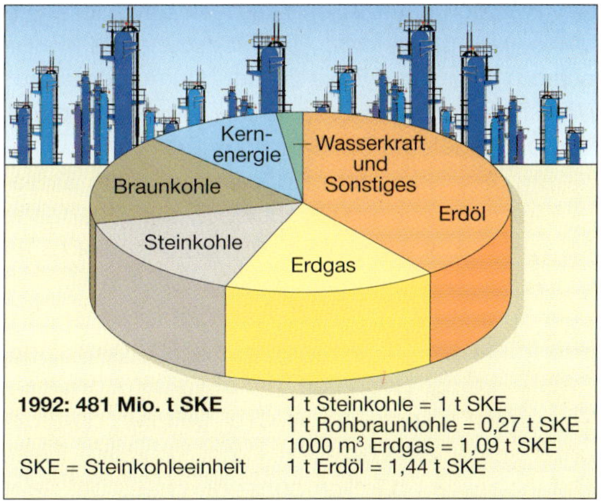

77.2 Primärenergieträger in Deutschland

78.1 Hochofenabstich

78.2 Walzstraße

Vom Erz zum Edelstahl

„Fertig zum Abstich!" – Männer in feuerfester Kleidung, Schutzhelme auf dem Kopf, Masken vor dem Gesicht, richten einen wassergekühlten Bohrer auf das Abstichloch am Hochofen. In einem Sicherheitsabstand von 30 m wartet eine Schulklasse, die eine Werksbesichtigung macht, auf den spannenden Augenblick.

Plötzlich ein Anblick wie beim Silvesterfeuerwerk: weiß glühendes, Funken sprühendes Eisen schießt in einem 15 bis 20 cm dicken Strahl aus der Öffnung. Es fließt wie dünnflüssige Lava durch vorher ausgelegte Sandrinnen in Eisenbahnspezialwaggons. Nach dem Roheisen wird die Schlacke abgelassen, das Abstichloch mit feuerfester Masse verschlossen, der Ofen neu beschickt.

Alle 4 bis 6 Stunden wiederholt sich ein solcher Vorgang, bei Tag und bei Nacht, tagein, tagaus, ohne Unterbrechung bis zu 30 Jahre lang. Dabei wird der Hochofen, der etwa 35 m hoch ist, von außen ständig mit Wasser gekühlt, damit er unter seiner eigenen Hitze nicht schmilzt. Diese Gefahr besteht nämlich sonst durchaus bei Temperaturen über 2000 °C. Für das Beschicken (Füllen) eines Hochofens benötigt man vier Stoffe: Eisenerz, Koks, Kalk und Luft. Diese wird auf ca. 1200 °C vorgewärmt, bevor sie von unten in den Hochofen geblasen wird. Beim Schmelzen des Erzes trennen sich Roheisen und taubes Gestein voneinander. Das flüssige **Roheisen** sammelt sich am Boden, die leichtere Steinschlacke schwimmt darüber.

Roheisen ist für eine weitere Verarbeitung noch nicht geeignet, da es verschiedene Beimengungen enthält, die es spröde und brüchig machen. Deshalb macht man daraus **Stahl,** der die gewünschten Eigenschaften besitzt: Elastizität und Härte. Pfannenwagen transportieren das noch glühend heiße Roheisen gleich nach dem Abstich ins Stahlwerk, wo es in mächtigen Stahltöpfen, den Konvertern, zu Stahl „gekocht" wird. Mit einer feuerfesten Lanze wird auf das flüssige Roheisen Sauerstoff geblasen. Dieser verbrennt bei ca. 2500 °C den Kohlenstoff und andere Bestandteile. Anschließend fügt man dem Stahl Zuschlagstoffe hinzu, wie Nickel, Chrom, Wolfram oder Mangan. Man sagt, man „veredelt" den Stahl, damit er noch härter, rostfrei, schmiedbar oder zugfest wird.

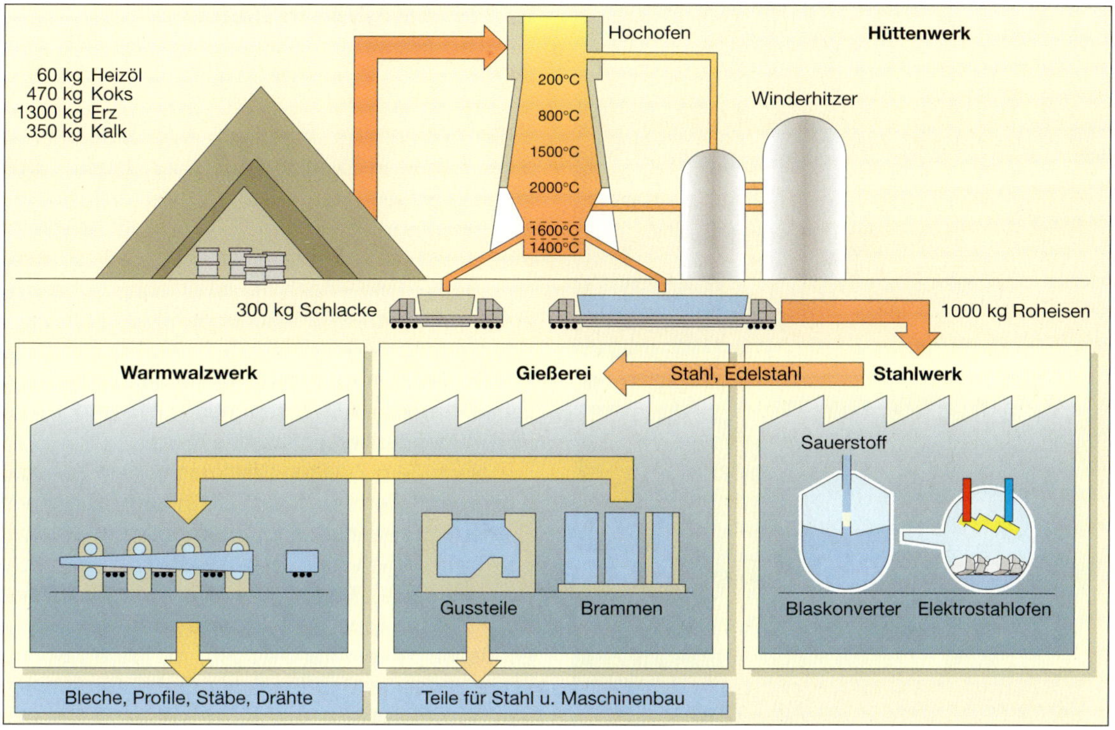

79.1 Vom Erz zum Stahl

35 Minuten dauert der gesamte Vorgang, den der Füllwart mit Hilfe von Computern überwacht und steuert. Danach kippt ein solcher Konverter ungefähr 400 t kochenden Stahl aus.

Den fertigen Stahl gießt man zu Brammen. Im **Warmwalzwerk** walzt man diese zu Blechen aus. Das Vormaterial für Profilstahl, Schrauben, Nägel und Drähte wird auf Blockgroßanlagen erzeugt. Ein Teil des Stahls gelangt in die **Gießerei,** wo der flüssige Stahl in vorgefertigte Formen gegossen wird.

Im Walzwerk und in der Gießerei fertigt man zum Teil sehr unterschiedliche Stahlformen an: Rohre für den Pipelinebau werden in großen Stückzahlen in Auftrag gegeben. Für die weiterverarbeitende Industrie werden Stahlformen ausgewalzt, die man später zur Herstellung von Schrauben, Nägeln, Drähten und vielen anderen Dingen benötigt. Die Stahlproduktion in den deutschen Hüttenwerken beträgt täglich ca. 100 000 t, mehr als die Hälfte davon kommt aus den Hüttenwerken des Ruhrgebietes.

Stahl ist einer der vielseitigsten und wichtigsten Werkstoffe. Wenn man einmal überlegt, welche Industrien Stahl im kleineren oder größeren Umfang verarbeiten, wird schnell klar, dass fast jeder vierte Arbeitsplatz in der Industrie Deutschlands direkt oder indirekt vom Stahl abhängt.

Angefangen von Stahlblechen für Millionen von Autos, über Stahlplatten für den Schiffsbau, Stahlträger für Hochhauskonstruktionen, Stahlplatten für Kessel und Rohre, Brückenbauten, Maschinen, Fahrräder, bis hin zu kleinen Stahlprodukten wie Messer und Scheren, Arbeitsgeräte, Nadeln und Uhrenfedern reicht die Palette der Stahlerzeugnisse.

Diese unterschiedlichsten Kundenwünsche müssen von der Stahlindustrie vollständig, pünktlich und in bester Qualität erfüllt werden.

12. Erläutere mit Hilfe der Abb. 78.1, 78.2 und 79.1 welche Produktionsvorgänge es in der Eisen- und Stahlindustrie gibt.

13. Stelle auf einer Industriekarte im Atlas die Eisen- und Stahlreviere Deutschlands fest.

14. Liste auf, in welchen Gegenständen eures Haushaltes Stahl enthalten ist.

E **15.** Wo gibt es in Europa große Eisen- und Stahlreviere (Atlas)?

80.1 Automobile aus Zwickau und Mosel

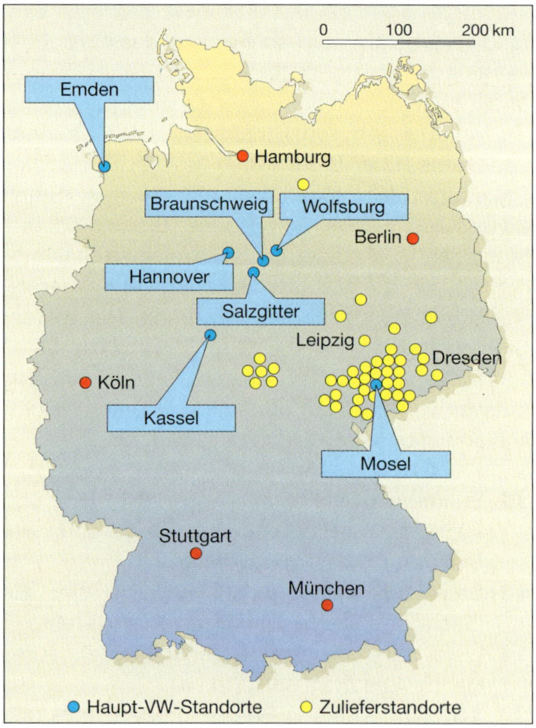

80.2 Lieferanten des Werkes in Mosel

2. Fahrzeugbau in Zwickau und Mosel

1904 beginnt der Ingenieur August Horch, in einer Fabrik in Zwickau Autos zu bauen. 1909 verlässt August Horch seine Firma und gründet ein neues Unternehmen. Ein Gericht verbietet ihm, seine neue Firma ebenfalls Horch zu nennen. So wird sie – nach der lateinischen Übersetzung von Horch – Audi genannt.

1932 schließen sich die vier Firmen Audi, Horch, DKW und Wanderer Automobilfertigung zur **Autounion AG** zusammen. Ihr Symbol sind vier ineinander verschlungene Ringe.

Nach dem Zweiten Weltkrieg wird in Zwickau weiterproduziert. Ab 1958 wird in dem staatlichen Betrieb VEB Sachsenring Automobilwerk Zwickau der Trabant gefertigt. Dieses Fahrzeug hat viele Beinamen wie „Trabi“, „Gehhilfe“, „Asphaltblase“ oder „Rennpappe“. Es ist einer der wenigen in Großserie gefertigten Wagen mit einer Kunststoffkarosserie. Das Ende der Trabantproduktion kam im April 1991. Bis dahin wurden 3 890 000 Stück dieses Typs hergestellt.

Der Betrieb Sachsenring Automobilwerke Zwickau GmbH ist nun ein Zulieferpartner für Fahrzeughersteller in aller Welt, auch für das neue VW-Werk in Mosel.

In Mosel, unweit von Zwickau, entsteht ein neuer Automobilstandort. Das VW-Werk Mosel ist ein Betrieb der im Dezember 1990 gegründeten Volkswagen Sachsen GmbH. Das Werk Mosel 1 arbeitet seit Mai 1990. Hier wurden bis 1991 Pkw vom Typ „Trabant“ mit einem Viertakt-Motor montiert und lackiert. Gleichzeitig liefen Autos vom Typ VW-Polo vom Band. Später löste die Golf-Herstellung die Polo-Produktion im Werk 1 ab.

VW beschloss in Mosel den Bau des neuen Werkes Mosel 2 mit den Abteilungen Presswerk, Karosserierohbau, Lackierung und Endmontage. Da im Sommer 1992 die Karosserieabteilung fertig gestellt wurde, arbeiten seit dieser Zeit die VW-Werke Mosel 1 und 2 zusammen. Nach vollständiger Inbetriebnahme des neuen Werkes, die in den Jahren 1996 und 1997 stattfand, kann VW hier mit 5000 Beschäftigten täglich 1200 Autos fertigen.

1. Lokalisiere die beiden sächsischen Automobilbaustandorte (Atlas, Abb. 80.2 und 82.2).

Während einer Betriebsbesichtigung im Werk Mosel 1 werden wir von einem Ingenieur durch die hellen Montagehallen geführt. Wir bestaunen die langen Montagebänder der Golf-Fertigung. Geschickt und schnell führen die VW-Arbeiter die Handgriffe aus, die zur Montage der Autos nötig sind. In einigen Abteilungen übernehmen Roboter die Tätigkeiten der Menschen.

Der uns begleitende Ingenieur berichtet:
„Mosel ist ein Werk der Kernfertigung, das heißt, dass ein dichtes Netz von Zuliefer- und Dienstleistungsbetrieben mit dem Hauptwerk verbunden ist. Eine Form dieser Zusammenarbeit ist die „Just-in-time-Produktion“. In Mosel haben alle Zulieferer eine Reaktionszeit von drei Stunden einzuhalten. Das bedeutet, dass die Zulieferbetriebe einen Computeranschluss zum Hauptwerk Mosel besitzen. Werden in der Endmontage nun bestimmte Teile benötigt, so ruft man sie per Computer beim Zulieferbetrieb ab. Dieser ist dann dafür verantwortlich, dass die Teile innerhalb von drei Stunden am Band in Mosel eintreffen.

Die Anlieferung der Teile erfolgt per Lkw. Die Probleme, die dadurch entstehen – wie hoher Benzinverbrauch, großes Verkehrsaufkommen und Staus auf den Straßen – halten sich für Mosel in Grenzen. Die meisten Zulieferbetriebe liegen nämlich im Umkreis von nur 10 bis 15 Kilometern vom Werk entfernt.

Außerdem ist beim Bau des Werkes auf eine gute Verkehrsanbindung geachtet worden. Der Standort Mosel liegt dicht an den beiden Autobahnen A4 und A72. Als Autobahnzubringer dient die Bundesstraße B93. Sie wird erweitert und vierspurig mit Tunnelunterführung in das Werk geführt. Somit können die Zulieferfahrzeuge problemlos zu unserem Betrieb gelangen.

Damit die Produktion gut läuft, sind wir technisch auf dem neuesten Stand, wie z. B. die Satellitenverbindung mit dem Stammwerk in Wolfsburg. Ein Umspannwerk für die Stromversorgung, ein Erdgasheizkraftwerk und ein Abwasserzentrum werden neu errichtet. Zwischen dem Werksgelände und der Ortschaft Schlunzig entsteht ein Areal mit Bächen, Seen, Obstwiesen, Parks, Feuchtbiotopen und Wanderwegen.“

Umstrukturierungsmaßnahmen in der Wirtschaft erfordern ihre Konsequenzen. Auffällig ist, dass in den Produktionshallen an den Montagebändern

81.1 An der Montagestraße

keine Frauen zu entdecken sind. Sie arbeiten bei VW Mosel nur im Verwaltungsbereich. Da das Werk in drei Schichten arbeitet und laut Gesetz für Frauen Nachtarbeit verboten ist, fehlen daher die weiblichen Arbeitskräfte im eigentlichen Produktionsbereich.

Früher waren die meisten Menschen in der Textilindustrie, im Fahrzeugbau und Bergbau beschäftigt. Viele Betriebe des Gebietes mussten nach der Vereinigung der beiden deutschen Staaten schließen und die Menschen wurden plötzlich arbeitslos. Bei Neueinstellungen achtet man im VW-Werk darauf, dass von einer Familie nur ein Mitglied beschäftigt wird. So erhalten derzeit vorrangig junge Männer bei VW Arbeit. Viele Frauen bleiben so in der Region ohne Arbeit.

2. Vergleiche die Abb. 82.2 mit dem Luftbild 82.1. Welche der in der Karte eingetragenen Anlagen erkennst du auf dem Luftbild?

3. Beschreibe, wie es in einer modernen Autofabrik aussieht und wie dort produziert wird (Abb. 70.2, 81.1).

4. Erläutere die „Just-in-time-Produktion“. Welche Vor- und Nachteile hat diese Art der Produktion (Abb. 80.2)?

5. Weise nach, dass man Umweltbelange bei der Industrieansiedlung in Mosel beachtet hat (Abb. 82.1, 82.2).

6. Erkläre, warum in der Produktion des VW-Werkes keine Frauen tätig sind.

E Lokalisiere auf Atlaskarten weitere Automobilbaustandorte in Deutschland und in Europa (Atlas).

82.1 Werk Mosel

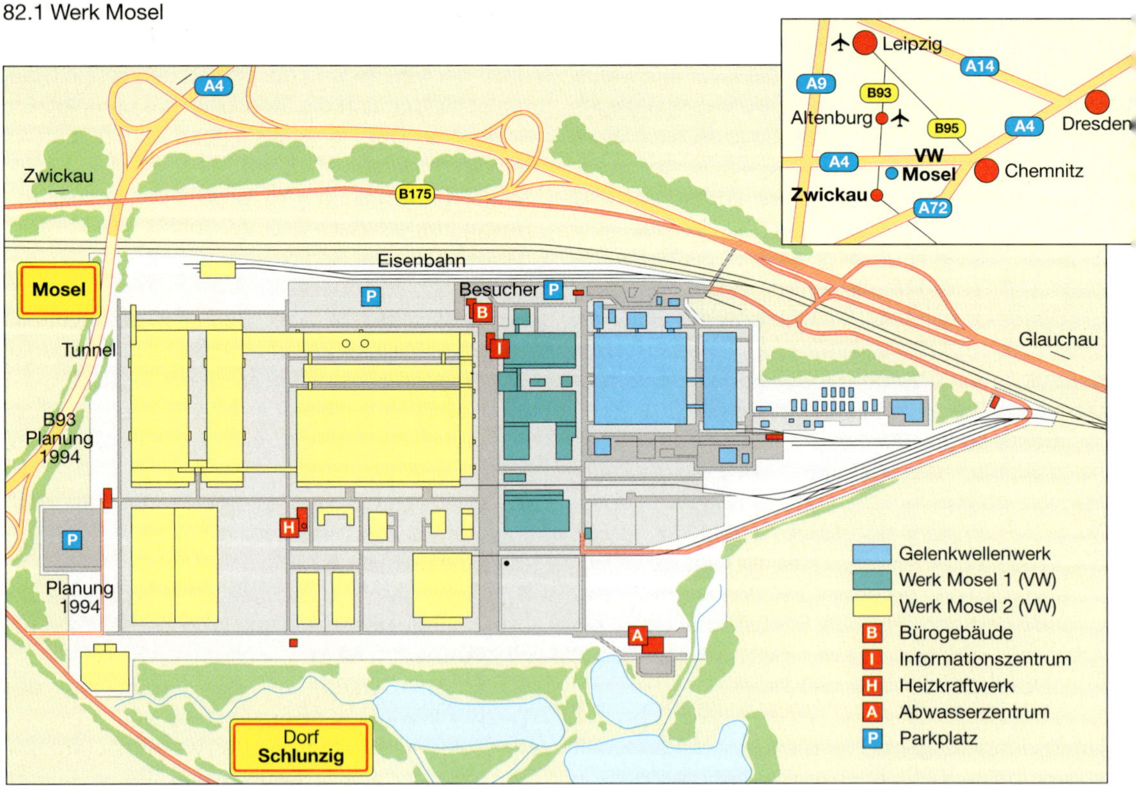

82.2 Plan des Werksgeländes

Recycling bei Sachsenring

Die Sachsenring Automobilwerke GmbH in Zwickau, die früher den Trabant produzierte, stellt keine Autos mehr her. Das Unternehmen ist heute ein Zulieferbetrieb für Autoteile und beliefert unter anderem auch das VW-Werk in Mosel. Seit August 1991 kümmert sich eine Abteilung des Betriebes, das Auto-Recyclingzentrum, auch um die fachgerechte Demontage und Entsorgung von alten Autos.

In Deutschland fallen jährlich zwei Millionen Altautos an. Davon gehen etwa 500 000 Tonnen Schredderabfälle auf Deponien. Das ist zu viel Müll, meinen die Zwickauer Fachleute für Recycling. Sie haben sich deshalb das Ziel gesetzt, den Anteil von nicht verwertbaren Teilen alter Autos so gering wie möglich zu halten.

Die Meinung der Sachsenringwerker ist: „Wer Autos bauen kann wie Sachsenring, ist auch in der Lage, Altautos fachgerecht zu demontieren."

83.1 Auto-Recycling bei Sachsenring

7. Erläutere, wie in der Sachsenring Automobilwerke GmbH Altautos zerlegt und recycelt werden (Abb. 83.1).

Ihr Recycling-Programm läuft wie folgt ab:

- **Trockenlegung und Demontage**
  Flüssige Bestandteile werden umweltgerecht entsorgt, verwertbare Teile von nicht wieder verwertbaren Teilen getrennt. Schredderbetriebe übernehmen die nicht verwertbaren Teile.
- **Demontage und Wiederaufbereitung**
  Aus den alten Autos baut man noch intakte Teile wie Anlasser, Lichtmaschinen u. a. aus. Nach der vollständigen Überholung werden sie als Austauschteile wieder verwendet.

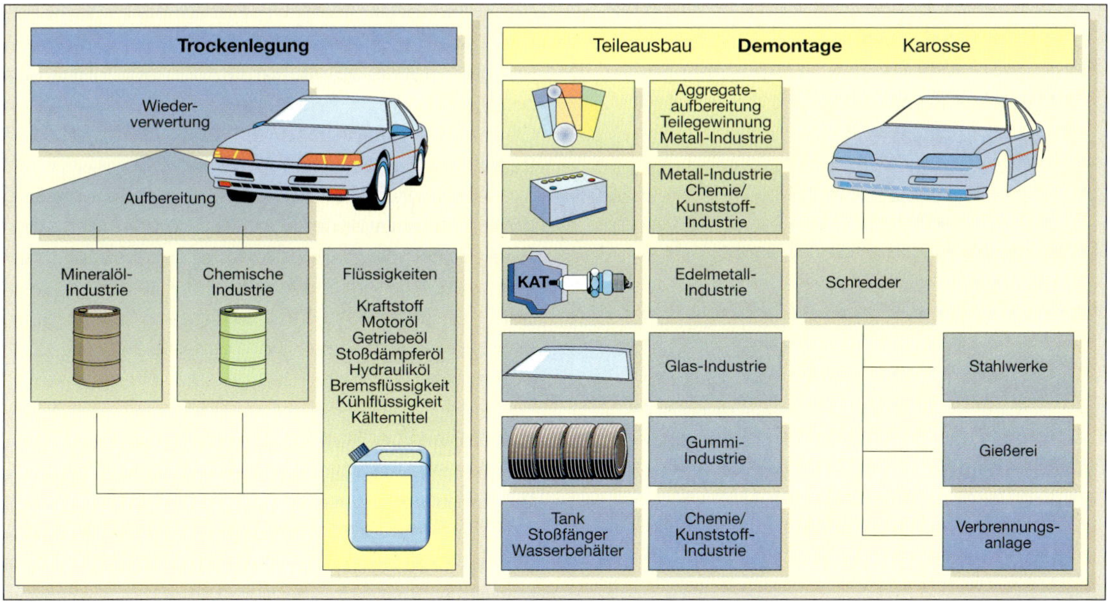

83.2 Recyclingbetrieb

84.1 Arbeitsplatz im Labor

Steckbrief BASF-Ludwigshafen

- größtes zusammenhängendes Chemiewerk in Europa: 5,4 km lang, 1,9 km breit
- 1828 Gebäude, 110 km Fahrstraßen, 210 km Eisenbahngleise, 2000 km Rohrleitungen für Gase, Öl und Chemikalien auf den Rohrbrücken, weitere 440 km unterirdisch, 3188 km elektrische Erdkabelleitungen
- 54 000 Beschäftigte, größter Arbeitgeber im Ballungsraum Rhein-Neckar
- drei eigene Kraftwerke, eigene Kläranlage
- Herstellung von über 8000 Produkten im Gesamtgewicht von 14,7 Mio. Tonnen
- Be- und Entladung von 26 Schiffen, 1500 Lkw und 700 Güterwagen pro Arbeitstag
- höherer Wasserverbrauch als alle Privathaushalte in Rheinland-Pfalz und im Saarland
- Stromverbrauch so hoch wie der von Köln

Erzeugnisse der BASF

Bauen/Wohnen: Farben, Anstrichmittel, Dämmstoffe, Holzschutzmittel, Heimtextilien, Teppiche

Lebensmittel: Lebensmittelzusatzstoffe, Düngemittel, Pflanzenschutz, Verpackung

Gesundheit: Arzneimittel, Produkte für medizinische Geräte und Hilfsmittel, Chemikalien

Bekleidung: Farb- und Veredelungsmittel für Leder und Textilien, Kunstfasern

Verkehr: Korrosionsschutz, Schaumstoffe, Folien, Treib- und Schmierstoffe

Kommunikation: Isoliermaterialien, Mittel für Papier, Druck, Elektronikgeräte

Sport: Produkte für Sportgeräte, Boote, Surfbretter, Fluggeräte, Spezialbekleidung

Freizeit: Videobänder, Kassetten, Computerbänder

3. Chemische Industrie in Ludwigshafen

Die Badische Anilin- & Soda-Fabrik wurde 1865 gegründet, als man entdeckte, dass man aus Teer Farbstoffe gewinnen kann, z. B. das Anilin. Bis dahin war Teer nur ein unbrauchbarer Abfallstoff gewesen. Über 100 Beschäftigte arbeiteten damals in der Fabrik. Die Stadt Ludwigshafen zählte zu dieser Zeit nur 4000 Einwohner.

In der BASF gibt es heute Arbeitsplätze für alle Schulabschlüsse. Bei ihr sind Fahrer und Büroangestellte, Forscher und Manager angestellt. Die Hälfte der Beschäftigten ist in den Bereichen Technik und Produktion tätig. Außerdem werden für viele Tausend Lehrlinge Ausbildungsmöglichkeiten angeboten. Viele von ihnen bleiben nach Abschluss der Ausbildung im Betrieb.

Die BASF bietet ihren Beschäftigten nicht nur Arbeitsplätze. Es wurden Wohnungen gebaut, Kranken- und Rentenversicherungen eingeführt, Erholungs- und Freizeiteinrichtungen geschaffen.

Auch im Ausland unterhält die BASF eigene Werke. Die bedeutendsten Produktionsstandorte in Europa sind neben Ludwigshafen in Antwerpen (Belgien), Tarragona (Spanien) und Seal Sands (Großbritannien) zu finden. Außerdem gibt es noch große Betriebe in den USA und in Brasilien.

Von den Rohstoffen Kohle, Öl und Gas über die Zwischenprodukte wie Benzin bis zu den Endprodukten wird alles im gleichen Werk verarbeitet und hergestellt. Zunächst wurden nur Farbstoffe produziert, doch Erfindungen in den Bereichen Chemietechnik, Kunststoff und Landwirtschaft trugen zur Bedeutung des Werkes bei.

Allerdings ist auch die Umweltbelastung groß. Über Abwässer können Chemikalien in den Rhein gelangen. Giftige Abfälle müssen unter strengen Sicherheitsvorschriften beseitigt werden. Gefährliche Stoffe entstehen auch beim Verbrennen, sodass die Reinhaltung der Luft genau überwacht werden muss.

1. Nenne die Standorte der chemischen Industrie in Deutschland (Atlas).
2. Erläutere, warum Ludwigshafen heute ein günstiger Standort für die BASF ist. Berücksichtige besonders den Anschluss an die Verkehrswege (Steckbrief, Atlas).
3. Welche Bedeutung hat das Werk für die Stadt?

Ein Großbetrieb wie die BASF beschäftigt viele Arbeitnehmer aus Stadt und Umland. Von der Wirtschaftskraft dieses einen Industriebetriebes ist eine ganze Region abhängig. Jede dritte Ludwigshafener Familie lebt von der chemischen Industrie. Zwei Drittel aller Beschäftigten pendeln täglich aus den kleineren Städten und Dörfern der Umgebung nach Ludwigshafen ein.

Wie in allen Großstädten treten auch in Ludwigshafen große Verkehrsproblem auf. Viele Beschäftigte haben einen sehr weiten Anfahrtsweg. Oft fahren sie alleine in ihrem Pkw, manchmal bilden sich Fahrgemeinschaften. Um das hohe Verkehrsaufkommen zu bewältigen, müssen Straßen verbreitert und neue Autobahnen gebaut werden. Dadurch wird viel Naturraum zusätzlich beansprucht oder sogar zerstört. Außerdem verursachen die Autos viel Lärm und tragen zudem erheblich zur Luftverschmutzung bei. Wenn die Pendler Bus oder Bahn benutzen würden, könnten sie mithelfen, unsere Umwelt zu verbessern.

4. Bis zu welcher Entfernung und aus welchen Bundesländern kommen die Beschäftigten zur BASF? Welche großen Verkehrsverbindungen können sie benutzen (Abb. 85.1)?

5. Schätze ab, wie viele Beschäftigte aus einer Entfernung bis zu 10 km, 20 km bzw. 30 km einpendeln (Abb. 85.1).

85.2 Auf dem Weg zur Arbeit

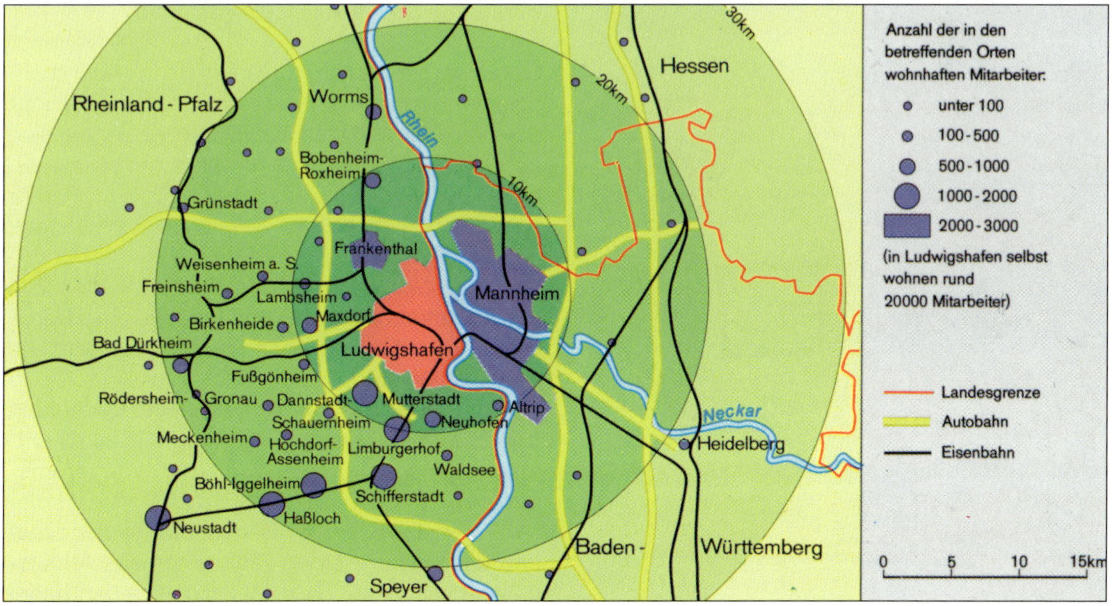

85.1 Wohnorte der BASF-Mitarbeiter

86.1 Computerfirma in München

86.2 Einsatzbereiche von Mikrochips

4. Hightech-Industrie in München

„Was ist denn ein Mikrochip?“, fragt Benjamin, als er mit seinem Onkel, Herrn Hansen, durch das große Labor im Münchener Norden läuft. *„Schau mal“,* antwortet er und nimmt ein kleines Plättchen vorsichtig zwischen seine Finger, *„auf diesem kleinen Stück Metall sind viele Informationen eingespeichert. Dieser Chip hier zum Beispiel wird später in eine Waschmaschine eingebaut. Dann braucht deine Mutter nur noch das gewünschte Waschprogramm einzustellen und alles andere wird durch diesen Mikrochip gesteuert.“*

München gilt heute als die Hightech (Hochtechnologie)-Region. Das heißt, dass sich hier besonders viele Firmen niedergelassen haben, die sich mit Computern bzw., wie man sagt, mit Mikroelektronik beschäftigen. Mikroelektronik wird in sehr vielen unterschiedlichen Bereichen angewendet: in Büros, bei der Datenverarbeitung, in der Unterhaltungselektronik, bei der Nachrichtentechnik, bei der Automobilelektrik und in zahlreichen Bereichen der Industrie. Auch in vielen Haushalten spielt die Elektronik schon eine große Rolle.

In den letzten Jahrzehnten hat die Bedeutung dieses Industriezweiges immer mehr zugenommen. Man spricht daher von einer **Wachstumsindustrie.** Für die ganze Region München ist dieser Wandel von großer Bedeutung: In der Stadt und im Umland werden zahlreiche neue Arbeitsplätze geschaffen. Viele Menschen ziehen daher aus anderen Städten in die Region München.

Oft werden die neuen Betriebe in einem Stadtteil zusammengefasst oder „auf der grünen Wiese" neu gebaut. Das erspart den kleinen Firmen lange Wege und man kann schneller Gedanken austauschen. Außerdem braucht nicht jeder Betrieb eine eigene, teure Rechenanlage zu betreiben. Ein weiterer Vorteil ist, dass die neu entwickelten Mikrochips und Computer direkt „nebenan" ausprobiert und verbessert werden können. Ein gemeinsames Büro erledigt die anfallenden Schreibarbeiten. Das erspart den Firmen Personalkosten. Für eine gute Verkehrsanbindung ist gesorgt.

Solche Gewerbeansiedlungen werden **Technologiezentren** genannt. Es gibt sie nicht nur in München, sondern in vielen Städten Deutschlands und der ganzen Welt. Wie in allen Städten wird auch in München das Technologiezentrum von der Stadt finanziell gefördert, d. h., dass die Büro- und Gewerbeflächen zu einem sehr günstigen Preis von den Betrieben angemietet werden können. Somit werden die Gründung einer Firma erleichtert und neue Arbeitsplätze geschaffen.

1. Lokalisiere München auf einer Atlaskarte.
2. Stelle Wirtschaftszweige in München und in seiner Region zusammen (Abb. 87.2, Atlas).
3. Liste auf, wo du in deiner Umgebung Computer findest und wo Mikrochips verwendet werden. Vergleiche mit Abb. 86.2.
4. Nenne Vorteile, die den Betrieben und Beschäftigten des Münchener Technologiezentrums geboten werden (Abb. 87.3).
5. Nenne Gründe, warum in vielen Städten Technologiezentren gebaut werden (Text).

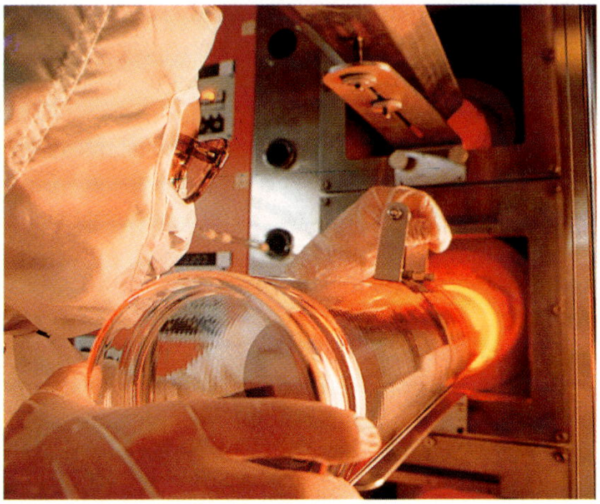

87.1 Herstellung von Mikro-Chips

	Anzahl der Betriebe	Anzahl der Beschäftigten
Elektrotechnik	93	49 300
Straßenfahrzeugbau	23	38 900
Maschinenbau	48	16 500
Druck- und Vervielfältigung	91	7 300
Chemie	24	7 100
Nahrungs-/Genussmittel	50	6 900
Stahl-/Leichtmetallbau	20	5 300
Feinmechanik u. Optik	24	4 200
Brauereien	7	3 800
Bekleidung	20	2 300

87.2 Industriezweige in München

München – Zentrum der Mikroelektronik

Die Reihe der Firmen reicht von Texas Instruments über Hitachi bis hin zum Siemens-Konzern. Diese Unternehmen sind nach München gekommen und haben dort Fabriken, Vertriebsstellen oder ihre Hauptverwaltung für Deutschland angesiedelt.

Dafür gibt es eine ganze Reihe von Gründen. Den Mitarbeitern liegt natürlich die hohe Lebensqualität der Landeshauptstadt am Herzen. Hinzu kommen die Anbindung an den internationalen Flugverkehr, die große Anzahl von Forschungseinrichtungen sowie die Elektronik-Messen. Auch die räumliche Nähe zur Firma Siemens ist wichtig. Ein Produzent kann auf dem Markt nur dann erfolgreich bestehen, wenn er unmittelbar mit seinen Kunden zusammenarbeitet. *(nach: geographie heute, Heft 53)*

Lage: München-Nord, zwischen Schwabing und Freimann, südlich des Euro-Industrieparks
Verkehrsanbindung:
- Autobahnanschlussstelle der A9 München-Berlin,
- 20 Autominuten zum Flughafen München II
- U-Bahnanschluss zum Marienplatz und zum Hauptbahnhof

Vermietbare Fläche: 12 000 m²
Größe der Mieteinheiten: von 25 m² bis 1000 m²
ca. 450 Parkplätze
Ausstattung: Betriebsrestaurant, Lasten- und Personenaufzüge, Lagerräume im Keller, Hausmeister
Leistungsangebot: Seminar- und Besprechungsräume, Kopierautomat, Telekommunikationsservice, Schreibservice, Organisation von Pressekonferenzen und Seminaren

87.3 Technologiezentrum München

Häfen verteilen Waren

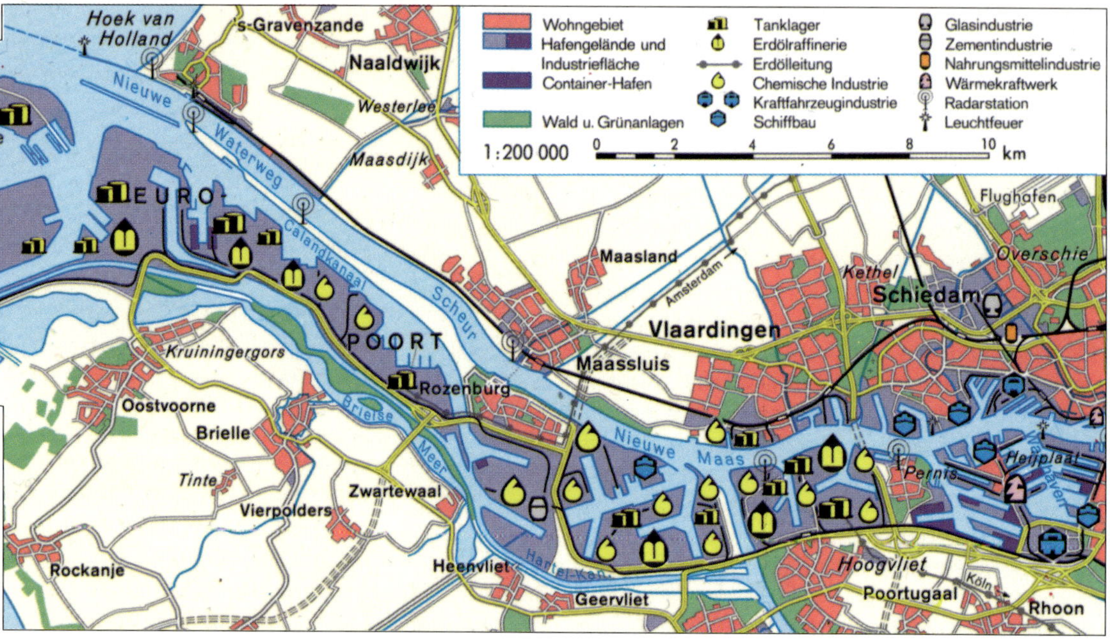

88.1 Rotterdam – Hafengebiet und Industriestandorte

E 1. Europoort Rotterdam

Der Tanker Maracaibo läuft auf die niederländische Küste zu. Vom Festland her nähert sich rasch ein Hubschrauber, der einen Lotsen an Bord absetzt. Dieser kennt die Gewässer an der Einfahrt zum Hafen Rotterdam genau. Er dirigiert das Schiff, das 175 000 Tonnen Rohöl geladen hat, sicher in den Europoort. Kaum hat der Tanker am Kai festgemacht, wird bereits mit dem Abpumpen des Rohöls begonnen.

Dicht hinter dem Tanker fährt das Frachtschiff Fukuoka. Dieses hat einen längeren Weg durch den Hafen Rotterdam bis zu seinem Liegeplatz im Waalhaven. Die Fukuoka ist ein Containerschiff. In den Containern befördert sie Maschinen, Ersatzteile für japanische Autos, Videorecorder, Radiogeräte, CD-Spieler, Lautsprecher und andere Produkte aus Japan. Die meisten Container werden vom Schiff aus direkt auf Lastwagen oder Eisenbahnwaggons verladen und weiterbefördert.

Rotterdam ist der größte **Überseehafen** der Welt. Mehr als 30 000 Hochseeschiffe laufen den Hafen jährlich an. Im Mündungsbereich des Flusses Maas wird ständig eine Fahrrinne bis zu einer Tiefe von mehr als 20 Metern durch Bagger frei gehalten. So wird sichergestellt, dass auch die größten Schiffe der Welt, die beladen einen Tiefgang bis zu etwa 20 Metern erreichen, in den Hafen einlaufen können. Viele andere Häfen in Europa sind für derartige Riesenschiffe nicht zugänglich.

Rotterdam hat eine günstige Lage in Europa. Im Umkreis von 500 Kilometern leben über 300 Millionen Menschen. Binnenwasserwege, Autobahnen, Eisenbahnen und Rohrleitungen (Pipelines) verbinden Rotterdam mit einigen der wichtigsten Wirtschaftszentren in Europa. Gebiete im Binnenland, die ein Hafen mit Gütern versorgt oder von dem Güter zum Versand nach Übersee in den Hafen kommen, nennt man das **Hinterland.** Zum Hinterland von Rotterdam gehören große Teile West- und Mitteleuropas.

Im Hafen von Rotterdam werden vor allem **Rohstoffe** aus Übersee umgeschlagen, das heißt umgeladen. So gelangt beispielsweise Eisenerz für die Schwerindustrie des Ruhrgebietes aus Afrika oder Australien zunächst nach

89.1 Hafen Rotterdam (Teilansicht)

Rotterdam. Dort wird es auf Binnenschiffe umgeladen und dann über den Rhein ins Ruhrgebiet befördert. Über schiffbare Flüsse und Kanäle können die Binnenschiffe Güter von Rotterdam sogar bis ins östliche Europa bringen.

Das Hafengebiet von Rotterdam ist auch ein bedeutendes Industriegebiet. Den größten Raum nehmen Ölraffinerien und andere Einrichtungen der chemischen Industrie ein.

1. Beschreibe Abb. 89.1. Welche Einrichtungen des Hafens kannst du erkennen (vgl. dazu auch Abb. 71)?

2. Ermittle, über wie viele Kilometer sich die Hafenanlagen zwischen Hoek van Holland und dem Stadtteil Schiedam erstrecken (Abb. 88.1).

3. Wo liegen die wichtigsten Industriestandorte im Hafen? Welche der angelieferten Güter können in den verschiedenen Industriebetrieben jeweils weiterverarbeitet werden (Abb. 88.1)?

4. Vergleiche den Güterumschlag der Seehäfen in Abb. 89.2 miteinander. Suche die Häfen auf einer Atlaskarte.

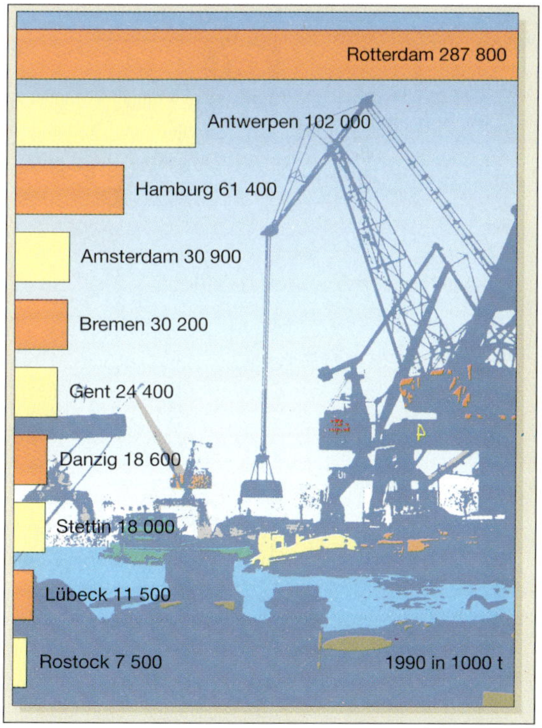

89.2 Güterumschlag ausgewählter Seehäfen

90.1 Arten des Güterumschlags

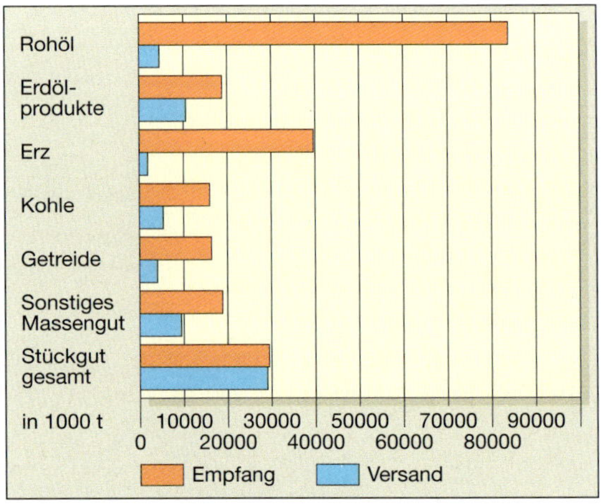

90.2 Umschlag im Hafen Rotterdam (1990)

Im Hafen Rotterdam werden Güter aller Art umgeschlagen. Man unterscheidet dabei zwischen **Massengut** und **Stückgut.** Zu den Massengütern gehören beispielsweise Erdöl, Benzin, Kohle, Erze, Düngemittel und Getreide. Sie werden meist in großen Mengen und unverpackt transportiert. Stückgut wird dagegen in Fässern, Kisten oder Säcken befördert. Heute transportiert man Stückgut häufig in großen Containern. So lässt es sich schneller verladen und es wird nicht so leicht beschädigt. Container können außer auf Schiffen auch mit der Eisenbahn, auf Lastwagen und sogar im Flugzeug transportiert werden.

Besonders rasch geht das Umladen im Ro-Ro-Verkehr. Hierbei fahren ganze Lastzüge mit ihrer Ladung auf ein Schiff (**r**oll **o**n). Am Zielhafen können die Lastzüge wieder herunterfahren (**r**oll **o**ff) und ihre Güter ohne Zeitverlust zum Ziel bringen. Beim LASH-Umschlag (**L**ighter **A**board **Sh**ip) werden sogar kleine Binnenschiffe ohne Motor, sogenannte Leichter, auf Seeschiffe verladen. Im Zielhafen bringt man diese Leichter wieder auf Binnengewässer und schließt sie mit einem Motorschiff zu einem Schubverband zusammen. Es werden ständig neue Verfahren entwickelt, um die teuren Liegezeiten von Schiffen beim Güterumschlag abzukürzen. In Rotterdam steuern und überwachen, wie in vielen anderen großen Häfen auch, heute zunehmend Computer den Güterumschlag.

5. Arbeite mit Abb. 91.2. Welche Vorteile hat der Transport von Massengütern durch Binnenschiffe gegenüber dem Transport mit Lastwagen auf der Straße?

91.1 Im Ölhafen

91.3 Im Containerhafen

6. Erläutere anhand der Abb. 90.1, 91.1 und 91.3 die verschiedenen Arten des Güterumschlags.

7. Beschreibe den Güterumschlag im Hafen Rotterdam (Abb. 90.2).

8. Suche Rotterdam auf einer Europakarte im Atlas. Ermittle, welche großen Industriegebiete Europas in einem Umkreis von 250 km bzw. 500 km um den Hafen liegen.

E

9. Untersuche, welche Transportwege jeweils zwischen Rotterdam und dem Ruhrgebiet, dem Rhein-Main-Gebiet, dem Raum Halle-Leipzig bestehen (Atlas). Berücksichtige dabei auch die Pipelines.

10. Stelle fest, auf welchem Weg Eisenerz mit Binnenschiffen von Rotterdam nach Dortmund bzw. nach Dillingen im Saarland befördert werden kann (Atlas).

11. Informiere dich über den Verlauf des Main-Donau-Kanals (Atlas). Welche Staaten sind über diese Binnenwasserstraße mit Rotterdam verbunden?

12. Der Hafen Rotterdam wird oft „das Tor zu Europa“ genannt. Begründe.

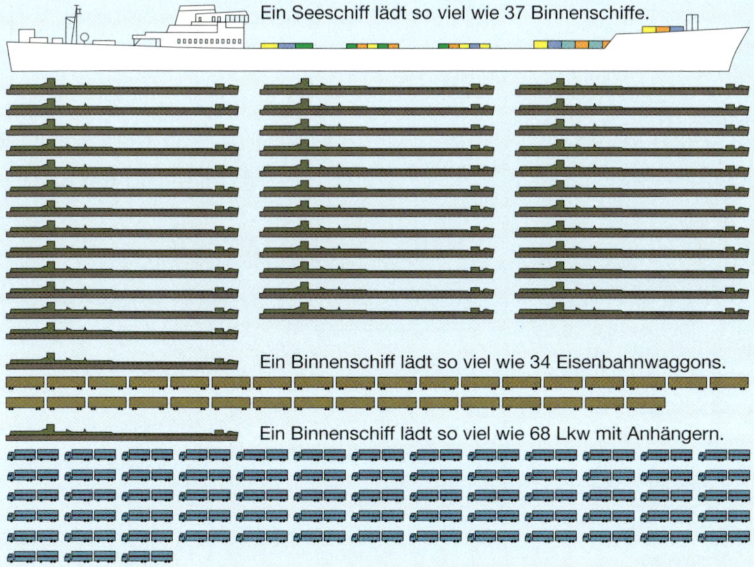

Seeschiff
(Massengutfrachter)

Tragfähigkeit:	50 000 t
Länge:	250 m
Geschwindigkeit:	35 km/h

Binnenschiff

Tragfähigkeit:	1 350 t
Länge:	78 m
Geschwindigkeit:	25 km/h

Großraum-Eisenbahnwaggon

Tragfähigkeit:	40 t
Länge:	12 m
Geschwindigkeit:	80 km/h

Lkw mit Anhänger

Tragfähigkeit:	20 t
Länge:	18 m
Geschwindigkeit:	70 km/h

91.2 Was ein Seeschiff laden kann

Wirtschaftszweige nach Anzahl der Beschäftigten	
Elektro- und Maschinenbau	82 100
davon Hochseeschiffswerften	30 600
Hochseeschiffsreparaturwerften	10 700
Nahrungs- und Genussmittel	26 200
davon Fischverarbeitung	2 000
Hafenbetrieb	14 700
Textil, Leder und Bekleidung	12 900
Seeschifffahrt (Ozeanlinien)	11 800
Seefischerei	10 200
Holz und Papier	9 600
Chemie	6 900
Brennstoffe und Energie	6 800

92.1 Wirtschaftszweige im Raum Danzig (1992)

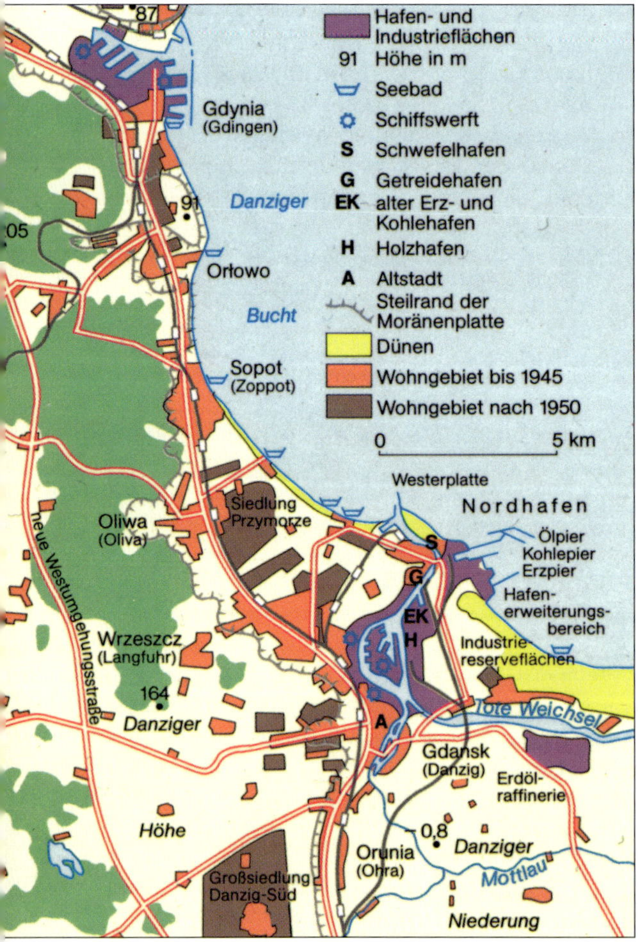

92.2 Dreistadt Danzig-Zoppot-Gdingen

2. Danzig – Erschließung eines Hinterlandes

1. Lokalisiere Danzig und Gdingen auf einer Europakarte im Atlas. Nenne weitere Küstenstädte an der Ostsee.
2. Mit welchen Städten in Polen ist Danzig über Wasserstraßen, Eisenbahnlinien und Autobahnen verbunden (Atlas)?

Das Städteband Danzig-Zoppot-Gdingen bildet einen wichtigen Industrieraum im Norden Polens. Danzig verfügt schon seit jeher über einen bedeutenden Hafen. Das ehemalige Fischerdorf Gdingen dagegen wurde erst nach 1920 zu einer Hafenstadt ausgebaut.

Danzig und Gdingen bilden heute einen Hafenverbund. Im Danziger Hafen werden hauptsächlich Kohle, Erz und andere Massengüter umgeschlagen. Der Hafen von Gdingen hat sich auf Container und Stückgut spezialisiert.

Seit 1970 wird die Danziger Hafenanlage um den Nordhafen erweitert. Eine Wassertiefe von 18 m und große Lagerflächen ermöglichen ein schnelles Be- und Entladen. Vor allem Erdöl, Erdölerzeugnisse und Kohle werden hier umgeschlagen. Seit Beginn der 90er-Jahre sind die russischen Erdöllieferungen über Pipelines stark gesunken. So ist ein weiterer Hafenausbau für die Öleinfuhr mit Tankern notwendig. Mit dem Ausbau ist eine Erweiterung der küstennahen Industrien verbunden.

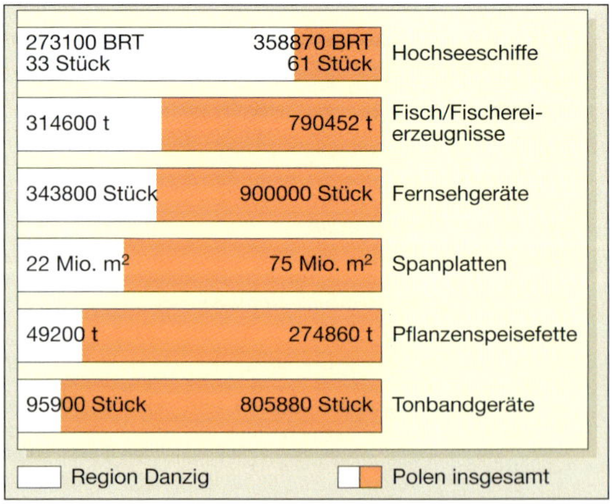

92.3 Industrieerzeugnisse im Raum Danzig (1992)

Über die Eisenbahnlinien und Fernstraßen ist der Danziger Hafen mit seinem Hinterland verbunden. Viele Güter werden von Danzig aus nach Tschechien und in die Slowakei sowie nach Ungarn transportiert. Da die Weichsel zum großen Teil nicht schiffbar ist, müssen die Güter auf dem Landweg befördert werden. Ein umfangreiches Programm, das sogenannte Weichselprojekt, sieht deshalb den Ausbau des Flusses vor. In zahlreichen Staubecken will man das Wasser zurückhalten. Dadurch kann der Fluss mit Lastkähnen befahren werden. Für den Umschlag von Massengütern sollen neue Binnenhäfen entstehen. Mit dem Ausbau sind große Brücken- und Kanalbauwerke verbunden.

Die Kanalisation der Weichsel kommt aber nicht nur der Schifffahrt sondern auch der Industrie zugute. Fast alle Industriezweige haben einen großen Bedarf an Wasser. Sie benötigen es z. B. zum Kühlen oder für Reinigungszwecke. Dieses Wasser nennt man **Brauchwasser.** Der Ausbau der Weichsel stellt sicher, dass immer genügend Wasser zur Verfügung steht. Darüber hinaus wird in neuen Wasserkraftwerken Strom erzeugt. Für die Bearbeitung von Nahrungsmitteln ist Wasser mit guter Qualität, **Trinkwasser,** notwendig. Da die Weichsel ein sehr verschmutzter Fluss ist, müssen viele Anlagen zur Wassergewinnung und Klärwerke gebaut werden.

Durch den Bau von Staustufen entstehen große Wasserflächen, die der Freizeitgestaltung zugute kommen sollen.

3. Beschreibe die Lage der Industrieflächen (Abb. 92.2).

4. Untersuche die Abhängigkeit der Wirtschaft im Raum Danzig von den Häfen (Abb. 92.1, 92.3).

5. Vergleiche den Güterumschlag von Danzig mit dem von Rotterdam (Abb. 89.2).

6. Verfolge den Verlauf der Weichsel. Welche großen Städte und Industriegebiete werden von ihr berührt (Atlas)?

7. Nenne die Maßnahmen, mit denen die Weichsel ausgebaut werden soll.

8. Beschreibe, welche Industriezweige neu angesiedelt werden sollen (Abb. 93.1). Inwiefern sind sie vom Wasser abhängig?

9. „Die Weichsel erschließt Danzigs Hinterland." Erläutere diese Aussage.

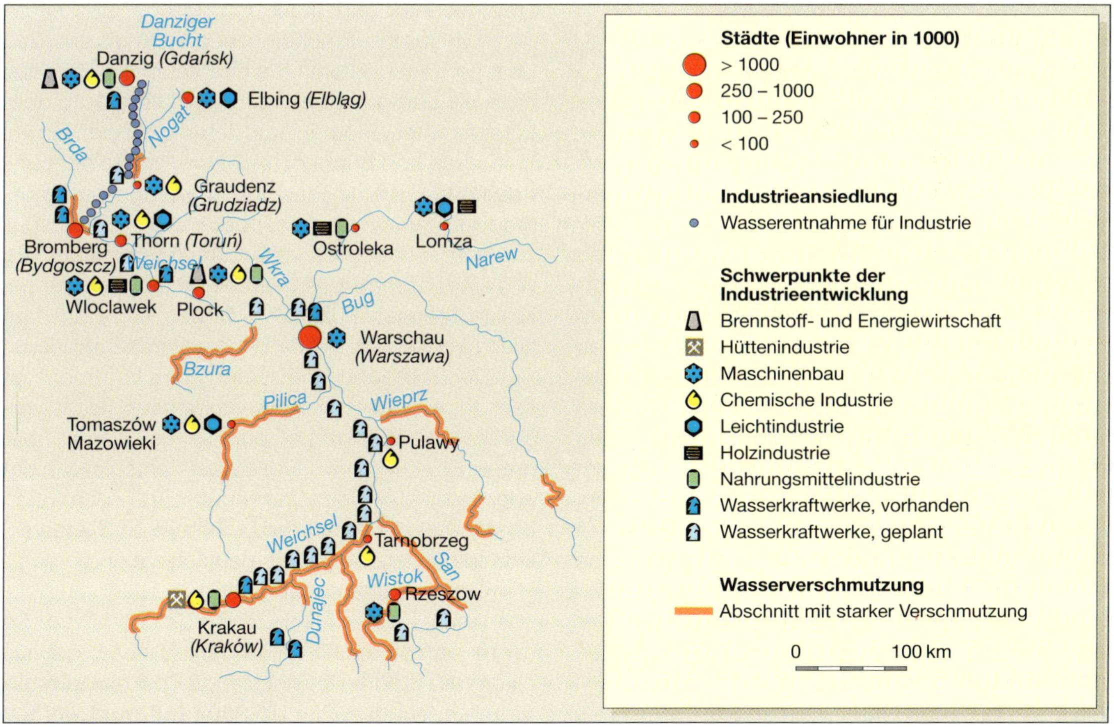

93.1 Das Weichselprojekt

94.1 Flughafen Frankfurt/Main

3. Flughafen Frankfurt/Main – Umschlagplatz für Luftfracht und Luftpost

10. Februar, 20.10 Uhr. Ein Frachtflugzeug vom Typ DC 8 ist im Landeanflug auf den Rhein-Main-Flughafen in Frankfurt. Die Maschine setzt auf der Landebahn auf, bremst ab und rollt dann über das riesige Gelände des Flughafens auf das Frachtzentrum zu. Innerhalb weniger Minuten beginnt das Entladen der Maschine. Mehr als 40 Tonnen leicht verderbliches Obst und Gemüse sowie Blumen aus Südamerika müssen möglichst schnell entladen werden. Schon am nächsten Tag werden die Kunden in den Geschäften im Großraum Frankfurt/Main frische Äpfel, Birnen, Weintrauben und Gemüse sowie Sommerblumen im Angebot finden, die auf dem Luftweg von Südamerika nach Deutschland gekommen sind.

Im **Luftfrachtverkehr** nimmt der Frankfurter Flughafen den ersten Rang in Europa und den dritten Rang in der Welt ein. Abseits vom zentralen Flughafengebäude für Passagiere liegt das Frachtzentrum. Hier werden eigens für den Frachtverkehr gebaute Flugzeuge be- und entladen. Ein Jumbo-Frachtflugzeug kann bis zu 100 t Ladung transportieren. Es gibt kaum ein Gut, das nicht als Luftfracht befördert wird. Vom Auto über Lebensmittel, Blumen und lebende Tiere bis zu Zeitungen und Büchern reicht die Palette der Luftfrachtgüter. Kleine Frachtgüter werden raumsparend in Containern transportiert. Die Frachtspezialisten schaffen es, einen Jumbo-Jet innerhalb von einer Stunde zu entladen und neu zu beladen. Kleine Mengen Luftfracht werden auch auf fast allen Linienflügen mit den Passagieren befördert.

Der Transport von Gütern per Luftfracht ist sehr teuer. Daher werden vorwiegend leicht verderbliche Lebensmittel oder eilige Waren über große Strecken mit Flugzeugen verschickt, nicht aber beispielsweise Massengüter. Trotz der hohen Kosten hat der Anteil der Luftfracht am Güterverkehr in den letzten Jahren deutlich zugenommen.

Gegen Mitternacht treffen – außer an Wochenenden – die „Fliegenden Postboten“ ein. So nennt man scherzhaft die Postflugzeuge, die aus elf großen Städten Deutschlands Post nach Frankfurt/Main bringen. 200 bis 250 t **Luftpost** werden pro Nacht im Nachtluftpoststern Frankfurt sortiert

95.1 Frachtterminal

und umgeladen. Nach zwei Stunden starten die Flugzeuge wieder. So ist es möglich, dass ein Brief, der am Abend in Hamburg eingeworfen wurde, schon am nächsten Morgen in Bad Tölz zugestellt werden kann. Für diesen Nachtflugdienst erhebt die Post keine erhöhten Gebühren. Um den Flughafen Frankfurt/M. zu entlasten, gibt es zwischen einigen Städten Deutschlands auch direkte Nachtpostflugverbindungen. Der Flughafen Frankfurt/M. nimmt auch im internationalen Luftpostverkehr eine bedeutende Stellung ein, da fast alle Linienflugzeuge Luftpost mitnehmen.

1. Suche auf einer Europakarte Frankfurt/Main. Begründe, warum Frankfurt eine sehr günstige Lage für den Luftverkehr in Europa hat.
2. Beschreibe das Luftbild des Frankfurter Flughafens (Abb. 94.1). Wo sind die Start- und Landbahnen? Welche anderen Verkehrseinrichtungen kannst du erkennen?
3. Miss auf einer Atlaskarte die Länge und die Breite des Flughafengeländes aus. Vergleiche mit der Länge der Hauptgeschäftsstraße in deinem Schulort (Stadtplan!).
4. Suche auf einer Atlaskarte die Großflughäfen in Deutschland. Stelle anhand der Abb. 95.2 fest, welches die wichtigsten Flughäfen im Luftfrachtverkehr sind.
5. Welche Städte Deutschlands sind im Nachtluftpostnetz miteinander verbunden (Abb. 95.3, Atlas)?
6. Suche im Atlas Bad Tölz. Welcher Flughafen liegt in der Nähe, der an den Nachtflugpostdienst angeschlossen ist (Abb. 95.3)?

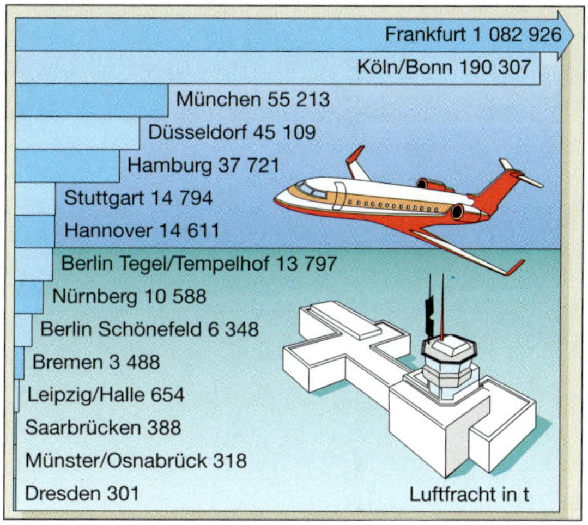

95.2 Luftfrachtumschlag deutscher Flughäfen (1991)

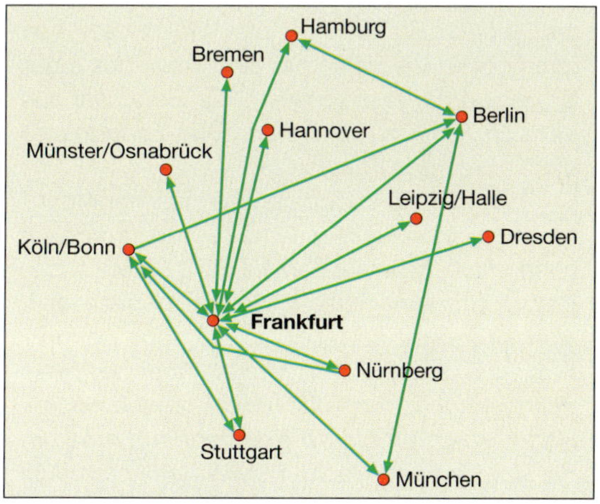

95.3 Nachtluftpostnetz

Energie und Wasser – notwendig, aber problematisch

96.1 Bohrinsel in der Nordsee

14 Tage Arbeit, 14 Tage Urlaub – auf einer Bohrinsel in der Nordsee

„In fünf Minuten fertig zur Landung!“ Ich lege den Gurt an, schaue aus dem Hubschrauber: Schräg vor uns ist inmitten der heute ausnahmsweise einmal spiegelglatten Nordsee unser Ziel zu sehen: eine Bohrinsel im Ekofisk-Feld. Ich habe schon ganz andere Anflüge erlebt, fest angeschnallt von der norwegischen Landebasis bis hierhin. An solchen Tagen, und davon gibt es mehr als 200 im Jahr, peitscht der Sturm die Nordsee, schüttelt Hubschrauber und Schiffe. Bis zu 20 m hohe Wellen klatschen dann gegen die Beine der Bohrinsel, das Meer ist ganz grau, fast schwarz, die Bohrinsel aus der Luft kaum zu erkennen. Eine Landung ist dann ein echtes Kunststück.

Alle 14 Tage erfolgt der Wechsel der Mannschaften, dann heißt es für die einen: fertig zum Landurlaub, heim zur Familie. Und für die anderen: 12-Stunden-Schicht. So wie für mich jetzt. Hört sich nicht schlecht an, 14 Tage Landurlaub, und das in jedem Monat. Aber der Preis dafür ist hoch, das will ich nicht verschweigen. Harte Arbeit, oft bis zur Erschöpfung, rund um die Uhr, Tag und Nacht in zwei Schichten. Mal von 6 bis 18 Uhr, mal umgekehrt.

Bei Wind und Wetter, im Sommer wie im Winter heißt es anpacken, zufassen, schnell reagieren. Kälte und Nässe kriechen trotz Öljacke und gefütterter Stiefel bis auf die Haut. Dreck überall, Ölschmiere, Gestank. Und ungefährlich ist der Job auch nicht. Öl- und Gasleitungen stehen ständig unter hohem Druck, ein kleiner Fehler bei der Bedienung und es ist passiert. 1977 gab es einen der gefürchteten „Blow-Outs“. Auf der Bohrplattform Bravo schoss beim Auswechseln eines Sicherheitsventils Öl hoch, 110 °C heiß, 165 t pro Stunde. Es gab Tote und Verletzte, der Schaden an der Bohrinsel war riesengroß. Und der Nordsee drohte eine riesige Ölkatastrophe, denn mehr als 30 000 t Öl ergossen sich ins Meer. Erst nach mehr als einer Woche bekamen wir das Öl wieder unter Kontrolle.

Solche Gedanken muss man verdrängen, lieber an die angenehmen Seiten des Öljobs denken. Zum Beispiel ans Geld, an die netten Kumpel. An die freien Stunden an Bord. Es gibt da fast alles, was man braucht: Restaurants, Fitnesscenter, Kino, Billardzimmer, Videoanlagen. Auf der anderen Etage Schlafräume, Funkanlage, Lagerräume. Fast wie eine kleine Stadt. Nur eben mitten im Meer und auf vier künstlichen Beinen. „Saubere Landung, Käp'ten. Bis in 14 Tagen!“

1. Erdöl und Erdgas aus der Nordsee

Bohrinseln sind Konstruktionen aus Stahl und Beton, sie haben Standbeine wie Fernsehtürme, bis zu 300 m hoch und ein Deck in der Größe eines Fußballfeldes. Ungefähr 35 m ragt das Deck über den Meeresspiegel hinaus. Auf ihm befindet sich der 40 m hohe Bohrturm mit dem Bohrgestänge. Nach einer erfolgreichen Suchbohrung wird eine Rohrleitung in das Gestänge eingebracht. Das Erdöl oder Erdgas gelangt dann aus einer Tiefe von bis zu 3000 m durch eigenen Druck oder mithilfe von Pumpen an die Oberfläche.

Die Suche nach Erdöl und Erdgas begann in der Nordsee erst nach 1964. Damals teilten die Anliegerstaaten den Meeresgrund der Nordsee auf um die Bohrrechte für jedes Land festzulegen. Deutschland verfügt nur über geringe **Erdöl-** und **Erdgasvorkommen.**

Wissenschaftler führten die Untersuchung des Meeresbodens durch und nannten voraussichtliche Lager von Erdöl und Erdgas. Dann begannen die teuren Suchbohrungen. Zu den widrigen Wetterbedingungen kommen große Fördertiefen, Probleme mit Wellengang und Strömungen. Eine Suchbohrung kostet ca. 10 Mio. DM. Sie ist damit 50-mal so teuer wie auf dem Festland.

Die Förderung von Erdöl und Erdgas begann in der Nordsee Mitte der 70er-Jahre. Die sehr niedrigen Importpreise für Erdöl aus dem Nahen Osten hatten bis dahin eine Förderung verhindert. Nach dem „Öl-Schock" von 1973 stiegen plötzlich die Preise für Erdöl deutlich an – das Nordsee-Öl wurde trotz seiner hohen Förderkosten konkurrenzfähig. Immerhin boten die geringen Transportkosten zu den benachbarten Abnehmern einen Vorteil. Der Anteil von Nordsee-Öl an der Versorgung der Anliegerstaaten ist seitdem ständig gestiegen. Jede vierte Tonne Öl importierte Deutschland 1991 aus Großbritannien oder Norwegen.

1. Schildere die Arbeits- und Lebensbedingungen an Bord einer Bohrinsel (Text S. 96).
2. Liste die Arbeitsgänge von der Ölsuche bis zur Ölförderung auf.
3. Welche Staaten haben Anteil an den Bodenschätzen der Nordsee (Karte 97.1, Atlas)?
4. Suche im Atlas Angaben zu den deutschen Öl- und Gasimporten (vgl. Abb. 154.3).

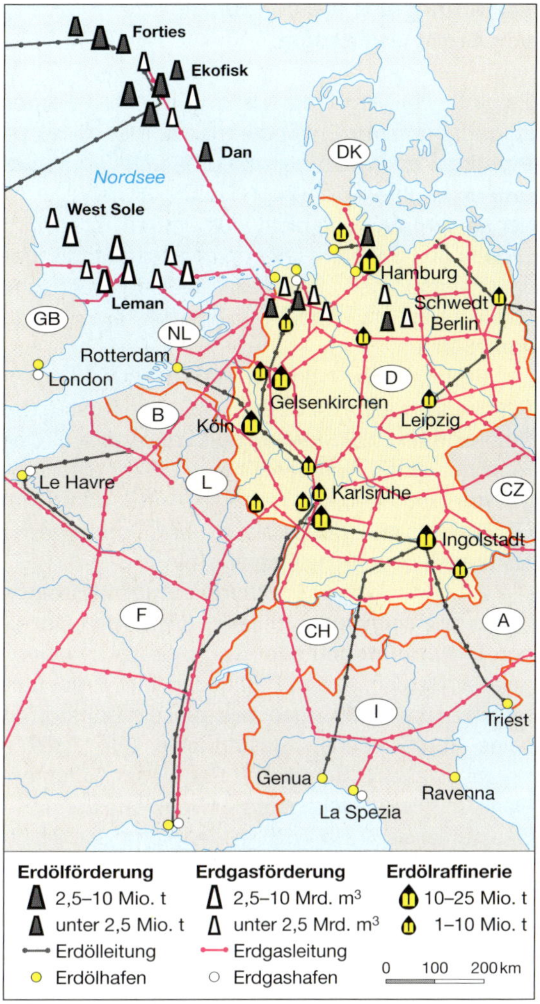

97.1 Pipelinenetz und Raffineriestandorte

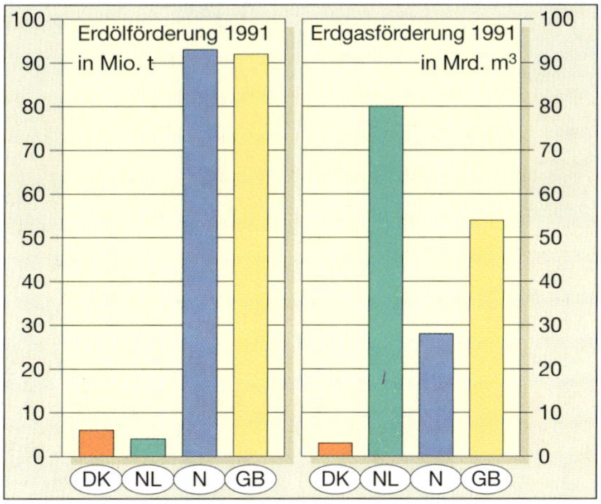

97.2 Erdöl und Erdgas aus der Nordsee

Verteilung und Verwendung von Erdöl und Erdgas

Es gibt zwei Möglichkeiten um Erdöl und Erdgas zu transportieren: Entweder man pumpt sie durch **Pipelines** oder man benutzt große **Öl-** und **Gastanker** für ihren Transport. Da die Abnehmerländer dieser Rohstoffe nicht weit entfernt sind, wird Erdgas aus der Nordsee vorwiegend durch Pipelines transportiert. Das gesamte untermeerische Gasleitungsnetz umfasst inzwischen eine Länge von 2500 km.

Erdöl aus der Nordsee gelangt sowohl durch Pipelines als auch durch Tanker zu den Küsten der Erdöleinfuhr- bzw. der Erdölförderstaaten. Das Pipelinenetz für Nordseeöl hat ungefähr eine Länge von 1500 km, den größten Anteil daran hat Großbritannien. Deutschland führt das meiste Nordseeöl über Wilhelmshaven ein.

An Land werden Erdöl und Erdgas in riesigen Tanks zwischengelagert, bevor sie zu den einzelnen **Erdölraffinerien** oder Gasabnehmern weitergeleitet werden. In den Raffinerien wird Erdöl aufbereitet, das heißt, man teilt diesen Rohstoff in seine verschiedenen Bestandteile auf: Benzin, Heizöl, Dieselöl, Schmieröl, Petroleum, Bitumen, Gase. Die wichtigsten Raffineriestandorte Deutschlands findet man in der Nähe der Erdöleinfuhrhäfen und entlang großer Flüsse.

Ein Gewirr von silbrigen Rohrleitungen, mächtige runde Öltanks und hohe Schornsteine, auf denen immer gelbrote Fackeln verbrennender Abfallstoffe leuchten, kündigen schon von weitem einen Raffineriestandort an. Deutschland ist überzogen mit einem dichten Netz von Öl- und Gaspipelines; **Raffineriestandorte** findet man überwiegend auf dem Gebiet der alten Bundesländer.

Die Vorteile von Erdöl und Erdgas liegen auf der Hand: Sie sind einfach zu fördern, zu transportieren und zu handhaben. Zudem setzen öl- und gasgetriebene Kraftwerke weniger Schadstoffe frei als Kohlekraftwerke.

5. Beschreibe den Verlauf der Pipelines, die in der Nordsee beginnen (Karte 97.1).
6. An welche Pipelinenetze ist Deutschland angeschlossen (Karte 97.1, Atlas)?
7. Aus welchen Regionen bezieht Deutschland zusätzlich Erdöl (Atlas, Abb. 154.3)?
8. Nenne Raffineriestandorte in Deutschland. Untersuche, welche Industrien sich in ihrer Nähe angesiedelt haben (Atlas).
9. Betrachte die Produkte in Abb. 98.1: Welche davon benutzt du selber, welche kommen in eurem Haushalt vor?
10. Warum haben Erdöl und Erdgas der Kohle den ersten Rang abgelaufen? Vergleiche hierzu noch einmal Abb. 77.2. und Abb. 155.3.

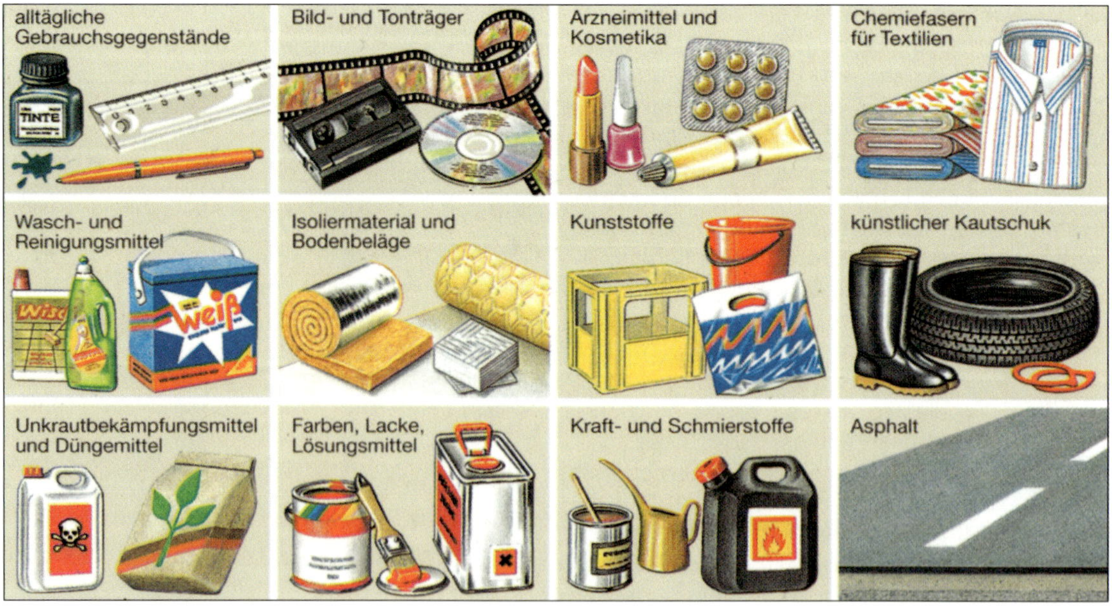

98.1 Erzeugnisse aus Erdöl

99.1 Tagebau im Revier Halle-Leipzig

2. Braunkohle aus dem Mitteldeutschen Revier

Braunkohle wird zur Energieerzeugung gebraucht

Das Mitteldeutsche Braunkohlenrevier befindet sich in der Region Halle-Leipzig.

Der Braunkohlenabbau hat in diesem Gebiet Tradition. Für die DDR war die Braunkohle einer der wichtigsten Rohstoffe. Kein anderes Land der Erde förderte mehr Braunkohle als die DDR.

Viele Ortschaften mit ihren Bewohnern, Felder und Wälder, sogar Flüsse mussten den Tagebauen weichen, in denen die Kohle gefördert wurde. Die Braunkohle wurde in Chemiebetriebe, Brikettfabriken und Wärmekraftwerke transportiert und dort verarbeitet. Im Halle-Leipziger Raum waren der Braunkohlenabbau, die chemische Industrie und die Energieerzeugung die führenden Wirtschaftszweige. Sie hinterließen mit ihren nicht verwertbaren Stoffen erhebliche Umweltschäden, die es heute zu beseitigen gilt. Die Veredlung von Braunkohle in der chemischen Industrie wurde inzwischen eingestellt. Aber für die Strom- und Wärmeerzeugung wird sie noch gebraucht. Die Umstellung auf umweltfreundlichere Energieträger wie Steinkohle und Erdgas hat gerade erst begonnen. Neue Kraftwerke werden gebaut, die Steinkohle und Erdgas als Rohstoffbasis nutzen (vgl. Abb. 155.2).

In den Tagebauen des Mitteldeutschen Reviers sind viele Menschen der Region beschäftigt. Sie würden bei einer Einstellung der Kohleförderung ihre Arbeit verlieren.

	Alte Bundesländer			Neue Bundesländer			Bundesrepublik Deutschland		
	1990	2000	2010	1990	2000	2010	1990	2000	2010
Steinkohle	74	75	71	5	10	12	79	85	83
Braunkohle	**32**	**32**	**30**	**77**	**32**	**28**	**109**	**64**	**58**
Sonstige feste Brennstoffe	4	6	7	0	1	1	4	7	8
Mineralöl	161	168	153	18	27	31	179	195	184
Erdgas	69	87	92	10	15	21	79	102	113
Nettostromimporte	0	2	8	1	1	1	1	3	9
Wasserkraft	5	7	7	0	0	0	5	7	7
Kernenergie	47	46	44	2	–	–	49	46	44
Insgesamt	392	423	412	113	86	94	505	509	506

99.2 Geschätzte Entwicklung des Energieverbrauchs in Deutschland bis zum Jahr 2010 (in Mio. t SKE)

100.1 Das Mitteldeutsche Braunkohlenrevier

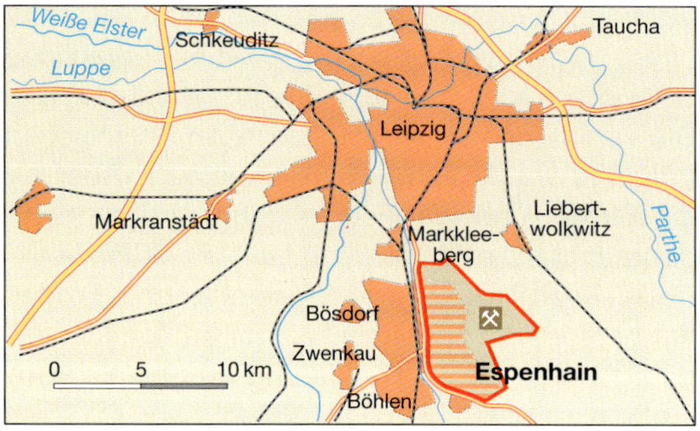

100.2 Lage des Tagebaus Espenhain

Der Tagebau Espenhain

Fährt man von Süden nach Leipzig, führt der Weg an riesigen Löchern vorbei in die Stadt. Im Südraum der Großstadt befinden sich sechs große Braunkohlentagebaue.

Unmittelbar an der Bundesstraße B 95/2 liegt einer der größten von ihnen, der Tagebau Espenhain. Er reicht im Süden bis wenige Kilometer an die Stadt heran.

Wir stehen vor diesem riesigen Loch. Jetzt erst wird uns die wahre Größe eines Tagebaus richtig bewusst. Soweit unser Blick reicht, sehen wir umgewühltes Erdreich. Deutlich sind zwischen helleren Gesteinsschichten dunkle Streifen, die eigentlichen Kohlenflöze, zu erkennen. Auf verschiedenen Etagen arbeiten sich riesige Bagger in das Erdreich vor. Ihre Bewegungen sind als lautes knarrendes Geräusch wahrnehmbar. Ständig fahren Kohle- und Abraumzüge leer in den Tagebau hinein und voll beladen wieder aus ihm heraus. Als Abraum bezeichnet man das Gestein, das sich auf oder zwischen den Kohlenflözen befindet. Das beeindruckendste Gerät ist für uns die über einen halben Kilometer lange Förderbrücke, eine der größten in Europa. Sie befördert den Abraum von einer Seite des Tagebaus auf die andere.

Die Espenhainer Kohle hat einen hohen Heizwert und eignet sich deshalb besonders für die Erzeugung von Strom und Wärme in den umliegenden Kraftwerken. Bis zu 10 Millionen Tonnen können jährlich gefördert werden. Der Tagebau liefert jedoch nicht nur Braunkohle, sondern auch Kies für die Baustoffindustrie.

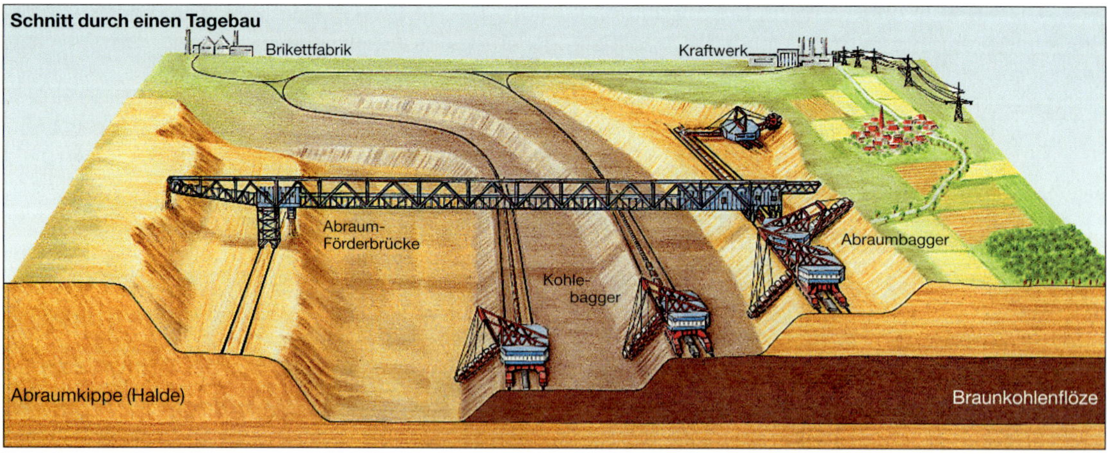

100.3 Förderung der Braunkohle

Tagebaue verändern die Landschaft

Katrin fuhr oft mit dem Rad von Leipzig nach Zwenkau um ihre Tante zu besuchen. Sie musste auf ihrem Weg durch Bösdorf fahren. Der Ort hatte eine breite Dorfstraße, die von großen schattigen Bäumen und alten Häusern umsäumt war. Eines Tages erkannte sie diesen Ort nicht wieder. Sie glaubte, sich verfahren zu haben. Die schönen Bäume mit ihren großen Kronen waren alle gefällt, die Häuser nur noch Ruinen mit zerschlagenen Fensterscheiben und eingestürzten Dächern. Große Ziegel- und Schuttberge türmten sich links und rechts der Straße.

Katrin erschrak. Befand sie sich in einem Geisterdorf? Aus Furcht trat sie besonders kräftig in die Pedalen. *„Was ist denn in Bösdorf geschehen?“*, fragte sie ihre Tante. *„Bösdorf wird für die Erschließung eines Tagebaus vorbereitet“*, erklärte ihr Tante Käthe. *„Unter dem Dorf liegt Braunkohle. Darum muss es abgerissen werden. In wenigen Tagen kommen die Bagger vom Nachbartagebau und baggern auch das Erdreich weg, auf dem Bösdorf steht.“*

Sogar Verkehrswege, Flüsse und ganze Betriebe werden verlegt um die Braunkohle im Tagebau fördern zu können.

Während der Tagebau wandert, wird der ausgekohlte Teil bereits mit dem am anderen Ende geförderten Abraum wieder verfüllt und **rekultiviert.** Das heißt, die neu entstandenen Flächen werden entweder landwirtschaftlich genutzt oder wieder aufgeforstet. Zum attraktivsten Gebiet des Tagebaus Espenhain wird jedoch in Zukunft der nördliche Teil gestaltet. Hier soll ein weiteres Naherholungsgebiet für die Großstadt Leipzig entstehen. Geplant sind dort ein See, ein Badestrand, Wälder und Feuchtbiotope.

101.2 Verlegter Betrieb bei Bösdorf

1. Lokalisiere das Mitteldeutsche Braunkohlenrevier und andere Gebiete mit Braunkohlenvorkommen in Deutschland (Abb. 100.1, Atlas).

2. Beschreibe die Bedeutung der Braunkohle für Deutschland (Abb. 99.2).

3. Beschreibe Geräte und Arbeitsabläufe im Tagebau Espenhain (Abb. 70, 99.1, 100.3).

4. Beschreibe, wie sich Landschaften bei Erschließung und nach Auskohlung eines Tagebaus verändern (Abb. 100.3, 101.1, 101.2).

101.1 Rekultivierte Landschaft

3. Der Harz – ein volles Fass

Das Wasser und seine Bedeutung

„Ohne Wasser, merkt euch das, wär' unsre Welt ein leeres Fass!" So heißt es in einem Lied.

Wasser ist einer der wichtigsten Stoffe auf der Erde. Im Wasser entstand das Leben. Unser Körper besteht größtenteils aus Wasser. Ohne Wasser ist das Leben nicht möglich.

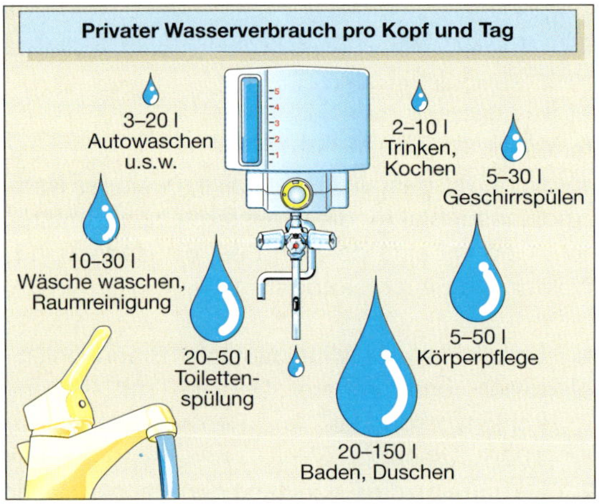

102.1 Wasserverbrauch in Deutschland

Wasser ist Nahrungsmittel, Lösungsmittel und Kühlmittel. Mit ihm wird Energie gewonnen und es dient als Transportweg.

Hauptverbraucher von Wasser sind Industrie und Landwirtschaft. Aber auch der Mensch verbraucht für seine persönlichen Bedürfnisse eine große Menge Wasser. Sind wir uns immer der Bedeutung des Wassers bewusst, wenn wir täglich viele Liter dieses kostbaren Rohstoffes nutzen?

In Wüstenregionen ist Wasser wertvoller als Gold. Manch ein Wüstenreisender hätte schon sein ganzes Vermögen für etwas Trinkwasser gegeben, als seine Vorräte erschöpft waren.

In anderen Gebieten der Erde, so zum Beispiel am Äquator, gibt es einen Wasserüberschuss. Hier fallen das ganze Jahr über reichlich Niederschläge, die zur Bildung der wasserreichsten Flüsse der Erde führen. Diese sind der Amazonas in Südamerika und der Kongo in Zentralafrika.

Die Wasservorräte der Erde unterteilt man in **Salz- und Süßwasser.** Salzwasser finden wir in den großen Ozeanen und in ihren Nebenmeeren. Süßwasser dagegen ist das Wasser, das sich auf dem Festland und in der Lufthülle der Erde befindet. Ein großer Teil davon ist im Eis der Antarktis gebunden. Es ist weiterhin im Boden, in den Pflanzen und es ist in der Erdkruste als Grundwasser vorhanden.

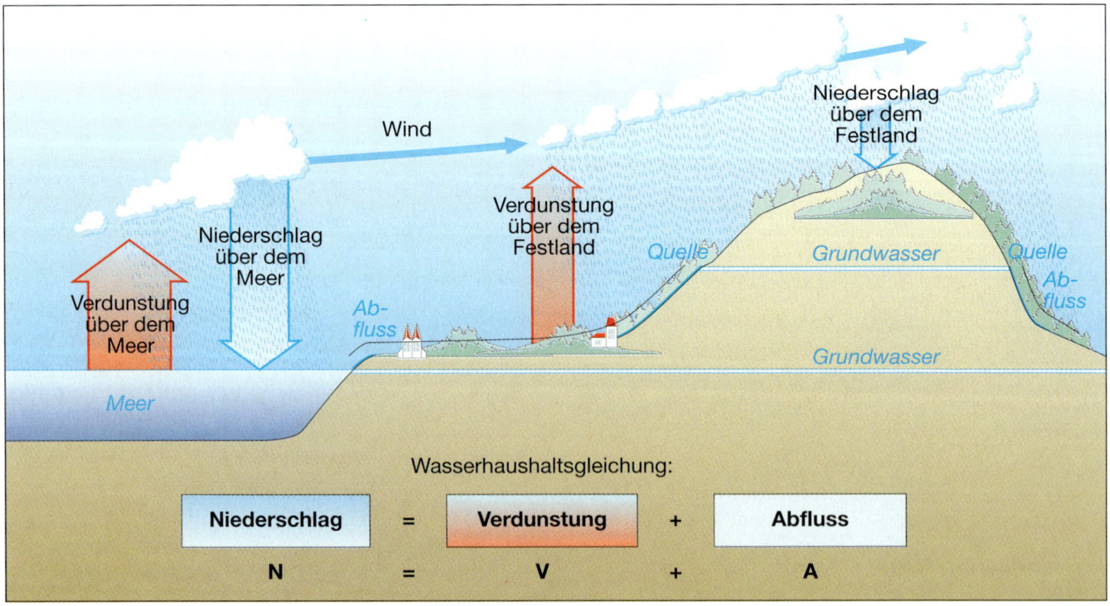

102.2 Wasserkreislauf

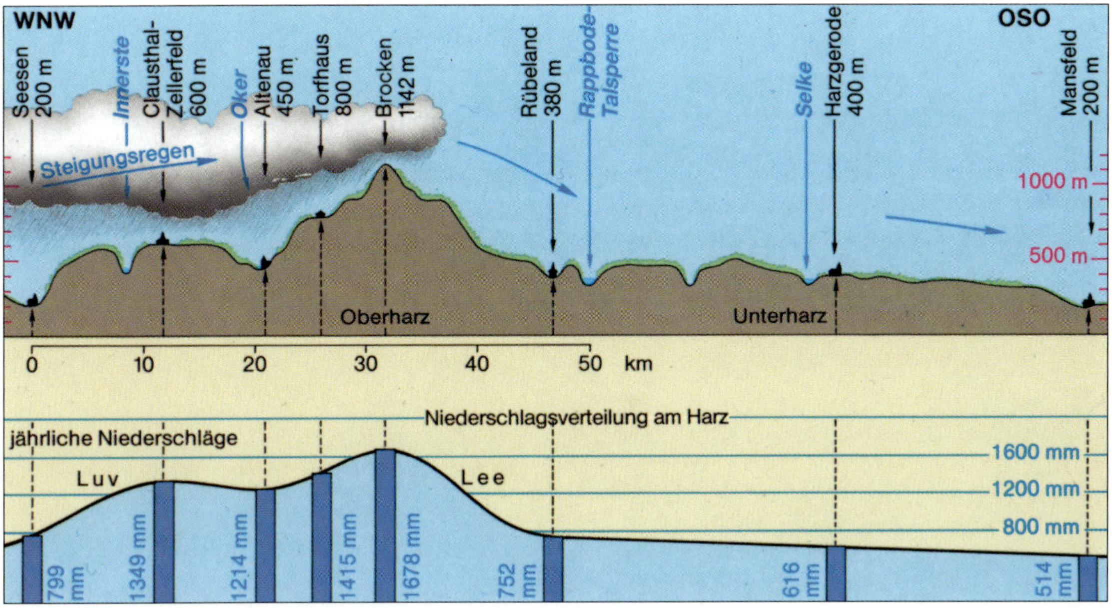

103.1 Entstehung und Verteilung der Niederschläge im Harz

Der Wasserkreislauf

Das Wasser der Erde befindet sich in einem ständigen Kreislauf. Er gliedert sich in **Niederschläge, Verdunstung** und **Abfluss.** Dabei geht kein Tropfen verloren. Motor dieses Kreislaufes ist die Sonne. Sie bewirkt, dass Wasser verdunstet. Der größte Teil des Wassers verdunstet über den Weltmeeren, da sie einen großen Anteil an der Erdoberfläche haben.

In den unteren Schichten der Lufthülle der Erde bilden sich Wolken, die vom Wind auf das Festland transportiert werden. Über den Meeren und Kontinenten fallen Niederschläge. Ein Teil des Niederschlagswassers verdunstet sofort wieder, der andere Teil versickert im Boden. Dort wird er von den Pflanzen aufgenommen oder bildet in tieferen Schichten das Grundwasser. Als **Grundwasser** wird der unterirdische Wasservorrat bezeichnet.

Tritt das Wasser als **Quelle** an der Erdoberfläche aus, bilden sich Bäche, die zu Flüssen und großen Strömen anschwellen und irgendwann wieder ins Meer münden. Dieser Abschnitt des Wasserkreislaufes wird als Abfluss bezeichnet.

Der Harz – ein volles Fass, das bedeutet, dass in diesem Mittelgebirge viele Niederschläge fallen. Der Harz liegt im Norden des deutschen Mittelgebirgsraumes. Hier herrschen Westwinde vor. Sie bringen viel Feuchtigkeit vom Atlantischen Ozean heran. Kommen die Luftmassen in die Nähe des Gebirges, werden sie zum Aufsteigen gezwungen. Dabei kühlen sie ab und begünstigen die Bildung von **Wolken.**

An den Berghängen fallen starke Niederschläge, die man als **Steigungs- oder Stauregen** bezeichnet. Im östlichen Teil des Harzes sind dagegen geringe Niederschlagsmengen zu verzeichnen. Es kommt hier zur Wolkenauflösung, da die Luft nach unten sinkt und sich dabei erwärmt.

Die reichlichen Niederschläge im Oberharz führen zur Ausbildung vieler Flüsse und zum Wasserreichtum des Gebirges.
Da es im Umfeld des Harzes Gebiete gibt, die nicht diesen Wasserüberschuss aufweisen, hat man im Harz Talsperren errichtet, um diese Gebiete mit Wasser versorgen zu können.

1. Erläutere die Bedeutung des Wassers für den Menschen (Abb. 102.1).
2. Beschreibe den Wasserkreislauf (Abb. 102.2).
3. Lokalisiere den Harz und nenne die wichtigsten Harztalsperren (Atlas).
4. Erkläre die unterschiedlichen Niederschlagsmengen des Harzes östlich und westlich des Brockens (Abb. 103.1; vgl. Abb. 52.1).

104.1 Oker-Stausee

104.2 Talsperren im Westharz; Fernwasserleitungen

Wasser für Millionen

Die größten **Talsperren** im westlichen Teil des Harzes versorgen die angrenzenden Gebiete mit Trinkwasser. Wolfsburg erhält Trinkwasser aus der Eckertalsperre. Hildesheim, Braunschweig und Teile von Hannover beziehen Wasser aus der Granetalsperre. Die Sösetalsperre versorgt sogar die Stadt Bremen mit Trinkwasser. Die Sösefernwasserleitung hat eine Länge von 198 km und führt über Hildesheim, Neustadt und Nienburg bis in die Hansestadt.

Neben der Trinkwasserbereitstellung erfüllen die Talsperren auch noch andere Funktionen. Sie dienen vor allem der Wasserregulierung der Flüsse. Zur Zeit der Schneeschmelze kommt es z. B. zu einer erhöhten Wasserführung der Flüsse. Demgegenüber herrscht oftmals zu Trockenperioden im Sommer Wassermangel. Der Abfluss der Flüsse ist dann 1000- bis 2000fach kleiner als an Hochwassertagen. Hier sorgen die Talsperren für einen Wasserausgleich, indem sie bei Wasserüberschuss Wasser zurückhalten und es bei Wassermangel dem Fluss wieder zuführen. Viele Talsperren sind außerdem beliebte Freizeit- und Erholungsorte.

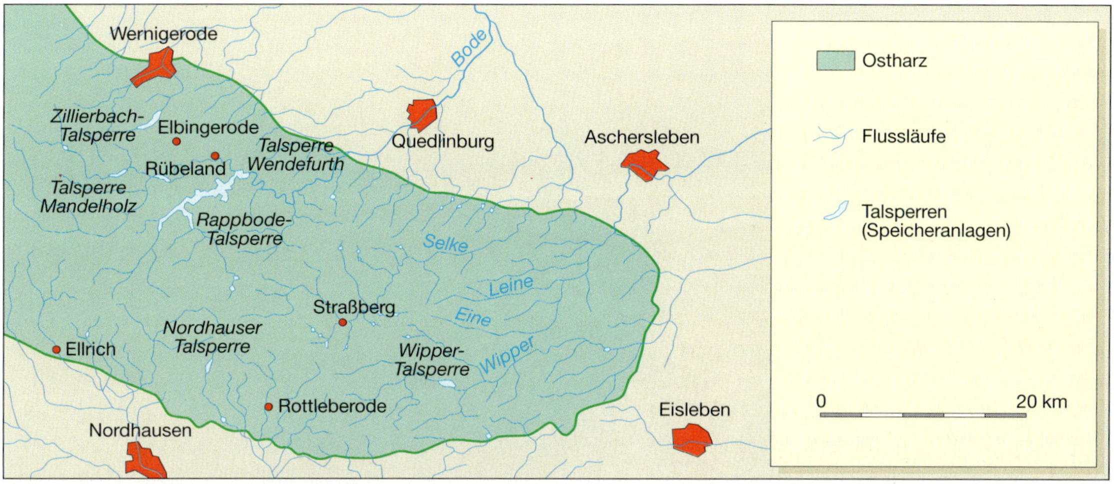

105.1 Flüsse und Talsperren im Ostharz

Die Gebiete nördlich, südlich und vor allem östlich des Harzes gehören zu den trockensten Regionen in Deutschland. Hier fallen weniger als 500 mm Niederschläge im Jahr. Deshalb wird dieser Raum mit Wasser aus dem Harz versorgt.

Die starke Konzentration von Industrie und Bevölkerung und der daraus resultierende hohe Wasserbedarf im Verdichtungsraum Halle wird durch Harzwasser abgedeckt.

In Wienrode beginnt die Fernwasserleitung Ostharz, die den Raum Halle und die angrenzenden Harzregionen mit Trinkwasser versorgt. Wienrode liegt in der Nähe der größten Harztalsperre, der Rappbodetalsperre. Das Kernstück eines komplizierten Talsperrensystems besitzt eine Staumauer von gewaltigen Ausmaßen. Sie ist 415 m lang, bis zu 80 m breit und 106 m hoch. Mehr als 860 000 Kubikmeter Stahlbeton mussten zu ihrem Bau herangeschafft werden.

An der Nachbartalsperre Wendefurth befindet sich ein Wasserkraftwerk zur Stromerzeugung. Auf diesem Stausee darf Wassersport betrieben werden, während auf der Rappbodetalsperre das Schwimmen, Surfen und Bootfahren verboten sind, da sie der Trinkwassergewinnung dient.

5. Nenne Aufgaben, die Talsperren erfüllen.

6. Beschreibe die Wasserversorgungssysteme des West- und Ostharzes (Abb. 104.1 bis 105.2).

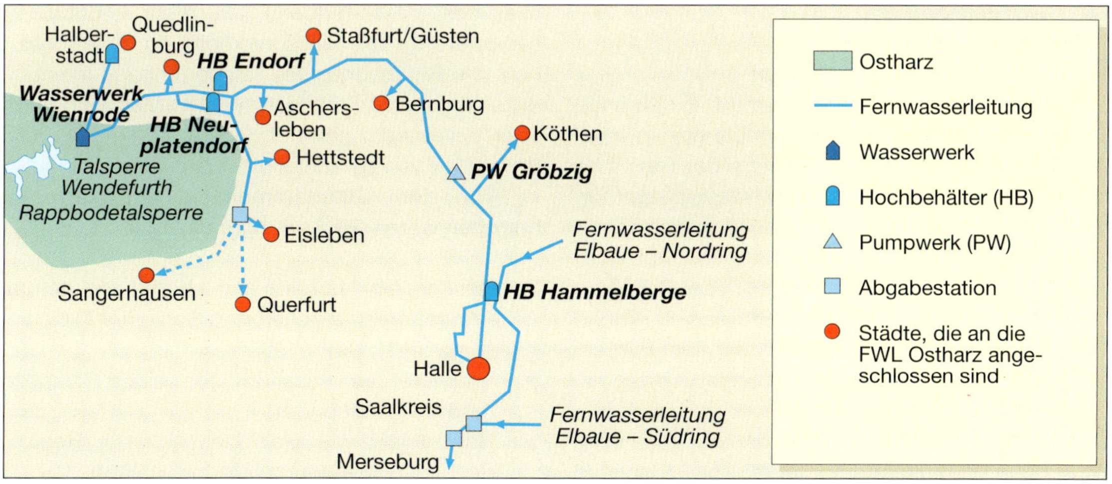

105.2 Fernwasserversorgung Ostharz

106.1 Siebertal im Westharz

Soll das Siebertal überschwemmt werden?

Wenn ihr das Luftbild (Abb. 106.1) betrachtet, bekommt ihr sicher gleich Lust, einen Urlaub in diesem Gebiet zu verbringen. Könnt ihr euch vorstellen, dass es dieses schöne Tal in der Nähe von Herzberg nicht mehr geben könnte und an seiner Stelle ein Stausee wäre?

Für und Wider zum Talsperrenbau:
Das Niedersächsische Ministerium für Ernährung, Landwirtschaft und Forsten errechnete in den 70er-Jahren aufgrund des Anstiegs der Bevölkerungszahlen einen erhöhten Trinkwasserbedarf für die Zukunft. Des Weiteren würde sich der Trinkwasserverbrauch für das Jahr 2000 von 111 Liter (1972) auf 204 Liter pro Tag und Kopf der Bevölkerung erhöhen. Daher sei es erforderlich, mehr Trinkwasser bereitzustellen. In den 70er-Jahren schlossen die Harzwasserwerke einen Vertrag mit der Stadt Göttingen zur Trinkwasserversorgung ab. Um diesen Vertrag erfüllen zu können, sollte eine 94 m hohe Staumauer errichtet und das Siebertal auf einer Fläche von 243 Hektar überflutet werden.

Mehrere Argumente sprachen aber auch gegen den Talsperrenbau. Eines davon lag in der Berechnung des Ministeriums über die Bevölkerungszahlen für Niedersachsen. Statt eines Bevölkerungswachstums zeichnete sich in den Jahren nach der Berechnung für Niedersachsen und auch für die Bundesrepublik Deutschland ein Rückgang der Bevölkerungszahlen ab. Deshalb schlugen Kritiker des Talsperrenbaus vor, mehr Grundwasservorräte für die Wasserversorgung zu erschließen. Die Befürworter des Talsperrenbaus meinten dazu, dass das Grundwasser den Mengenbedarf aber bei weitem nicht abdecken könnte. Außerdem sei es von zu schlechter Qualität.

Von dem Staudammprojekt am stärksten betroffen wären die Bewohner des Siebertales.

7. Beschreibe das Luftbild Siebertal und nenne Argumente, die gegen den Bau einer Talsperre sprechen (Abb. 106.1).

8. Erläutere die Auswirkungen eines Talsperrenbaus im Siebertal.

9. Beschreibe, wie die Menschen der Region den Talsperrenbau verhinderten (Abb. 107.1, 107.2).

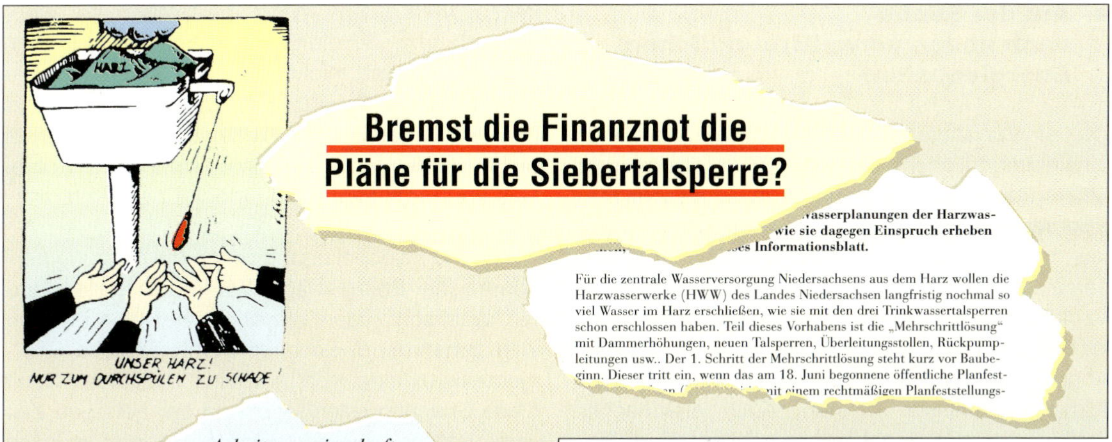

107.1 Zeitungsmeldungen

107.2 „Unser Harz wird zugemauert“

Bürger wehren sich gegen den Talsperrenbau

Die Bewohner des Siebertals hatten die Gefahren des Talsperrenbaus erkannt und sich dagegen mit folgenden Argumenten gewehrt:

Das letzte unverbaute Tal des Westharzes, das unter Naturschutz steht, wird verschwinden. Der Fremdenverkehrsort Sieber wird ausgelöscht werden. Damit verlieren viele Bewohner nicht nur ihre Heimat, sondern auch ihren Broterwerb, den Fremdenverkehr. Durch die Überschwemmung des Tals leidet die Attraktivität der gesamten Südwestregion des Harzes für den Tourismus. Da es eine Trinkwassertalsperre sein soll, wird das Baden, Bootfahren und Surfen verboten sein, um die Wasserqualität nicht zu beeinflussen. Außerdem bildet sich aufgrund unterschiedlicher Wasserstände in der Talsperre ein Randstreifen ohne Pflanzenbewuchs aus, der das Bild des Stausees nicht unbedingt verbessert.

Die Menschen, die nahe der Talsperre wohnen, sind lebensbedrohlichen Gefahren ausgesetzt. Bei technischen Fehlern könnte die Staumauer brechen. Da sich rings um die Talsperre stillgelegte Bergbaustollen befinden, könnte ein gefährlicher unkontrollierter Wasserabzug aus der Talsperre erfolgen, der Erdrutsche hervorrufen kann.

Alle diese Bedenken nahmen die Bürger zum Anlass, gegen den Talsperrenbau zu kämpfen. Sie gründeten eine Interessengemeinschaft Siebertal e.V. In den Parlamenten setzten sich Parteien und Organisationen für den Stopp der Talsperrenpläne ein. Die Menschen zweifelten die Zahlen des errechneten höheren Wasserverbrauches an. Sie holten Erkundigungen über die anderen Harztalsperren ein, bei denen es einige Probleme nach ihrer Errichtung gab. Schließlich wurde nach langen Diskussionen und einer Abstimmung im Landtag das Vorhaben eines Talsperrenbaus im Siebertal fallen gelassen.

4. Auf der Suche nach neuen umweltfreundlichen Energiequellen

„Neuer Windpark an der Nordseeküste liefert umweltfreundlichen Strom“, „Bundesregierung unterstützt die Erforschung umweltfreundlicher Stromerzeugung“. Solche Schlagzeilen findet man manchmal in der Zeitung. Was ist damit gemeint? Die Nutzung von Energie belastet in der Regel die Umwelt. Bei der Verbrennung von Kohle, Erdgas, Erdöl und Erdölprodukten entstehen Abgase, die die Luft verunreinigen oder die das Klima beeinflussen können. Auch elektrischer Strom ist in der Regel keine „saubere Energie“, weil er meist durch Verbrennung von Kohle oder Öl in Kraftwerken erzeugt wird.

Es gibt einige Energiequellen, deren Nutzung die Umwelt nicht oder nur wenig belastet. Man nennt sie umweltfreundliche Energiequellen. Dazu gehören die **Windenergie,** die **Sonnenenergie,** die **Wasserkraft** und die **Erdwärme.** Einige dieser Energiequellen, etwa der Wind, wurden schon vor Jahrtausenden genutzt. Allerdings ist die Nutzung häufig auch mit Schwierigkeiten verbunden: Wind beispielsweise weht nicht ständig und die Sonne scheint nicht immer. Wasserkraft ist nicht überall verfügbar. Die meisten umweltfreundlichen Energiequellen sind also im Gegensatz zu Kohle, Erdgas und Erdöl nicht ständig und überall einsatzbereit. Kohle, Gas und Erdöl kann man jedoch überall hintransportieren.

Die Umweltbelastung durch die Nutzung herkömmlicher Energieträger hat in den letzten Jahren drastisch zugenommen. Daher bemüht man sich zunehmend, auch umweltfreundliche Energiequellen wieder verstärkt einzubeziehen. Damit diese Energiequellen jedoch in der heutigen Zeit wirtschaftlich eingesetzt werden können, müssen neue Nutzungsformen entwickelt werden.

1. Erkundige dich, ob es in deinem Ort eine Nutzung umweltfreundlicher Energiequellen gibt.

2. Beschreibe die Nutzung von Wind- und Sonnenenergie (Abb. 108.1 und 109.1, Text).

3. Suche Island auf einer Atlaskarte. Begründe, warum die Isländer keinen Mangel an Wärmeenergie haben, obwohl sie weder Kohle- noch Ölvorräte im Land haben (Abb. 109.2).

108.1 Windpark in Schleswig-Holstein

Windenergie

An der Nordseeküste stehen vielerorts riesige Windräder, die man schon von weitem sieht. Sie sind mit Generatoren verbunden, die Strom erzeugen, wenn die großen Propeller durch den Wind gedreht werden. Überall dort, wo der Wind häufig und stark weht, kann durch Windkraft ein Teil des Strombedarfs gedeckt werden.

Manche Bauern haben sich eine Windkraftanlage bauen lassen und sich damit teilweise unabhängig von der öffentlichen Stromversorgung gemacht.

An einigen besonders günstigen Stellen in Küstennähe wurden Windparks errichtet. Dort stehen zehn oder noch mehr Windkraftanlagen zusammen. Über 30 m Spannweite haben die Propeller solcher Anlagen. Mehr als 25 m tief sind die Masten im Boden verankert, damit sie bei Sturm nicht umgerissen werden. Der Windpark bei Emden erzeugt im Jahr so viel Strom, wie 1800 Haushalte benötigen. Windkraft wird nicht nur in Deutschland genutzt. In Dänemark z. B. gibt es schon weit über 2000 Windkraftanlagen.

Sonnenenergie

Taschenrechner, die mit Lichtenergie betrieben werden, kennst du sicher. In Sonnenzellen, die man auch Solarzellen nennt, wird Licht in elektrischen Strom umgewandelt. Bisher ist der Bau solcher Solarzellen noch sehr teuer und die Stromausbeute recht gering. In Aachen wurde die Fassade des Gebäudes der Stadtwerke mit Solarzellen verkleidet. Zur Versorgung des Gebäudes mit Energie reicht die Leistung der Solarzellen jedoch bei weitem nicht aus.

109.1 Sonnenkollektoren auf einem Wohnhaus

Auf Hausdächern kann man manchmal Sonnenkollektoren sehen. Sie nutzen die Wärme der Sonnenstrahlung. Mit ihrer Hilfe kann man z. B. Wasser erwärmen, das dann zur Warmwasserversorgung oder zum Heizen dient. Bisher wird die Sonnenenergie noch wenig genutzt. Schwierigkeiten macht unter anderem die Energieversorgung zu den Zeiten, wenn die Sonne nicht scheint. In Ländern mit einer sehr hohen Sonneneinstrahlung wird die Nutzung der Sonnenenergie jedoch in den nächsten Jahren stark zunehmen.

Erdwärme

Brodelnde Schlammvulkane, heiße Quellen und Geysire, die in regelmäßigen Abständen kochendes Wasser in die Luft speien, sind auf der Insel Island keine Seltenheit.

An vielen Stellen kommt Wasser an die Oberfläche, das durch Erdwärme erhitzt wurde. Kein Wunder, dass die Menschen diese Energiequelle schon seit langem nutzen. Die meisten Haushalte sind an eine Fernheizung angeschlossen, die mit heißem Naturwasser betrieben wird. Öffentliche Bäder und private Schwimmbecken werden ebenfalls mit natürlichem Heißwasser versorgt.

In manchen Orten nutzt man die Erdwärme, um Gewächshäuser mit Gemüse und Blumen zu beheizen.

109.2 Erdwärmekraftwerk auf Island

Erdwärme-Kraftwerke erzeugen auch elektrischen Strom. Ein besonderer Luxus: In der Hauptstadt Reykjavik beheizen viele Hausbesitzer im Winter die Fußwege und Einfahrten vor ihren Häusern durch unterirdische Rohrleitungen. Die Erdwärme kommt den Isländern sehr gelegen, denn auf der Insel im Nordatlantik gibt es weder Kohle noch Erdöl.

Wir sparen Energie und Wasser

Energie

Der Mensch lebt, indem er Energie umsetzt. Um zu überleben nutzte der Mensch bereits vor langer Zeit die Energie der Sonne und des Feuers.

Um seine Lebensbedingungen zu verbessern, lässt der Mensch heute in vielen Bereichen des Alltags Energie für sich arbeiten: Energie treibt unser Auto, das Flugzeug und die Eisenbahn an; mit Hilfe von Energie beleuchten wir Wohnungen und andere Gebäude; energiegetriebene Maschinen erzeugen Lebensmittel und Gebrauchsgegenstände; in Hochöfen wird durch Einsatz von Energie aus Erzen Metall geschmolzen; im Haushalt übernehmen Energie verbrauchende Maschinen das Geschirrspülen und das Waschen und Trocknen der Wäsche; Fernseher, Videogerät, Computer, Musik abspielende Geräte gehören wie selbstverständlich zu unserem Leben.

Ursprünglich ist Energie in den natürlichen **Energieträgern** Erdöl, Kohle, Gas, Holz, Sonne, Wind und Wasser enthalten. Hinzu kommt heute die durch Spaltung oder Verschmelzung von Atomkernen gewonnene Energie.

Einige der wichtigen Energieträger belasten jedoch bei ihrer Nutzung die Umwelt und stehen den Menschen nicht unbegrenzt zur Verfügung, so dass man unbedingt über Energieeinsparungen nachdenken muss.

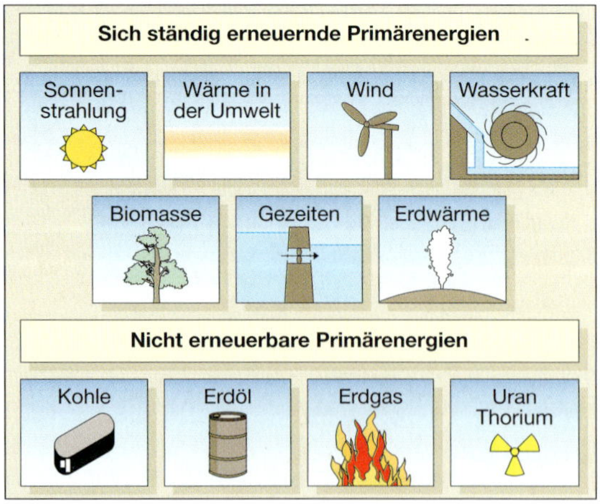

110.1 Natürliche Energien (Primärenergien)

Wasser

Ohne Wasser gäbe es auf unserer Erde kein Leben. Wasser bietet vielen Pflanzen und Tieren einen Lebensraum.

- Haushalte, Gewerbe, Industrie und Landwirtschaft sind auf Wasser angewiesen.
- Wasser ist ein günstiger Verkehrs- und Transportweg.
- Wasser bietet Menschen Gelegenheit zur Freizeitgestaltung und Erholung.
- Wasser ist ein Stoff, der durch keinen anderen zu ersetzen ist. Der Mensch kann nur kurze Zeit ohne Wasser auskommen.
- Mehr als zwei Drittel der Erdoberfläche sind von Wasser bedeckt.
- Wasser bewegt sich in einem Kreislauf zwischen Gewässern, Wolken und Land. Kein Tropfen Wasser geht in diesem Kreislauf verloren. Allerdings ist unser Wasservorrat begrenzt, das Wasser ist ungleichmäßig verteilt und nicht vermehrbar.
- Heute ist Wasser zunehmend Gefahren (Verschmutzung und Verschwendung) ausgesetzt – es muss geschützt und gespart werden.

Wasser ist ein kostbares Gut.

Ohne Wasser ist kein Leben auf der Erde möglich.
Jeder Mensch in Deutschland verbraucht täglich etwa 150 l Wasser.

Trinkwasser:	Lebensmittel, Trinken und Kochen, Hygiene, Waschen, Gartenpflege
Brauchwasser:	Landwirtschaft, Gewerbe, Industrie
Kühlwasser:	Wärmekraftwerke, Hochöfen
Energiegewinnung:	Wasserkraftwerke
Abfallträger:	Kanalisation, industrielle Abwässerkanäle
Verkehrswege:	Schifffahrt
Freizeit:	Wassersport, Erholung
Lebensraum:	Pflanzen, Tiere

Gewässerschutz:
Es wurden bestimmte Grenzwerte festgelegt und jede Einleitung von Abwasser muss behördlich genehmigt werden. Durch strenge Schutzmaßnahmen sollen unsere Gewässer wieder „sauberer“ werden.

ENERGIE-SPARTIPS

- Zu warm ist ungesund, macht müde und vergeudet Energie! 1 bis 2 °C weniger Raumtemperatur hilft etwa ein Zehntel Energie einzusparen.
- Wenn man die Wohnung oder das Haus für längere Zeit verlässt (z.B. im Urlaub), sollte die Heizung niedriger eingestellt werden.

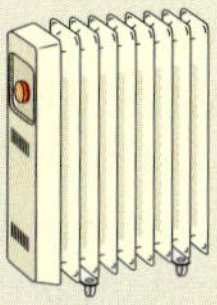

- Nicht alle Räume der Wohnung müssen unbedingt gleichmäßig beheizt werden.
- Moderne Thermostate regeln die Raumtemperatur und helfen, Energie zu sparen. Kurzes Lüften reicht aus.
- Bei trockenem Wetter ist die gute alte Wäscheleine sparsamer als der „Stromfresser“ Wäschetrockner.

- Waschmaschinen und Geschirrspüler nicht halb gefüllt in Betrieb setzen.
- Nicht alle Küchenarbeiten müssen mit Elektrogeräten ausgeführt werden.
- Kühl- und Gefriergeräte nicht in warmen Räumen aufstellen, da sie dort zusätzlich Strom verbrauchen.

- Heizungsanlagen regelmäßig warten lassen.
- Eine gute Wärme- und Kälteisolierung im Haus spart Heizenergie.
- Beim Autofahren Energie schonend vorgehen (Benzinverbrauch beachten, Reifendruck prüfen, auf hochtouriges Ausfahren der Gänge und Laufenlassen des Motors im Leerlauf verzichten).

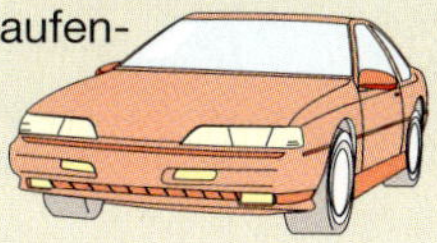

WASSER-SPARTIPS

- Baden ist „out“ – Duschen ist „in“. Wer sich unter die Dusche stellt, spart gegenüber einem Vollbad jedesmal etwa 100 l Wasser. Außerdem spart man so auch Wassergeld.

- Wer beim Zähneputzen das Wasser laufen lässt, vergeudet jedesmal 3 l Wasser.

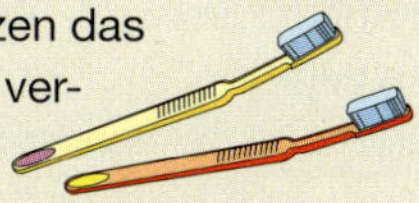

- Aus einem tropfenden Wasserhahn können bis zu 150 l Wasser pro Monat sinnlos im Abfluss verschwinden.
- Autowaschen mit dem Schlauch ist verboten (weil es der Umwelt bzw. dem Grundwasser schadet und den Wasserverbrauch steigert). Am schonendsten ist immer noch die Autowaschanlage.

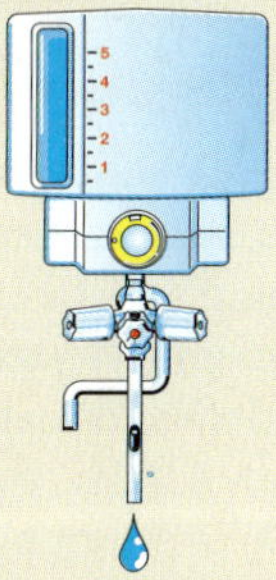

- Blumengießen und Fahrradputzen kann man auch mit Regenwasser! Also: Regenwasser sammeln!
- Mehr als 50 l Wasser fließen pro Familie in Deutschland täglich in die Toilette. Mit einem sogenannten Spülstopp oder mit einer Wasserspartaste am WC-Kasten ist es nur ein Drittel.

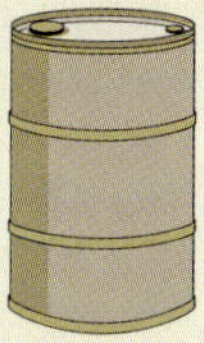

- Für das Geschirrspülen von Hand gilt dasselbe wie für das Zähneputzen: Laufendes Wasser ist Verschwendung.

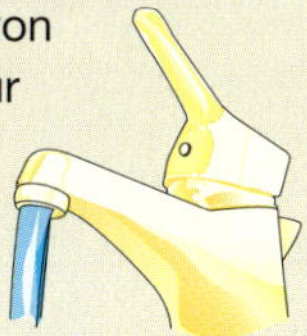

1. Wende einige der oben genannten Energie-Spartipps im Alltag an.

2. Fertige ein Plakat zum Thema „Energiesparen“ an.

3. Erarbeitet in Gruppen weitere Energie-Spartipps.

4. Erkunde woher das Trinkwasser an deinem Wohnort kommt (Stadtwerke).

5. Wende einige der oben genannten Wasser-Spartipps im Alltag an.

6. Überdenke in der Schule weitere Möglichkeiten, Wasser einzusparen.

Übersicht: Industrien und ihre Grundlagen in Deutschland

Deutschland gehört zu den **Industrienationen.** So bezeichnet man Staaten, deren Bevölkerung nur noch zu einem geringen Teil in der Landwirtschaft und zu einem sehr großen Teil in der Industrie beschäftigt ist.

Grundlage für die Ausbreitung der Industrie in einem Land sind verschiedene **Standortfaktoren.** Darunter versteht man diejenigen Voraussetzungen, die die industrielle Entwicklung beschleunigen oder hemmen können. Zu den guten Voraussetzungen gehören das Vorhandensein von Energieträgern und Rohstoffen, ein gutes Verkehrsnetz, zahlreiche und gut ausgebildete Arbeitskräfte. Günstig wirken sich staatliche Unterstützungen und die Nähe eines großen Absatzmarktes aus.

In Deutschland waren viele dieser Voraussetzungen an verschiedenen Stellen vorhanden. Deshalb haben sich dort seit dem 19. Jahrhundert **Industrieräume** herausgebildet. In ihnen findet man heute eine Konzentration zahlreicher und verschiedener Industrien; außerdem all die Einrichtungen, auf die diese Industrien angewiesen sind.

Solche Industrieräume benötigen eine große Anzahl an Arbeitskräften. Gibt es sie nicht von Anfang an, so wandern sie nach und nach aus anderen Gebieten zu, denn schließlich lockt das Angebot an Arbeitsplätzen. Zusammen mit der Ausdehnung der Industrie wächst somit immer auch die Bevölkerungszahl, die Bevölkerungsdichte nimmt zu. Man spricht von Verdichtungsräumen (vgl. S. 30).

Das dichte Nebeneinander von Industrie-, Verkehrs- und Wohnflächen birgt Probleme. Die Umweltbelastungen sind für den einzelnen Bewohner und für den gesamten Verdichtungsraum sehr hoch. Deshalb versucht man heute bei Neuplanungen, Wohn- und Arbeitsbereiche deutlicher voneinander zu trennen. Außerdem soll der Durchgangsverkehr aus den Kerngebieten fern gehalten werden.

1. Warum stellen die in Abb. 112.1 genannten Standortfaktoren wichtige Voraussetzungen für die Wahl eines Industriestandortes dar?
2. Nenne die Industrieräume in Abb. 113.1.
E **3.** Nenne mithilfe einer Wirtschaftskarte im Atlas Verdichtungsräume in den Nachbarstaaten Deutschlands.
4. Vergleiche mithilfe einer Bevölkerungsdichtekarte im Atlas und Abb. 31.1 die einzelnen Industrieräume miteinander. Lassen sich Regelmäßigkeiten feststellen (Abb. 113.1)?
5. Wo liegen in Deutschland Verkehrsknotenpunkte (Abb. 113.1)? Nenne Gründe hierfür.
6. Wähle einen im Buch noch nicht behandelten Verdichtungsraum. Liste die größten Städte und die wichtigsten Industriezweige auf.
7. Untersuche das Rhein/Main-Gebiet. Nenne erkennbare Standortfaktoren (Abb. 112.1).

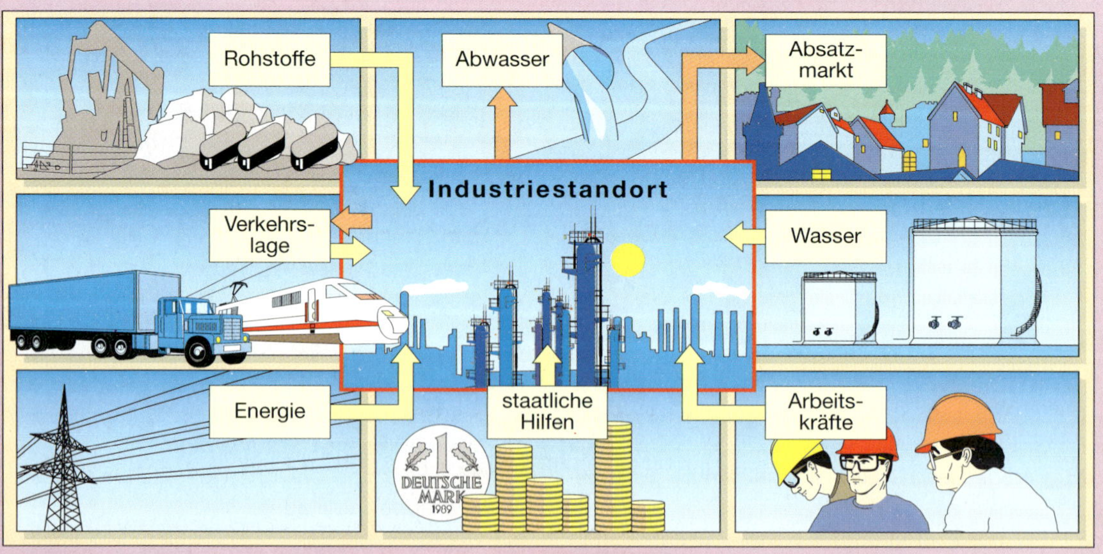

112.1 Standortfaktoren der Industrie

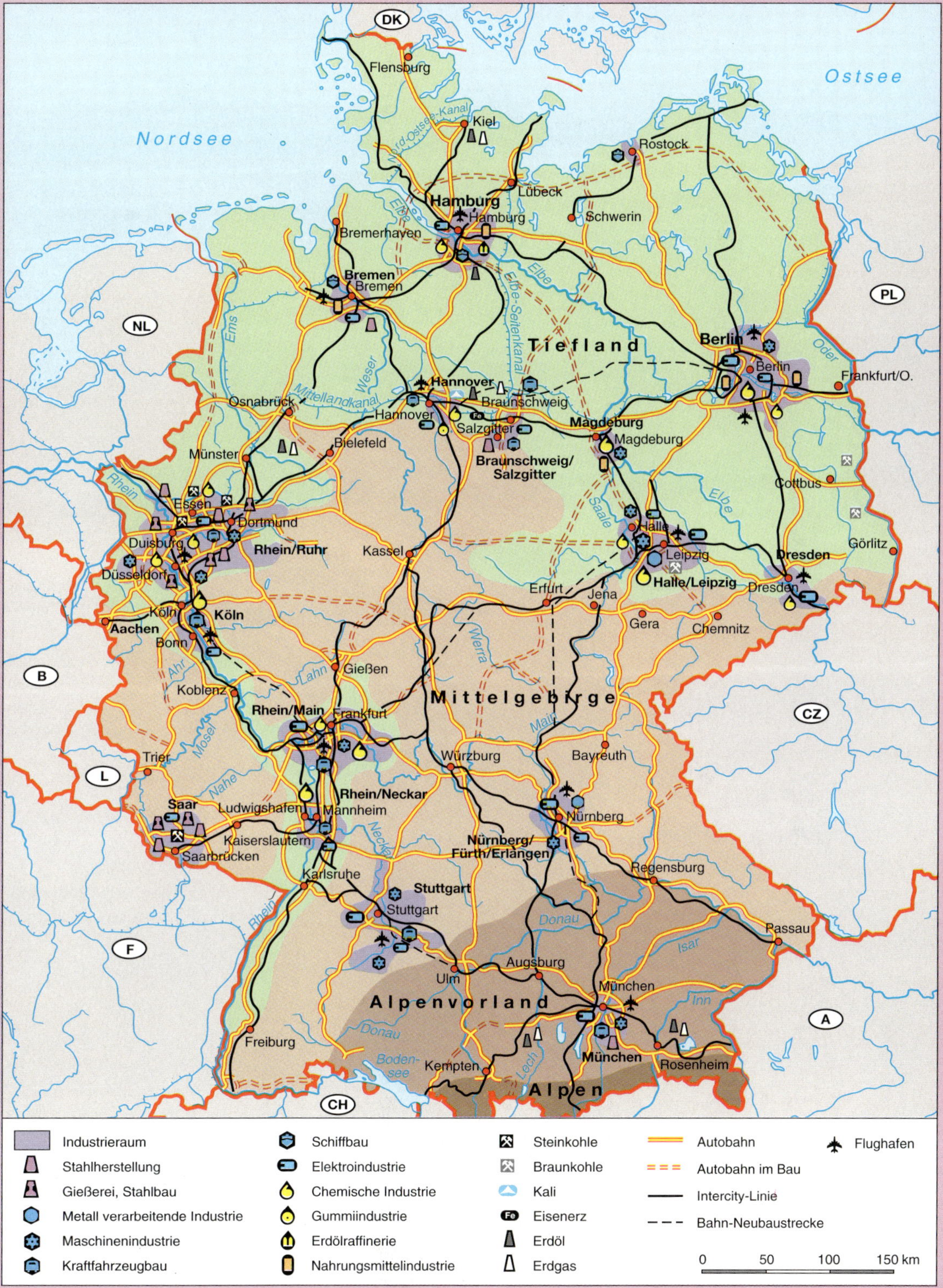

113.1 Industrieräume und Verkehrswege in Deutschland

Naherholung im Ruhrgebiet

Skipisten in Wolkenstein (Italien)

Freizeitgestaltung in Nah- und Fernerholungsräumen

Badestrand von Benidorm (Spanien)

Wir planen eine Urlaubsreise

Bundesland	Winterferien 92/93	Osterferien	Pfingstferien	Sommerferien	Herbstferien	Weihnachtsferien
Baden-Württemberg	23.12. – 9.1.	5.4. – 17.4.	1.6. – 4.6.	1.7. – 14.8.	2.11. – 5.11.	23.12.93 – 7.1.94
Bayern	23.12. – 9.1.	5.4. – 17.4.	1.6. – 12.6.	22.7. – 6.9.	2.11.	23.12.92 – 8.1.94
Berlin	23.12. – 6.1.	27.3. – 17.4.	1.6.	24.6. – 7.8.	2.10. – 9.10.	23.12.93 – 8.1.94
Brandenburg	23.12. – 6.1.	9.4. – 17.4.	29.5. – 1.6.	24.6. – 7.8.	2.10. – 9.10.	23.12.93 – 4.1.94
Bremen	23.12. – 6.2.	29.3. – 17.4.	–	18.6. – 31.7.	23.9. – 2.10.	23.12.93 – 8.1.94
Hamburg	21.12. – 2.1.	13.4.	17.5. – 22.5.	5.7. – 14.8.	11.10. – 23.10.	23.12.93 – 4.1.94
Hessen	23.12. – 8.1.	5.4. – 23.4.	–	26.7. – 3.9.	25.10. – 29.10.	23.12.93 – 14.1.94
Mecklenburg-Vorpommern	23.12. – 2.1.	7.4. – 14.4.	28.5. – 1.6.	1.7. – 14.8.	4.10. – 9.10.	23.12.93 – 3.1.94
Niedersachsen	23.12. – 6.1.	27.3. – 17.4.	29.5. – 1.6.	18.6. – 31.7.	24.9. – 2.10.	23.12.93 – 8.1.94
Nordrhein-Westfalen	23.12. – 6.1.	29.3. – 17.4.	1.6.	8.7. – 21.8.	11.10. – 16.10.	24.12.93 – 6.1.94
Rheinland-Pfalz	23.12. – 9.1.	29.3. – 16.4.	1.6.	15.7. – 24.8.	18.10. – 23.10.	23.12.93 – 8.1.94
Saarland	21.12. – 6.1.	1.4. – 19.4.	–	15.7. – 28.8.	25.10. – 30.10.	23.12.93 – 5.1.94
Sachsen	23.12. – 6.1.	8.4. – 17.4.	28.5. – 1.6.	15.7. – 25.8.	18.10. – 26.10.	23.12.93 – 4.1.94
Sachsen-Anhalt	22.12. – 5.1.	6.4. – 20.4.	26.5. – 1.6.	15.7. – 25.8.	18.10. – 23.10.	23.12.93 – 4.1.94
Schleswig-Holstein	23.12. – 7.1.	5.4. – 17.4.	–	2.7. – 14.8.	11.10. – 23.10.	23.12.93 – 8.1.94
Thüringen	23.12. – 2.1.	5.4. – 17.4.	28.5. – 1.6.	29.7. – 11.9.	25.10. – 30.10.	23.12.93 – 5.1.94

116.1 Ferienkalender

„Die neuen Sommer-Reisekataloge sind da! Der nächste Sommer kommt bestimmt – buchen Sie jetzt Ihren Traumurlaub für die wichtigsten Wochen des Jahres … bevor es zu spät ist!“

In jedem Jahr werben die meisten Reisebüros kurz vor Beginn der Weihnachtsferien in Zeitungsanzeigen und in ihren Schaufensterauslagen für die rechtzeitige Buchung des nächsten Sommerurlaubs. Viele Familien beginnen bereits im Herbst oder Winter mit der Urlaubsplanung für den kommenden Sommer. Es fahren immer mehr Menschen in Urlaub und daher ist eine rechtzeitige Buchung wichtig. Vor allem Familien mit schulpflichtigen Kindern sind auf eine frühe Urlaubsplanung angewiesen. So macht es auch seit Jahren Familie Schwarz, die in Köln lebt.

Frau Schwarz nimmt deshalb kurz vor Weihnachten einen Stapel der neuen Sommer-Reisekataloge mit nach Hause um mit ihrer Familie in den Weihnachtsferien in aller Ruhe den nächsten Sommerurlaub zu planen. Die Planung erweist sich jedoch als gar nicht so einfach.

Jedes Familienmitglied hat eigene Vorstellungen von der Gestaltung des Sommerurlaubs. So haben die Kinder Martina (11 Jahre) und Thomas

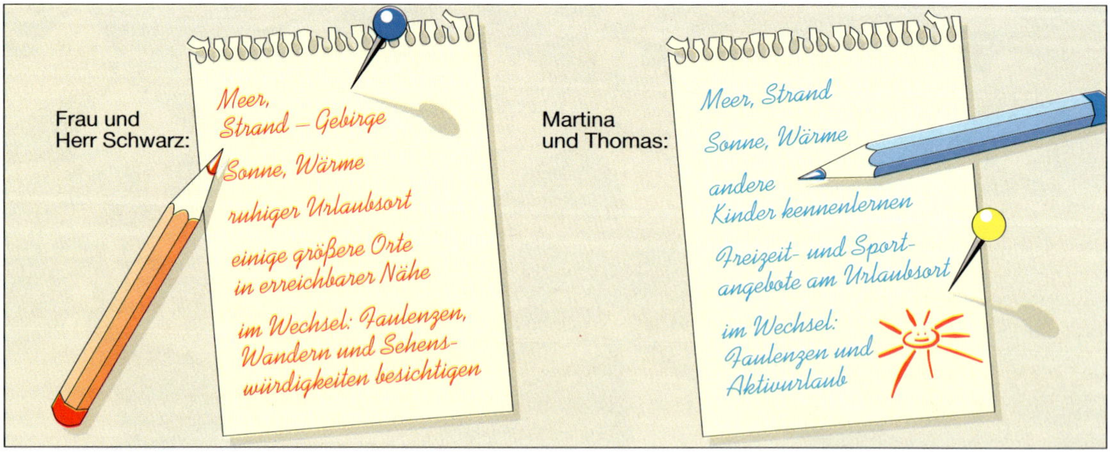

116.2 Urlaubswünsche der Familie Schwarz

(13 Jahre) teilweise andere Wünsche als ihre Eltern (s. Abb. 116.2). Aber selbst Frau und Herr Schwarz haben einige unterschiedliche Urlaubsvorstellungen.

Neben den mehr persönlichen Wünschen der einzelnen Familienmitglieder sollten bei der Planung einer längeren Urlaubsreise jedoch auch noch einige sachbezogene Gesichtspunkte berücksichtigt werden. Solche sachbezogenen Gesichtspunkte sind zum Beispiel:

- Länge der zur Verfügung stehende Urlaubszeit,
- Entfernung Wohnort – Urlaubsort,
- Reiseroute und Verkehrsmittel,
- Unterbringung und Verpflegung,
- Umweltschonende Gestaltung des Urlaubs,
- Kosten des Urlaubs,
- Abstimmung der Reisezeit mit Ferienterminen anderer Bundesländer und anderer Länder,
- Klima, Lage und Umgebung des Urlaubsortes.

Persönliche und sachbezogene Überlegungen sollten bei einer gewissenhaften Urlaubsplanung zusammengestellt und diskutiert werden, damit es am Urlaubsort zu keinen größeren Enttäuschungen kommt. Familie Schwarz nimmt die Mühe einer solchen sorgfältigen Urlaubsplanung auf sich.

Schwierig ist die Urlaubsplanung bei Familie Schwarz vor allem deshalb, weil Frau und Herr Schwarz in ihrer Vorliebe für eine bestimmte Landschaft (Meer oder Gebirge) nicht übereinstimmen. Über diesen Punkt kommt es daher zu einer längeren Diskussion. Schließlich wird aber eine Einigung erzielt und der Sommerurlaub kann gebucht werden.

117.2 Urlaubsprospekte

1. Stellt in eurer Klasse eine „Hitparade der beliebtesten Urlaubsziele“ (Inland und Ausland) auf.

2. Sucht die unter Aufgabe 1 gewählten Ziele im Atlas.

3. Besorge zu einem der gewählten Urlaubsziele einige Reiseprospekte (Reisebüro) und plane mit deiner Mitschülerin bzw. mit deinem Mitschüler eine Urlaubsreise an diesen Ort.

117.1 Urlaub an der See

117.3 Urlaub im Gebirge

Naherholung

118.1 Bonn-Information

Erholung in der Großstadt?

Nach dem Zweiten Weltkrieg war Bonn Hauptstadt bis zur Vereinigung der beiden deutschen Staaten 1990. Regierung, Ministerien und andere Bundesbehörden mussten damals untergebracht werden. Hinzu kamen die ausländischen Botschaften und Konsulate. Deshalb wurden neue Gebäude errichtet. Die Behörden boten vielen Menschen Arbeitsplätze. So kam es, dass immer mehr Bürgerinnen und Bürger nach Bonn zogen, Wohnungen gebaut wurden und die Einwohnerzahl rasch zunahm: 1945 waren es 43 000, 1950 etwa 115 000 und heute wohnen in Bonn 293 000 Menschen. Sie wollen hier nicht nur wohnen und arbeiten, sondern sich auch erholen. Kindern und Jugendlichen stehen Spiel- und Bolzplätze zur Verfügung. In der Innenstadt können sich auch Erwachsene erholen: Der Hofgarten des ehemaligen fürstbischöflichen Residenzschlosses ist eine riesige Rasenfläche. Am Rhein entlang verläuft die Uferpromenade.

118.2 Schloss mit Hofgarten

118.3 Rheinufer

Auf ins Grüne!

Wer Bonn mit einem Flugzeug überfliegt, kann sehen, dass es eine grüne Stadt ist. In allen Stadtteilen erkennt man Parks, Rasenflächen oder Wälder, die teilweise miteinander verbunden sind: richtige Grünzonen. Auffallend sind auch die vielen baumbestandenen Straßen. Besonders stolz sind die Bonner auf ihre jüngste Freizeitanlage, den Rheinauenpark (Abb. 119.1). Er entstand 1979, als die Bundesgartenschau in Bonn stattfand, und wurde als Freizeitpark mit einem vielfältigen Angebot errichtet.

Das Stadt-Info Nr. 12 berichtet über die Freizeitmöglichkeiten in diesem Park:

> *„Ein schönes Stück gestalteter und doch natürlicher Landschaft: kleine Hügel, von Menschenhand geschaffen, ein See, der zum vergnüglichen Boot fahren einlädt … Modellboot-Kapitäne überprüfen dort ihre Schiffe auf „Hochsee“-Tüchtigkeit … Sporteinrichtungen und Spielplätze … und auf dem Grillplatz mitgebrachte Würstchen bruzzeln lassen.“*

Nur wenige Minuten Fußweg von der Innenstadt entfernt liegt das Poppelsdorfer Schloss. Am Schloss befinden sich die Botanischen Gärten mit vielen interessanten Pflanzen. Mitten in der Stadt wurde der „Lehrpfad Stadtökologie“ angelegt. Er ist 6 km lang und hat 23 Stationen, an denen man etwas über die Stadt als Lebensraum für Menschen, Pflanzen und Tiere erfährt. In einem Begleitheft wird alles Wichtige erklärt.

Wenn die Bonner mehr Zeit haben, fahren sie in den Naturpark Kottenforst-Ville. Der Kottenforst ist für Erholung Suchende durch Wander- und Radwege erschlossen. Für die Kleinen hat man Spielplätze angelegt und für die Größeren Picknick- und Grillplätze. In der Waldau gibt es eine Waldgaststätte und ein Wildgehege. Aber auch ruhige Plätze im Wald und an kleinen Teichen lassen sich entdecken.

1. Stelle mit Hilfe des Stadtplans (Karte 120.1) fest, welche Freizeit- und Erholungsmöglichkeiten die Stadt Bonn bietet.

2. Welche Angebote liegen in der Nähe des Zentrums, welche sind für längere Ausflüge gedacht?

119.1 Rheinauenpark

119.2 Godesburg

119.3 Grillplatz im Kottenforst

120.1 Bonn und Umgebung

Kultur, Feste, Ausflüge

Für Erwachsene bietet Bonn ein breites kulturelles Programm. Theateraufführungen, Konzerte, Museen und Ausstellungen locken auch auswärtige Besucherinnen und Besucher in die Stadt. Freizeit und Spaß für alle verspricht der „Bonner Sommer": Das ist ein großes Freizeitprogramm, das rund um den Markt unter freiem Himmel stattfindet. Musik, Folklore, Theater und Ballett, Kasperletheater, Straßentheater, spezielle Angebote für Kinder und Jugendliche, Gastvorstellungen von Künstlern aus nahen und fernen Ländern werden geboten. Nicht nur in der Innenstadt, sondern auch in den Stadtteilen werden solche Feste veranstaltet. So feiert z. B. Bad Godesberg in seinen Fußgängerzonen ein großes Altstadtfest.

Wenn den Bonnern die Erholungsmöglichkeiten in ihrer Stadt nicht reichen, können sie Ausflüge in die reizvolle Umgebung unternehmen. Gegenüber den südlichen Stadtteilen liegt auf der rechten Rheinseite das Siebengebirge mit dem Drachenfels. Man kann ihn zu Fuß, mit der Zahnradbahn oder auf dem Rücken eines Esels erreichen. Nördlich der Stadt liegt ebenfalls auf der rechten Rheinseite das Landschaftsschutzgebiet „Untere Sieg". Es beherbergt viele seltene Vögel und lockt jedes Jahr mehr Naturfreunde an. Schließlich ist da noch 20 km vor den Toren Bonns Brühl mit seinem Schloss und dem größten Freizeit- und Abenteuerpark Europas: Phantasialand.

3. Welche der im Text und im Stadtplan (Karte 120.1) angegebenen Freizeitmöglichkeiten sind für Kinder und Jugendliche? Welche sind für Erwachsene gedacht?

4. Erkunde Naherholungsmöglichkeiten an deinem Schulort. Stelle in einer Tabelle zusammen, was davon für Kinder, für Jugendliche und für Erwachsene geeignet ist.

„Wir wollen den Wald nicht mehr möblieren!"
Dieser Ausspruch stammt von einem Stadtplaner in Bonn. Was ist damit gemeint? Die Bürgerinnen und Bürger in der Großstadt oder im Verdichtungsraum brauchen Möglichkeiten zur Freizeitgestaltung und zur Erholung. In Wäldern und Parks tragen Wander- und Radwege, Schutzhütten und Grillplätze zur Erfüllung dieser Ansprüche bei. Das soll auch so bleiben. Aber mehr als bisher will man auf die Bedürfnisse der Natur achten.

So geht man in Bonn und anderen Städten dazu über, die Wälder und Grünzonen nicht mehr vollständig für Freizeit und Erholung zu erschließen, sie gewissermaßen zu „möblieren". Vögel und Wild brauchen Bereiche in Wald und Feld, wo sie ungestört fressen, ruhen oder ihre Jungen großziehen können. Auch seltene Pflanzen müssen ungestört wachsen können. Deshalb werden künftig nur noch Teile des Waldes und der Grünzonen für die Erholung Suchenden erschlossen. Naturnahe Bereiche werden zu Schutzzonen erklärt und nicht durch Wege zugänglich gemacht. Auf diese Weise will man versuchen, auch in Großstädten und Verdichtungsräumen Teile der Pflanzen- und Tierwelt zu erhalten.

Auch spätere Generationen haben ein Recht auf Natur. Die Stadtplaner hoffen, dass die Bürgerinnen und Bürger diese Notwendigkeiten einsehen und die Natur in den geschützten Bereichen in Ruhe lassen. Den Erholung Suchenden bleiben die erschlossenen Teile der Wälder und Parks in Bonn. Außerdem steht ihnen noch der Freizeitpark in der Rheinaue zur Verfügung. Er hat bereits dazu beigetragen, dass die naturbelassenen Grünzonen und Waldbereiche in Bonn von Spaziergängern nicht mehr so stark besucht werden.

5. Diskutiert in Gruppen, wie Freizeitverhalten und Naturschutz in Einklang gebracht werden können.

—	Stadtgrenze	**7**	Naturpark Siebengebirge	**14**	Finkenberg		Freibäder:
1	Hofgarten	**8**	Drachenfels	**15**	Untere Sieg	**19**	Römerbad
2	Alter Zoll	**9**	Ennert	**16**	Kottenforst	**20**	Melbbad
3	Poppelsdorfer Allee	**10**	Naturlehrpfad	**17**	Waldau (Wildgehege, Haus der Natur, Bauerngarten, verschiedene Ausstellungen)	**21**	Hardtberg-Bad
4	Poppelsdorfer Schloss	**11**	Stadtpark			**22**	Friesdorfer Bad
5	Botanischer Garten	**12**	Redoutenpark			**23**	Rüngsdorfer Bad
6	Freizeitpark Rheinaue	**13**	Drachensteinpark	**18**	Hardtberg/Derletal	**24**	Ennertbad

0 1000 2000 m

121.1 Legende zur Karte 120.1

Revierpark Gysenberg

Größe: 24,0 ha,

Fertigstellung: 1970

Ausstattung: Allwetter-Spaßbad und Gysenbergtherme mit Erlebnisbecken, Kleinkinderparadies, Großwasserrutsche, Wellenhallenbecken, Solehallenbad und Soleaußenbecken, Sonnenstudios, Sauna, Liegehalle, Fitnessraum, Sonnenterrasse, Restaurant ... ■ Freizeithaus mit Mehrzwecksaal, Gruppen-, Club-, Gymnastik- und Werkräumen, Restaurant, Information ... Eissport- und Mehrzweckhalle mit 4000 Sitz- und Stehplätzen, Restaurant, 10 Squashplätze ... ■ Geselligkeitszone mit Promenade, Kinderspielplätzen, Schach, Dame- und Mühlespielen, Tischtennis, Boccia, Musikpavillon ... ■ Wasserspielplatz mit Wasserrutschen, Planschbecken ... ■ Sport- und Spielzone mit Anlagen für Ball, Kugel- und Wurfspiele, Hart- und Rasensportfelder, Tennisplätze ... ■ Bereich für Gokart, Gartenkegeln, Parkgolf, Kinderautos ...

Angrenzende Anlagen: Waldpark Gysenberg 50 ha, Tierpark Gysenberg

Anfahrt: Von Herne-Bf. mit dem Bus 333 bis Tierpark Gysenberg. Mit dem Auto Abfahrt Herne-Börnig auf der Autobahn A 42 benutzen und den Hinweisschildern zum Park folgen.

122.1 Aus einem Informationsblatt

Revierpark Gysenberg

„Der Revierpark ist für alle da!“, heißt es in einem Werbeprospekt. Deshalb sind die Revierparks des Ruhrgebietes eine Kombination aus Parklandschaft und Spiel- und Sportgelände. Alle Revierparks haben Gebäude mit Freizeiteinrichtungen, damit sich der Besuch auch bei schlechtem Wetter lohnt. Sie bieten Freibäder, Hallenbäder und Planschbecken, denn Spiele im Wasser zählen mit zu den beliebtesten Freizeitvergnügen. Dass die Revierparks sehr beliebt sind, sieht man schon an der jährlichen Besucherzahl von etwa acht Millionen.

Der Gysenbergpark bietet seinen Besucherinnen und Besuchern neben den vielfältigen Sport- und Freizeiteinrichtungen ein abwechslungsreiches Programm.

Es werden u. a. Kurse in verschiedenen Sportarten und Bastelkurse angeboten. Darüber hinaus organisiert die Programmabteilung Tennis-, Volleyball- und Badmintonturniere, lädt die Ensembles verschiedener deutscher Theater zu Gastveranstaltungen für Jugendliche und Erwachsene ein. Die Verantwortlichen haben sich zum Ziel gesetzt, ein abwechslungsreiches Kultur- und Sportprogramm für alle Schichten der Bevölkerung anzubieten.

Der Revierpark Gysenberg ist der älteste im Ruhrgebiet. Er wurde bereits 1970 fertig gestellt und liegt auf dem Gebiet des ehemaligen Hofes „Gysenberg“. Das alte Fachwerkhaus der Hofanlage wurde zu einem gemütlichen Kinderspielhaus umgebaut.

Der Gysenbergpark ist gut zu erreichen. Man kann von Herne aus bequem mit dem Bus hinfahren. Besonders auswärtige Besucher kommen jedoch mit dem eigenen Auto. Deshalb wurden viele Parkplätze angelegt. Eintritt braucht man nicht zu bezahlen. Lediglich einige besondere Angebote wie z. B. Minifolf, Squash und Tennis, Eislaufhalle und Gysenbergtherme kosten Geld.

Warum sind die Revierparks so wichtig? Im Verdichtungsraum Ruhrgebiet wohnen rund 5,5 Millionen Menschen. Sie wollen sich in der Freizeit erholen, sie wollen Spiel und Sport treiben. Damit sie nicht weit fahren müssen, wurden im Ruhrgebiet nicht nur Grünzonen angelegt, sondern auch sechs Freizeitanlagen geschaffen: das Freizeitzentrum Kemnade (am Kemnader Stausee südlich von Bochum) sowie die fünf Revierparks Mattlerbusch (Duisburg), Vonderort (Oberhausen/Bottrop), Nienhausen (Gelsenkirchen/Essen), Gysenberg (Herne) und Wischlingen (Dortmund).

1. Stelle mit Hilfe einer Atlaskarte fest, wo die im Text genannten Revierparks liegen. Welche großen Städte liegen in ihrer Nähe?

2. Mit welchen Verkehrsmitteln kann man laut Informationsblatt den Revierpark Gysenberg erreichen (Abb. 122.1)?

3. Welche Freizeit- und Erholungseinrichtungen, die im Informationsblatt genannt werden, erkennst du in Abb. 123.1 und 123.2 wieder?

4. Stelle mit Hilfe des Informationsblattes (Abb. 122.1) und der Abb. 123.2 für dich ein Tagesprogramm im Gysenbergpark zusammen.

123.1 Gysenbergpark

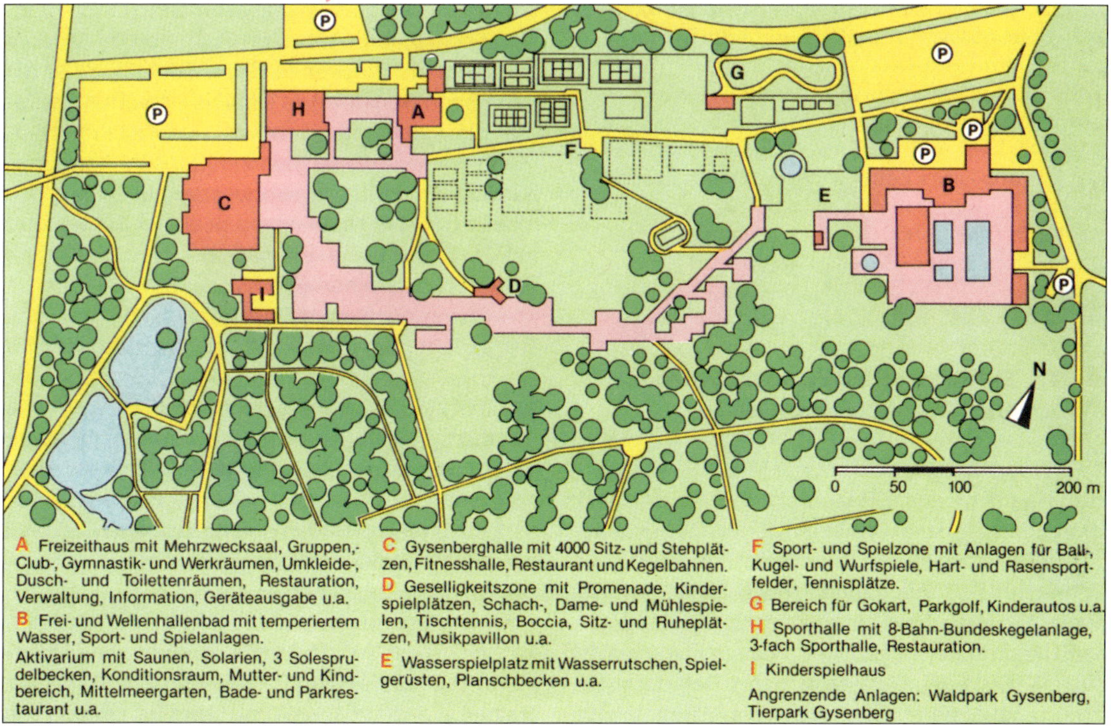

A Freizeithaus mit Mehrzwecksaal, Gruppen-, Club-, Gymnastik- und Werkräumen, Umkleide-, Dusch- und Toilettenräumen, Restauration, Verwaltung, Information, Geräteausgabe u.a.

B Frei- und Wellenhallenbad mit temperiertem Wasser, Sport- und Spielanlagen. Aktivarium mit Saunen, Solarien, 3 Solesprudelbecken, Konditionsraum, Mutter- und Kindbereich, Mittelmeergarten, Bade- und Parkrestaurant u.a.

C Gysenberghalle mit 4000 Sitz- und Stehplätzen, Fitnesshalle, Restaurant und Kegelbahnen.

D Geselligkeitszone mit Promenade, Kinderspielplätzen, Schach-, Dame- und Mühlespielen, Tischtennis, Boccia, Sitz- und Ruheplätzen, Musikpavillon u.a.

E Wasserspielplatz mit Wasserrutschen, Spielgerüsten, Planschbecken u.a.

F Sport- und Spielzone mit Anlagen für Ball-, Kugel- und Wurfspiele, Hart- und Rasensportfelder, Tennisplätze.

G Bereich für Gokart, Parkgolf, Kinderautos u.a.

H Sporthalle mit 8-Bahn-Bundeskegelanlage, 3-fach Sporthalle, Restauration.

I Kinderspielhaus

Angrenzende Anlagen: Waldpark Gysenberg, Tierpark Gysenberg

123.2 Plan des Gysenbergparks

Urlaub an der See

124.1 Benidorm 1962

Benidorm: Urlaub für jeden Geschmack!
Genießen Sie die Sonne der Costa Blanca und die feinsandigen Strände. Machen Sie es sich im Liegestuhl bequem oder gehen Sie ihrem Sportvergnügen nach: Segeln, Surfen, Wasserski, Tret- oder Motorboot fahren, Tennis, Squash, Radfahren, Kegeln, Minigolf, Gymnastik und Bodybuilding – wir bieten alles. Sie möchten lieber Shopping gehen? Auch gut. Benidorm hat exklusive Boutiquen, Juweliere, Lederwarengeschäfte, Andenkenshops und vieles mehr. Freuen Sie sich auf den Abend in Benidorm! Vom Bierpub bis zur Cocktailbar, von der Imbissbude bis zum Nobelrestaurant, vom Café bis zur Disco – wer bei uns keine neuen Freunde kennen lernt, ist selber schuld! Benidorm (35 000 Einw.) bietet Unterkunft für 350 000 Gäste: vom Campingplatz bis zum Fünf-Sterne-Hotel.

(aus einem Reiseprospekt über Benidorm)

E 1. Benidorm – Sonne, Strand und Menschenmassen

Frau Naumann aus Grevenbroich hat für sich und ihren Sohn Christian in diesem Jahr eine vierzehntägige Pauschalreise, also eine Flugreise mit Unterkunft und Verpflegung, nach Benidorm gebucht. Weil das Geld im vorigen Jahr nicht für einen Urlaub gereicht hat, freut sie sich besonders auf die Ferien. Die Anreise nach Benidorm ist etwas anstrengend. Überall auf den Flughäfen ist es während der Hauptsaison sehr voll.

Vor den Abfertigungsschaltern warten lange Menschenschlangen. Auf dem Flughafen in Alicante empfängt sie drückende Hitze. Zum Glück ist die Fahrt nach Benidorm im klimatisierten Bus erträglich. Ein wenig enttäuscht vom Hotel ist Frau Naumann schon: Zwar ist das Zimmer sehr komfortabel und vom Balkon schaut man weit über das Meer, aber das Hotel ist ein riesiger „Betonklotz“ mit 20 Etagen und ein paar hundert Betten. Im Frühstücksraum herrscht Massenbetrieb.

Gleich nach dem Frühstück eilen Chris und seine Mutter zum Strand, um sich Liegestühle und einen Sonnenschirm zu sichern. Die Mietgebühr ist nicht gerade niedrig, aber im Urlaub will Frau Naumann nicht sparen. Am Strand herrscht drangvolle Enge. Urlauber aus vielen europäischen Ländern tummeln sich im Wasser. Chris hat schnell Spielkameraden gefunden. Frau Naumann genießt die Sonne und das warme Mittelmeerwasser. Nicht ein Wölkchen ist am Himmel und Regen wird es während des ganzen Urlaubs wahrscheinlich nicht geben. Abends besuchen Frau Naumann und Chris eine Eisdiele und schauen dem Treiben auf den Straßen zu. „Hier ist ja mehr los als tagsüber in einer Großstadt!“ staunt Chris.

125.1 Benidorm heute

1. Lokalisiere Benidorm und Alicante auf einer Atlaskarte. Bestimme die Entfernung (Luftlinie) zwischen Köln und Benidorm.
2. Beschreibe die Fahrtroute mit dem Auto von Köln nach Benidorm und ermittle die Entfernung (Atlas, Entfernungstabelle im Autoatlas).
3. Liste auf, welche Freizeitmöglichkeiten den Touristen in Benidorm geboten werden.
4. Arbeite mit Abb. 125.3. Warum ist Benidorm für einen Badeurlaub gut geeignet? Vergleiche dazu auch Abb. 145.2 (Wangerooge).
5. Erläutere mit S. 115, 124.1 und 125.1, wie der Tourismus Benidorm verändert hat.
6. Werte Abb. 125.2 aus. In welchen Monaten kommen viele, wann weniger Urlauber? Ziehe zur Begründung Abb. 125.3 hinzu.

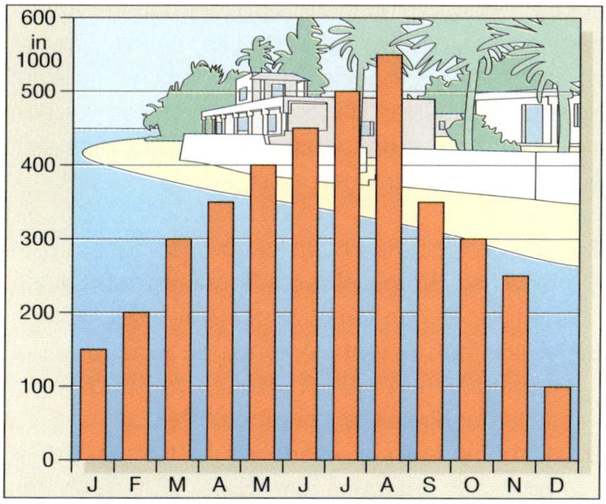

125.2 Übernachtungen in Benidorm

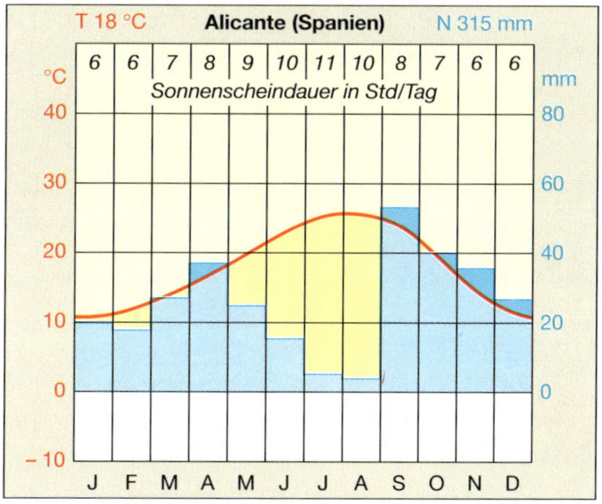

125.3 Klimadiagramm Alicante

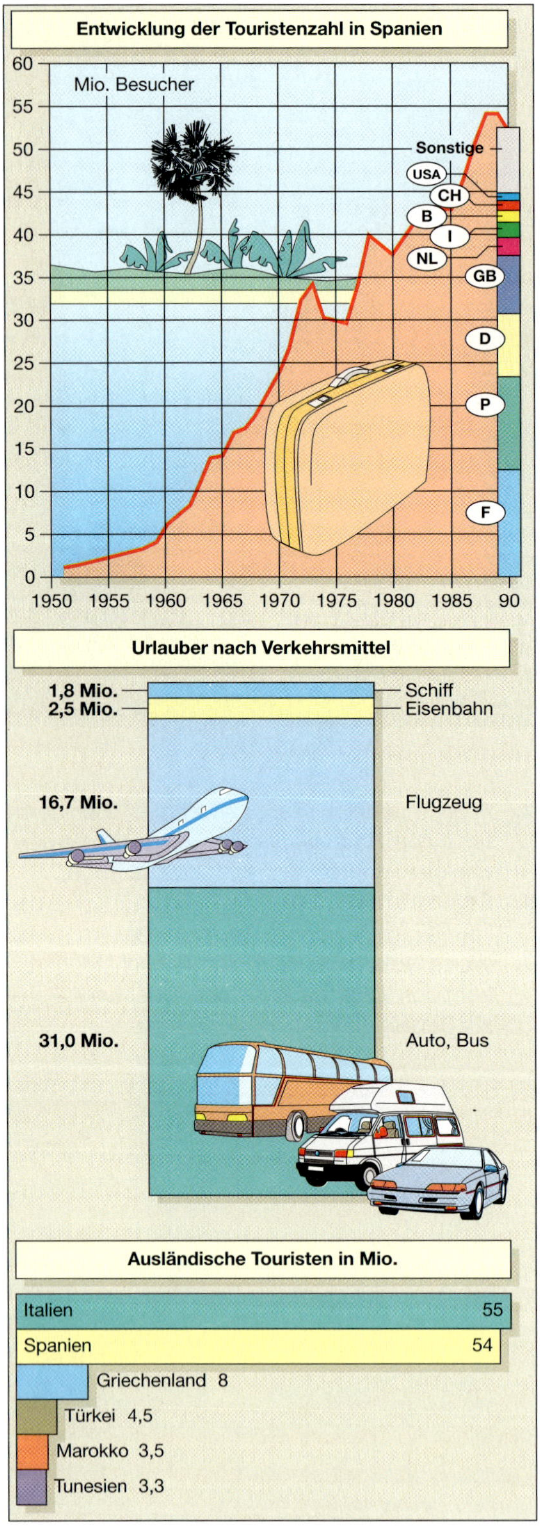

126.1 Tourismus am Mittelmeer (1990)

Benidorm – „Urlaubsrummelplatz" Europas?

Benidorm war im Jahre 1950 ein kleiner Fischerort mit etwa 3000 Einwohnern. In der Mitte der 60er-Jahre setzte auch in Benidorm der Massentourismus ein. Um die große Zahl der Touristen unterbringen zu können, baute man Hotelkomplexe mit hohen Bettenzahlen. Auf diese Weise konnte man zwar schnell der steigenden Nachfrage nachkommen, aber andererseits wurde mit den Hotelhochhäusern die Küste zugebaut. Benidorm musste für die vielen Touristen seine Infrastruktur ausbauen. Unter **Infrastruktur** versteht man das Straßen- und Wegenetz, die Versorgung mit Wasser, Strom, Telefon, die Abwasser- und Müllentsorgung. Der Ausbau verschlang große Geldsummen, doch konnten diese durch die Einnahmen aus dem Tourismus ausgeglichen werden.

Ein großes Problem bedeutet im Sommer die Wasserversorgung. Jeder Urlauber verbraucht etwa 300 bis 350 Liter pro Tag (vier- bis sechsmal so viel wie Einheimische). Um diese Menge aufzubringen, wurden immer mehr und immer tiefere Brunnen gebaut. Das hatte eine Absenkung des Grundwassers zur Folge. Die Kleinbauern in der Umgebung beklagten sich daraufhin, weil ihnen das Wasser für die Feldbewässerung ausging (vgl. S. 58/59). Andererseits hofften sie, am Tourismus mitzuverdienen: Sie stellten ihren Anbau auf die Bedürfnisse der Touristenhotels um und lieferten z. B. Gemüse und Salate.

Auch dem Mittelmeer und seinen Stränden droht von den Urlaubern Gefahr. Es muss im Sommer die Abwässer von 100 Millionen Anwohnern und 120 Millionen Touristen schlucken. Weil die Kläranlagen nicht ausreichend sind, werden Abwässer ungeklärt ins Meer geleitet. Die Wasserqualität wurde so stark beeinträchtigt, dass an einigen Stränden zeitweise Badeverbote erlassen werden mussten. Erst in den letzten Jahren hat man den Ausbau von Kläranlagen verstärkt.

7. Beschreibe die Entwicklung des Tourismus in Spanien. Vergleiche die Touristenzahl Spaniens mit der anderer Länder (Abb. 126.1).

8. Stelle fest, welche Verkehrsmittel die Urlauber benutzen (Abb. 126.1). Nenne Vor- und Nachteile der einzelnen Verkehrsmittel.

9. Liste negative Folgen des Mittelmeertourismus auf. Erläutere den Satz: „Die Touristen zerstören, wonach sie suchen."

2. Erholung an der Ostsee

Familie Sawitzki aus Essen hat sich entschieden, in diesem Jahr ihren Sommerurlaub im Badeort Sellin auf der Insel Rügen zu verbringen.

Rügen ist mit rund 930 km^2 die größte deutsche Insel. Sie ist durch den Strelasund vom Festland getrennt und kann über den 1936 errichteten Rügendamm mit dem Auto oder mit der Eisenbahn erreicht werden. Rügen ist durch die Halbinseln Wittow, Jasmund und Mönchgut sowie durch Meeresbuchten, die hier Bodden oder Wiek heißen, stark gegliedert. Auf Rügen gibt es sowohl Flachküsten mit feinen Sandstränden als auch Steilküsten mit hoch aufragenden Kreidefelsen.

Frau und Herr Sawitzki wollen mit ihren Kindern Susanne und Martin nicht nur baden und am Strand liegen, sondern sie haben sich auch vorgenommen, mehr von der Insel kennen zu lernen. Dazu haben Susanne und Martin mithilfe von Prospekten und einer Karte eine Radtour ausgearbeitet. Von Sellin aus fahren sie zunächst nach Granitz, wo sie sich das Jagdschloss anschauen. Vom Turm aus hat man einen Rundblick über weite Teile von Rügen. Auf der Weiterfahrt nach Binz kommen sie an großen Steingräbern aus der Steinzeit vorbei. Zwischen Binz und Sassnitz fahren sie durch die Schmale Heide, das ist ein schmaler Dünenstreifen, der auch Nehrung genannt wird. Er trennt den Kleinen Jasmunder Bodden von der Ostsee. Das größte Erlebnis der Radtour ist die Stubbenkammer mit dem Königsstuhl (Abb. 127.1), ungefähr 7 km nördlich von Sassnitz gelegen. Am Nachmittag fahren sie bis Sassnitz zurück, schauen sich den Betrieb im Fährhafen an und fahren mit der Bahn nach Binz und per Rad nach Sellin zurück.

Weil ihnen die Landschaft auf Rügen so gut gefallen hat, beschließen sie, in den nächsten Tagen einen weiteren Ausflug zu machen – diesmal mit dem „Rasenden Roland“, einer Schmalspurbahn, die mit Dampfloks betrieben wird und zwischen Göhren und Putbus verkehrt.

1. Beschreibe die Reiseroute von Essen nach Rügen für die Fahrt mit dem Auto und die Reise mit der Bahn.

2. Verfolge die Radtour auf der Karte 129.1 und lokalisiere die im Text genannten Orte, Landschaften und Sehenswürdigkeiten.

127.1 Kreidefelsen

127.2 Badestrand

127.3 Haus mit Reetdach

Tourismus auf Rügen – Hoffnungen und Probleme

Rügen war für viele Menschen in der ehemaligen DDR eines der beliebtesten Reiseziele. Mit dem Angebot an weiten Sandstränden, romantischen Steilküsten, hübschen Städten und Ferienorten glaubte man, nach der Wiedervereinigung auch Touristen aus den westlichen Bundesländern anlocken zu können. Aber die kamen nicht so zahlreich, wie man gehofft hatte. Schnell hatte es sich herumgesprochen, dass die Hotels oft klein und idyllisch waren, aber dabei nicht den im Westen üblichen Komfort aufwiesen.

Viele der Unterkünfte sind ehemalige Ferienheime staatlicher Organisationen der ehemaligen DDR. Von ihrer Ausstattung her sind sie deshalb nicht mit westlichen Hotels zu vergleichen. Der mangelnde Komfort der Urlaubseinrichtungen führte dazu, dass viele Touristen aus dem Westen nur zu einem Wochenend- oder Kurzurlaub anreisten – zum Teil sogar im Wohnmobil oder mit dem Zelt, um ein „ordentliches Quartier dabei zu haben".

In den Zeitungen erschienen Berichte, dass an einigen Badestränden Badeverbote wegen schlechter Wasserqualität verhängt wurden. Auch das führte zum Fernbleiben von Urlaubern.

Nach Auskunft des Landratsamtes Rügen gab es 1990 eine Reihe von ökologischen Problemen:
- Ein Drittel der Abwässer Rügens floss ungeklärt ins Meer,
- an 13 von 80 Badestränden war aus hygienischen Gründen das Baden verboten,
- desgleichen an den meisten Binnenseen,
- an einigen Stellen war die Landschaft durch wilde Müllkippen verunstaltet.

Seitdem bemühen sich das Land Mecklenburg-Vorpommern sowie Städte und Gemeinden, mit Hilfe von Maßnahmen zur Fremdenverkehrsförderung die Mängel zu beheben. So wurden inzwischen viele Hotels und Pensionen renoviert, Privatunterkünfte und Campingplätze ausgebaut. In Städten mit alten Ortskernen oder alten Strandhotels bemüht man sich, bei der Renovierung die alte Architektur zu erhalten. Durch den Ausbau der Abwasseraufbereitung wird die Umwelt entlastet und das Baden an allen Stränden ermöglicht.

Ein großer Vorteil von Rügen ist seine noch relativ unberührte Natur. Um sie zu erhalten hat man Natur- und Nationalparks eingerichtet. Auf Rügen gibt es noch malerische Alleen, die auf alte Handelswege zurückgehen. Sie sollen den Touristen erhalten bleiben. Deshalb wird eine „Deutsche Alleenstraße" ausgeschildert, die von Rügen bis zu den Alpen führen wird. Das erste Teilstück von Sellin nach Altefähr wurde Ende 1992 durch Schilder gekennzeichnet. Alle diese Maßnahmen sollen den Touristinnen und Touristen auf Rügen die Natur näher bringen, sie sollen Urlaub mit der Natur und nicht gegen die Natur machen.

3. Beschreibe und begründe die Entwicklung der Touristenzahlen auf Rügen (Abb. 128.1, Text).

4. „Urlaub mit der Natur und nicht gegen die Natur!" Erläutere diese Aussage mit Hilfe des Textes und der Abb. 128.2 und 129.1.

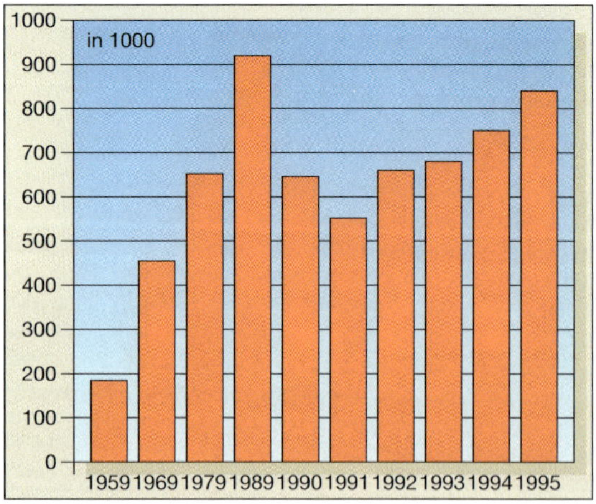

128.1 Entwicklung der Touristenzahlen

128.2 Allee auf Rügen

Naturpark Rügen
770 km² einschließlich Seen und Buchten, fünf Naturschutzgebiete, 600 km Uferlänge, naturnahe Buchenwälder. Kormorane und neun Greifvogelarten brüten auf Rügen; Rastplatz von Zugvögeln: Zehntausende Kraniche, Hunderttausende Gänse und Enten.
Nationalpark Jasmund
3000 ha groß, darunter ein 2500 ha großes, geschlossenes Buchenwaldgebiet. Der Nationalpark beherbergt auf engstem Raum ganz verschiedenartige Naturräume: Wälder, Kliffhänge, Quellen, Seen, Bäche, Moore, Flachwasserzonen der Ostsee.
Kap Arkona
Altenkirchen
Wittow
Wieker Bodden
Tromper Wiek
0 2 4 6 8 10 km
Stubbenkammer
Königsstuhl
Nationalpark Jasmund
Jasmund
Sagard
Sassnitz
Breetzer Bodden
Großer Jasmunder Bodden
Hiddensee
Schaproder Bodden
Eisenbahnlinien
Hauptstraßen
Naturpark Rügen
Aussichtspunkte
Windmühlen
Stein-/Hügelgräber
freigegebene Badestrände und -stellen 1992 (Wasserqualität nach bundesweiten Normen)
Kleiner Jasmunder Bodden
Prorer Wiek
Ummanz
Rügen
Nationalpark Vorpommersche Boddenlandschaft
Bergen
Heide
Binz
Kubitzer Becken
Jagdschloss Granitz
Sellin
Selliner See
Museumseisenbahn
Putbus
Biosphärenreservat Südost-Rügen
Göhren
Strelasund
Stralsund
Garz
Hagensche Wiek
Mönchgut
Rügischer Bodden
Greifswalder Bodden
Nationalpark Vorpommersche Boddenlandschaft
805 km² groß, davon 118 km² Landfläche. Von Rügen gehört nur ein kleiner Teil im Westen zum Nationalpark. Im Schutzgebiet befinden sich mehrere Brutkolonien und Rastplätze von Vögeln. Es ist Lebensraum des seltenen Seeadlers.
Biosphärenreservat Südost-Rügen
Der südöstliche Teil der Insel Rügen wurde 1990 von den Vereinten Nationen zum Biosphärenreservat erklärt. Damit soll die Landschaft in ihrer Gesamtheit geschützt werden. Auf 23 500 ha Land- und Seefläche werden 7 Naturschutzgebiete eingerichtet, unterliegen Landwirtschaft und Fischerei Beschränkungen.

129.1 Rügen

Urlaub im Gebirge

130.1 Wolkenstein

Ski und Rodel gut!

Wolkenstein, in 1563 m Höhe, 2300 Einwohner, am Talende gelegen, umgeben von den mächtigen Dolomitengipfeln Langkofel, Sella, Cir und Stevia, das Wintersportzentrum des Grödnertals, mit einer Spitzenstellung unter den Wintersportorten Europas. Modernste Bahnen und Lifte erschließen direkt vom Dorf aus unzählige und abwechslungsreiche Pisten und Abfahrten für Neulinge und Könner. Seine Höhenlage und die bis über 2300 m hinaufreichenden Skipisten bedeuten Schneesicherheit bis in den April hinein.

(aus einem Prospekt des Verkehrsamtes Wolkenstein)

E 1. Doppelte Saison in Wolkenstein

An den Wochenenden im Winter ist viel los in Wolkenstein. Dann kommen zu den in- und ausländischen Touristen, die ihren Jahresurlaub hier verbringen, die vielen Wochenendurlauber hinzu, die aus Verdichtungsräumen wie z. B. München anreisen. Das gut ausgebaute Autobahn- und Straßennetz macht das möglich. Wolkenstein hat für das Skifahren ideale Voraussetzungen. Kabinenbahnen sowie Sessel- und Schlepplifte bringen die Skifahrer auf die Pisten hinauf, von wo aus sie in langen Abfahrten bis direkt in den Ort hinunterfahren können. Die Wege von den Hotels und Pensionen bis zu den Liften sind so kurz, dass es sich nicht lohnt, das Auto zu benutzen. Daher sieht man ganze Scharen von Urlaubern mit geschulterten Skiern durch Wolkenstein laufen.

„Gleich nach Weihnachten geht es mit dem Betrieb richtig los!“, sagt die Kellnerin in der Pizzeria Rino. „Dann haben wir fast viermal so viele Touristen wie Einheimische. Alle Hotelbetten und Privatquartiere sind belegt, überall ist es voll von Touristen. Vor einigen Jahren hatten wir wegen der vielen Urlauber Probleme: Weil wir keine Eisenbahnverbindung haben, reisen die meisten mit dem Auto an, und so wurden die Parkplätze knapp und der Verkehr im Ort drohte zu ersticken. Wegen des großen Andrangs gab es Schlangen vor den Liften. Jetzt ist es besser geworden, weil die Stadtverwaltung neue Parkplätze angelegt und die Kapazität der Lifte erhöht hat. Außerdem haben wir nun Schneekanonen, die aus Wasser Schnee erzeugen und ihn auf die Pisten schleudern – für den Fall, dass einmal nicht genug Schnee liegt.“

Die Stadtverwaltung bemüht sich, den Ansprüchen der Skiurlauber gerecht zu werden: Sie unterhält neben den Abfahrtspisten auch Langlaufloipen und bietet Skikurse für alle Ansprüche an – vom Anfänger- bis zum Rennläuferkurs.

Viele Geschäfte und Dienstleistungsbetriebe haben sich auf die Bedürfnisse der Urlauber eingerichtet. Es gibt mehrere Sportartikelgeschäfte, Skiverleihstationen, Reparaturdienste und auch neun Ärzte – für alle Fälle. Für die Zeit nach dem Skilauf lädt die Hauptstraße mit ihren Läden, Boutiquen, Cafés und Discos zum Bummel und zur Unterhaltung ein. Rund ein Dutzend Hotels lockt mit Hallenbädern. Auch wer nur zuschauen will, kommt auf seine Kosten: beim Eisstockschießen oder Eishockey in der Eissporthalle oder bei den Veranstaltungen im Kulturhaus.

1. Lokalisiere Wolkenstein auf einer Atlaskarte.
2. Was macht Wolkenstein bei Skiurlaubern so beliebt?
3. Liste die in Wolkenstein möglichen Wintersportarten auf (Abb. 131.1 u. 2, Text).
4. Im Winter ist es im Gebirge kalt, die Tage sind kurz. Was wird den Gästen in Wolkenstein für die Zeit nach dem Skilauf angeboten? Welche weiteren Angebote hältst du für sinnvoll?
5. Zähle Geschäfte und Berufe auf, die vom Wintersport abhängig sind (Abb. 131.3, Text).

131.1 Auf der Piste

131.2 In der Loipe

131.3 Boutiquen

132.1 Gondelbahn am Sellajoch

132.2 Auf der Stevia-Alm

132.3 Minigolf

Der Berg ruft!

Auch im Sommer haben die Berge mit ihren blühenden Alpenwiesen ihren Reiz. So kommen im Sommer viele Touristen nach Wolkenstein, um allein auf markierten Wanderwegen oder aber mit einem Bergführer die Dolomiten kennen zu lernen.

Auch Karin und Ralf haben sich mit ihren Eltern entschlossen, eine geführte Bergtour mitzumachen. Der Weg geht in das Gebiet des Piz Sella und enthält keine schwierigen Kletterpartien, ist also für „Flachländler" gut geeignet.

Am Abend vorher sitzen sie in ihrer Pension zusammen und bereiten sich auf die Wanderung vor. Was soll man anziehen, was soll man mitnehmen? Klar, eine Kniebundhose ist schon richtig. Aber müssen denn bei dem schönen Wetter Pullover und Windjacke auch mit? Ja, denn die Wirtin erzählt, dass sich das Wetter in den Bergen sehr schnell ändern kann. Plötzlich auftretende Gewitter mit Regen, Hagel oder Schnee kommen auch im Sommer vor. Weil Bergwanderungen nur mit dem richtigen Schuhwerk gemacht werden dürfen, muss Ralf trotz aller Proteste die Turnschuhe mit festen Wanderschuhen tauschen. Schließlich werden auch die Rucksäcke gepackt: Obst, Saft, Brote, Heftpflaster. „Vergesst die Sonnenbrillen und die Sonnencreme nicht!", mahnt die Wirtin, „auf dem Berg scheint die Sonne besonders intensiv."

Am nächsten Morgen trifft sich eine zehnköpfige Gruppe vor dem Verkehrsamt. Bergführer Mauro zeigt der Gruppe zunächst einmal den Verlauf der Wanderung auf der Karte. Dann geht es los.

Gleich hinter den letzten Häusern von Wolkenstein führt der Weg in den Nadelwald hinein. Gut, dass alle ihren Pullover dabei haben, denn im Schatten ist es so früh am Morgen noch recht kalt. Der Weg geht steil den Hang hinauf. Nach einer Weile wird der Nadelwald immer lichter und plötzlich steht die Gruppe vor einer großen Wiese. „Wir sind jetzt etwa 2000 m hoch", sagt Mauro, „und haben die Baumgrenze passiert. Hier oben wachsen keine Bäume mehr, denn in dieser Höhe ist die Wachstumszeit für sie zu kurz. Wir sind im Bereich der Almwiesen." Das Gelände ist jetzt relativ eben, der Weg steigt kaum an. Karin und Ralf entdecken beim Weitergehen viele Blumen, die sie nicht kennen. Mauro zeigt ihnen Enzian, Alpendistel, Alpen-Troddelblume und Aurikel. Sie stehen wie viele andere Bergblumen unter Naturschutz. Nach einigen

100 Metern hält Mauro noch einmal an. Jetzt kann man nämlich über den Nadelwald hinweg tief ins Grödnertal blicken. „Da unten liegt Wolkenstein", sagt er. „Weiter links sehen Sie St. Christina. Auf der anderen Seite des Tales ist die 2518 m hohe Seceda noch deutlich zu erkennen."

Mauro führt die Gruppe weiter durch die Almwiesen auf eine gewaltige Felswand zu. Der Weg steigt wieder an. Die Gräser werden immer kleiner und spärlicher. „Wir sind jetzt am Fuß der Sassolungo-Wand auf etwa 2500 m Höhe", erklärt Mauro. „Von hier haben wir noch einmal einen schönen Blick auf die Dolomitengipfel. Sie sehen mit ihren steilen Wänden wie riesige Türme aus. Die Dolomiten sind bei Bergsteigern sehr beliebt, sie sind ein wahres Kletterparadies. Wir machen jetzt unsere Mittagspause und gehen danach zurück, denn weiter oben, wo nur noch nackter, steiler Fels ist, kommen wir ohne richtige Bergsteigerausrüstung nicht mehr weiter."

Die Wanderung ist für alle ein Erlebnis. Zufrieden kehrt die Gruppe am Nachmittag nach Wolkenstein zurück.

Neben den Vorzügen der reizvollen Umgebung Wolkensteins stehen dem Urlauber im Sommer fast alle Einrichtungen zur Verfügung, die man auch im Winterurlaub hat. Auch die meisten Sessellifte und die Kabinenbahnen sind in Betrieb.

Das Verkehrsamt bietet ein umfangreiches Programm mit Trachtenumzügen, Filmabenden, Minigolf- und Tennisturnieren, Fischen, Reiten und Busausflügen an. Der Touristenstrom hat Wolkenstein zu Wohlstand verholfen. Viele Geschäfte und Dienstleistungsbetriebe siedelten sich an, neue Arbeitsplätze im Tourismusgewerbe entstanden. Aber es gibt auch Nachteile dieser Entwicklung. Grünflächen und Gärten im Ort sind mit Hotel- und Erweiterungsbauten zugebaut worden. Für die Autos der Urlauber musste man die Straßen verbreitern und Parkplätze angelegen.

Um die Wasserversorgung und die Beseitigung von Abwasser und Müll der vielen Touristen zu sichern, musste die Gemeinde hohe Summen aufbringen. Fast alle Einwohner des Ortes sind heute mehr oder weniger vom Tourismus abhängig. Was würde passieren, wenn die Touristen ausblieben?

6. Welche Höhen- und Vegetationsstufen durchwandert die Gruppe (vgl. auch mit Abb. 51.1)?
7. Begründe anhand von Abb. 133.1 die Überschrift „Doppelte Saison in Wolkenstein".
8. Liste in einer Tabelle auf, welche Urlaubsmöglichkeiten Wolkenstein im Sommer und im Winter bietet. Welche Maßnahmen hat das Verkehrsamt ergriffen, um die doppelte Saison zu gewährleisten?
9. Wann würdest du Urlaub in Wolkenstein machen? Begründe.
10. Beschreibe anhand von Abb. 133.2 die Entwicklung des Bettenangebots und nenne weitere Veränderungen in Wolkenstein.
11. Nenne Vor- und Nachteile, die sich aus der Entwicklung des Tourismus in Wolkenstein ergeben. Begründe.

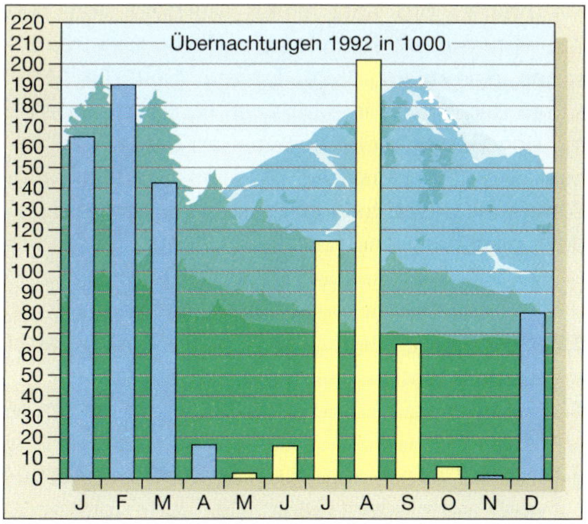

133.1 Übernachtungen in Wolkenstein

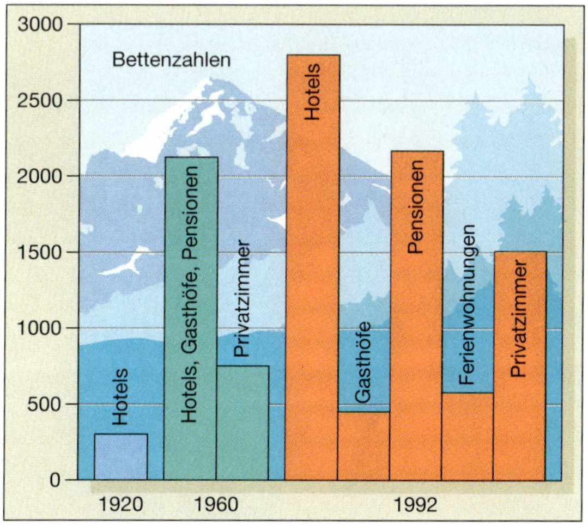

133.2 Bettenangebot in Wolkenstein

134.1 Hotelbauten in den Alpen

134.2 Erosionsschäden auf Skipisten

134.3 Verkehrsbauten in der Schweiz

Frisst der Tourismus die Alpen?

Nicht nur in Wolkenstein, sondern auch in anderen Ferienorten der Alpen nahm die Zahl der Einwohner und die der Touristen ständig zu. Überall mussten Straßen und Parkplätze, Hotels und Skilifte gebaut werden. Die Straßen und Pässe müssen nicht nur den steigenden Güterverkehr, sondern auch die weit über 100 Millionen Urlauber und Wochenendausflügler verkraften. Autoschlangen quälen sich über die Pässe, ihre Schadstoffe drohen die Wälder zu vernichten. 1938 gab es in den Alpen kaum 500 Skilifte, heute sind es über 15 000!

„Bei der Anlage der Pisten werden Baumstümpfe ausgerissen, Unebenheiten mit schweren Schubraupen planiert. Als Folge wird die Grasnarbe aufgerissen, Boden bloßgelegt wie eine offene Wunde. Durch die Pistenwalzen verdichtet sich die Schneedecke, sie wird undurchlässig für Sauerstoff. Die Pflanzen ersticken und verfaulen darunter. Wenn die Pflanzen abgestorben sind, können sie den Boden nicht mehr festhalten und beim nächsten Starkregen wird er abgespült. Ist der Boden erst einmal verschwunden, wächst nichts mehr. Immer bedrohlicher werden die Schäden durch Skiläufer. In Tirol führt jede vierte Piste durch gefährdete Bergwälder. 60 von 100 Bäumen in den Alpen sind geschädigt. Der Verlust der Bäume führt zu starkem Lawinenabgang, zu immer häufigeren gefährlichen Erdrutschen und Überschwemmungen sowie zu verstärkter Erosion.

In den Hütten des Österreichischen Alpenvereins übernachten jährlich eine Million Besucher. Sie häufen pro Jahr einen Müllberg von 560 Kubikmetern an. Gesamtgewicht des österreichischen Bergmülls: 4500 Tonnen. Seit die Menschen den Urlaub in den Alpen schätzen, geht es mit den Bergen bergab. Experten befürchten daher, das Zusammenwirken aller Schädigungen könnte die gesamte Gebirgsregion schon bald unbewohnbar machen."

(nach Berichten der Süddeutschen Zeitung)

12. Beschreibe die in Abb. 134.1 – 3 sichtbaren Beeinträchtigungen der Alpenlandschaft.

13. Erläutere die Folgen des Skitourismus für die Alpen.

14. Macht Vorschläge, wie man die Umweltschäden vermindern kann, die vom Tourismus ausgehen.

2. Wanderurlaub im Thüringer Wald

Endlich ist es soweit. Die Klasse 5a ist unterwegs auf ihrer fünftägigen Klassenfahrt. Diesmal sollte es nicht wieder in eine Großstadt gehen. Die Schülerinnen und Schüler der 5a wollen einmal ein richtiges Wanderabenteuer erleben. Dazu wählten sie sich den Rennsteig, Kammweg des Thüringer Waldes, als Ziel. Auf den drei Wanderabschnitten erleben und genießen sie fast unberührte Natur. Sie lernen mit dem Thüringer Wald einen Teil Ostdeutschlands kennen, in dem man bestrebt ist, einen sanften Tourismus zu erhalten.

1. Verfolgt gemeinsam mit der 5a die Wanderroute entlang des Rennsteigs mit ihren Sehenswürdigkeiten und Besonderheiten.

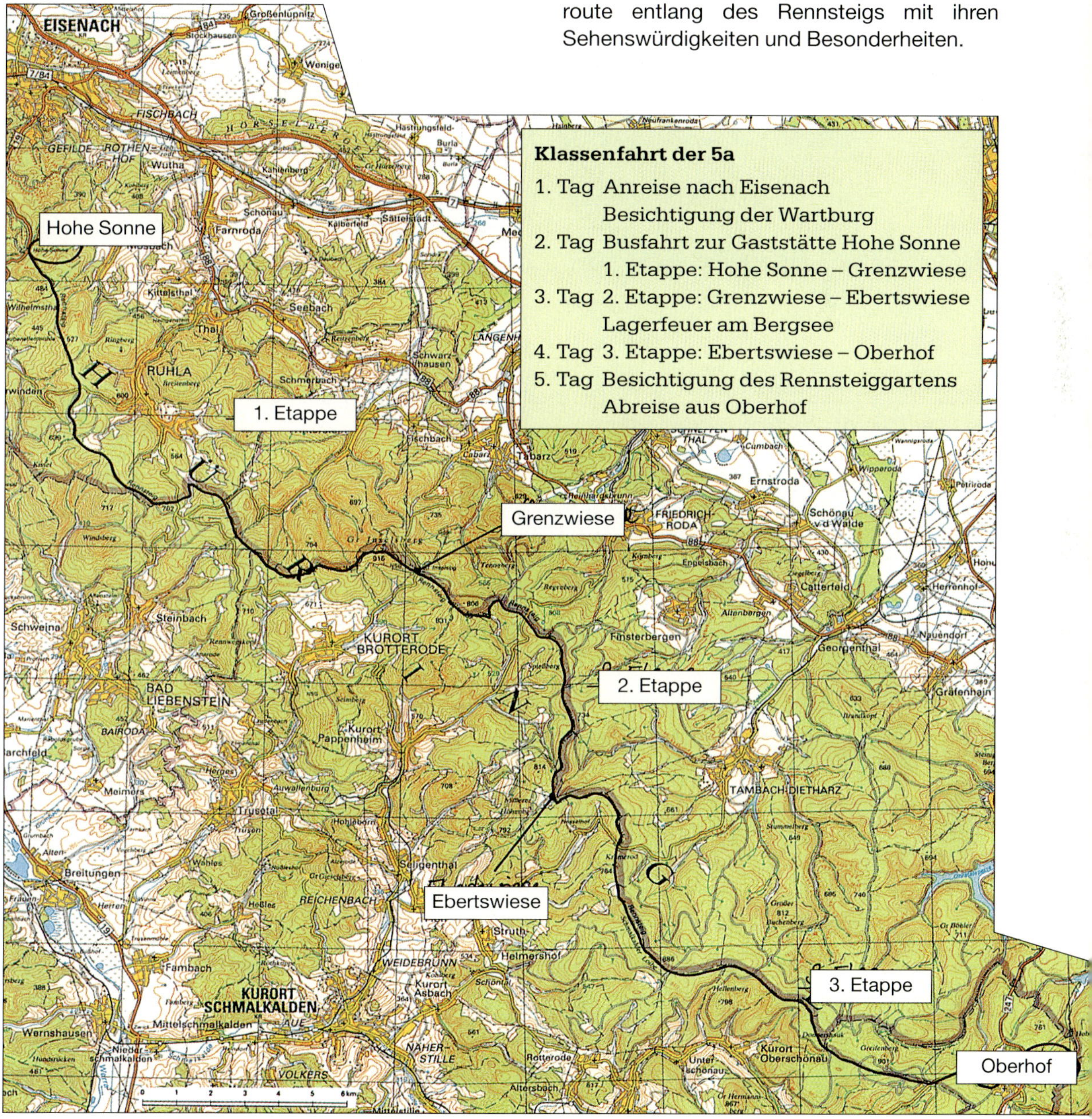

135.1 Die Wanderetappen der Klasse 5a auf dem Rennsteig

Der Rennsteig – Kammweg des Thüringer Waldes

Der Thüringer Wald ist ein **Mittelgebirge** aufgrund seiner Höhe bis 1000 Meter. Er wird außerdem als Kammgebirge bezeichnet. Es ist ein sehr schmales Gebirge mit höchstens 20 Kilometer Breite.

Das Klima wird im Gebirge mit zunehmender Höhe kälter und niederschlagsreicher (vgl. Abb. 52.1). Dadurch ändert sich auch die Vegetation.

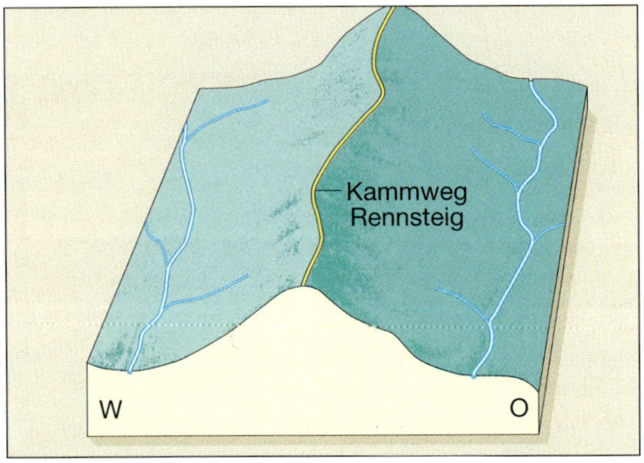

136.1 Der Thüringer Wald und seine Kammlinie

Während in den unteren Lagen Mischwald vorherrscht, ist in den oberen Lagen vor allem Nadelwald anzutreffen. Der Thüringer Wald zählt zu den waldreichsten Gebieten Mitteleuropas. Dort, wo er gelichtet ist, hat man einen weiten Blick über das Gebirge und kann bei klarem Wetter sogar den 100 Kilometer entfernten Harz sehen. Der Thüringer Wald wurde zum Naturpark erklärt, um die seltenen Moore, Bergwiesen und -bäche mit ihrer Tier- und Pflanzenwelt zu schützen.

Über die höchsten Erhebungen des Thüringer Waldes, den Kamm, führt der 120 Kilometer lange Rennsteig. Dieser Weg wurde erstmals im Jahre 1330 als Rynnestig erwähnt. Er war Grenze, Straße und Verbindungsweg zwischen den Passübergängen. Auf dem schmalen Lauf- und Reitweg kamen früher die Boten schnell an ihr Ziel.

Der Name Rennsteig tauchte erstmals im 17. Jahrhundert auf. 1830 begannen die ersten Touristen, den Weg zu begehen. Heute ist er einer der beliebtesten Wanderwege in Ostdeutschland. Wegweiser mit einem großen weißen „R" zeigen dem Wanderer an, dass er sich auf dem Kammweg befindet.

Unsere Rennsteigtour bei Eisenach. Hier befindet sich die 1067 erbaute **Wartburg,** ein Wahrzeichen Thüringens. Nun geht es bergauf zum Rennsteig. Am Ende des ersten Tagesabschnittes auf dem Kammweg erreichen wir den **Großen Inselsberg** mit Gaststätte, Funk- und Fernsehturm. Unterhalb des Berges erwarten uns schon die Übernachtungsquartiere, die Wanderhütten auf der Grenzwiese. Höhepunkt der zweiten Wanderetappe ist der **Spitterfall.** Der größte natürliche Wasserfall des Thüringer Waldes stürzt in drei Stufen eine 20 Meter hohe Felswand hinunter. Das Getöse der herabstürzenden Wassermassen ist weithin zu hören. Unterhalb des Spitterfalls befindet sich ein Steinbruch, in dem wertvolles Gestein abgebaut wird. Aber Vorsicht: Betreten verboten! In der Gaststätte auf der Ebertswiese haben wir uns nach dem erlebnisreichen und anstrengenden Tag unser Abendbrot verdient.

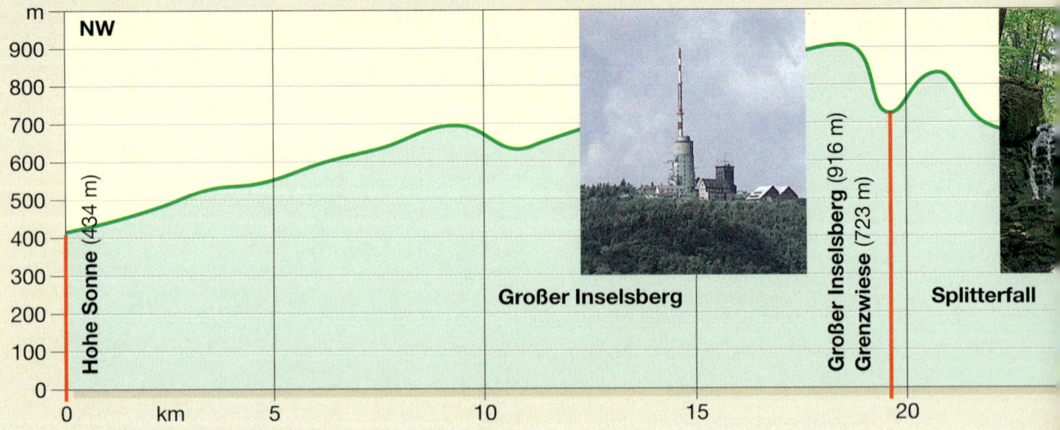

136.2 Die Wanderroute

Sanfter Tourismus in Kleinschmalkalden

Unweit vom Rennsteig liegt der idyllische Ferienort Kleinschmalkalden.

Die Kleinschmalkaldener sind bestrebt, für ihren Ort einen sanften Tourismus zu erhalten. Dafür werben sie nicht nur bei der Bevölkerung in Ostdeutschland. Auch in den Zeitungen Hamburgs und des Ruhrgebietes sind ihre Annoncen zu finden (s. Abb. 137.1).

In Gebieten mit sanftem Tourismus wird auf den Bau zusätzlicher, die Landschaft belastender Fremdenverkehrseinrichtungen verzichtet. Die Urlauber nutzen bereits vorhandene Einrichtungen der dort lebenden Bevölkerung mit. Diese Art Tourismus wird in Einklang mit der Natur und der einheimischen Bevölkerung gestaltet.

Vom Frühling bis Herbst zieht es Wanderer in diese Gegend. Im Winter sind es die Wintersportler, die vor allem Langlauftouren unternehmen. Hier gibt es keine künstlich geschaffenen Pisten mit Sesselliften wie in den Alpen. Natürliche Skihänge und gespurte Loipen befinden sich jedoch in der Nähe. Alte Schlepplifte wurden stillgelegt.

137.1 Zeitungsanzeige

Preiswerte Privatzimmer und Ferienwohnungen sowie sieben Gaststätten garantieren einen schönen Urlaub zu allen Jahreszeiten.

Die Landschaft soll nicht durch große Freizeiteinrichtungen und Hotels zugebaut werden. Der Urlauber soll hier auch weiterhin die schöne Natur genießen können.

1. Lokalisiere auf einer Atlaskarte den Thüringer Wald; beschreibe seine Lage in Deutschland.
2. Erkläre den Begriff „sanfter Tourismus“. Sprich über die Bemühungen der Bürger von Kleinschmalkalden, diese Art von Tourismus zu gestalten (Abb. 137.1, Text).
3. Erläutere die Sehenswürdigkeiten, die du entlang des Rennsteiges entdecken kannst (Abb. 135.1, 136.2).

Nahe der Ebertswiese stoßen wir auf eine Landschaft, die uns an eine Indianerkulisse wie in den Karl-May-Filmen erinnert. Wir sind am Bergsee. Hier wurde ein ehemaliger Steinbruch mit Wasser gefüllt. Es entstand ein Naturbad, das viele Wanderer zur Erfrischung nutzen. Wir verlassen das Gebiet des Bergsees und gelangen bald zur **Alten Ausspanne.** Hier querte schon im 14. Jahrhundert eine Straße den Rennsteig. Das alte Pflaster ist noch zu erkennen. Beschwerlich war der Weg mit dem Pferdewagen über den Kamm des Thüringer Waldes. Am Rennweg angekommen, spannten die Fuhrleute früher hier ihre erschöpften Pferde aus und setzten ihre Fahrt mit frischen Pferden fort. Endlich erreichen wir unser Endziel, den Ort **Oberhof.** Hier können wir viele Wintersporteinrichtungen wie z.B. Sprungschanzen und eine Rennrodelbahn besichtigen, auf denen schon viele internationale Wettkämpfe stattfanden.

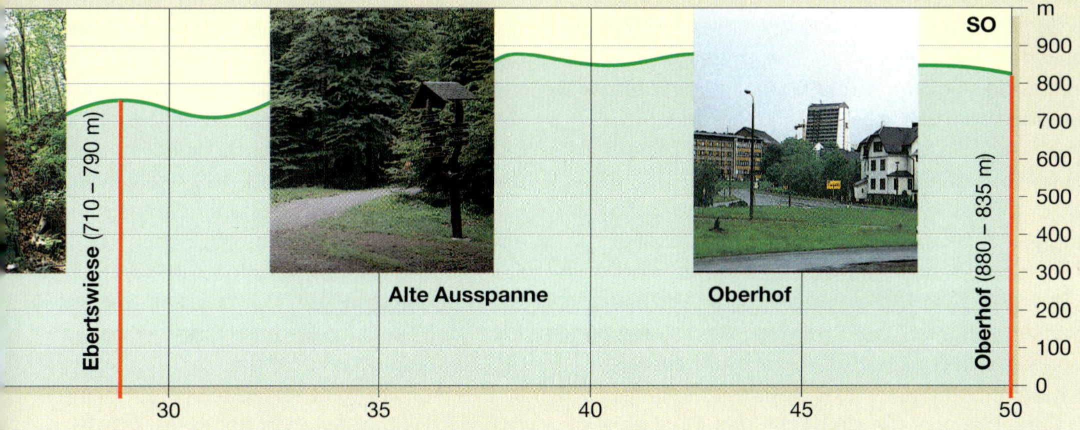

Übersicht: Erholungsgebiete in Deutschland

Es gibt unterschiedliche Möglichkeiten der Erholung. Bei der innerstädtischen Erholung wollen die Menschen Freizeitmöglichkeiten am Wohnort vorfinden. Am Wochenende fahren viele Erholung Suchende in Freizeitparks, in nahe gelegene Wälder und Naturparks oder zu anderen Ausflugszielen. Diese Erholungsart nennt man **Naherholung.** Diejenigen, die einen längeren Urlaub machen, suchen oftmals Feriengebiete auf, die auch weiter entfernt liegen können. Die nebenstehende Karte (Abb. 139.1) zeigt die wichtigsten **Erholungsgebiete** in Deutschland.

Die Nordseeküste mit den Ost- und Nordfriesischen Inseln und die Ostseeküste sind die Haupturlaubsgebiete in Deutschland. Attraktiv sind die Seebäder auch wegen ihres Klimas. Es wird (besonders an der Nordsee) auch als „Reizklima" bezeichnet. Der Salzgehalt der Luft sowie der ständig wehende Wind „reizen" den Organismus und wirken sich so günstig für die Gesundheit aus. Deshalb werden Menschen bei bestimmten Krankheiten zur Kur an die See geschickt.

Nicht alle Erholung Suchenden vertragen dieses Klima. Manche ziehen ihm das Schonklima der Mittelgebirge vor. Durch Waldreichtum und gemäßigte Temperaturen im Sommer wirkt sich der Aufenthalt im Mittelgebirge beruhigend auf den Menschen aus. Die deutschen Mittelgebirge ziehen auch wegen ihres vielseitigen Landschaftsbildes viele Touristen an. In den höheren Lagen der Mittelgebirge ist in der kalten Jahreszeit Wintersport möglich. Im Sommer stehen dem Urlauber neben dem Wandern eine Vielzahl von Freizeitmöglichkeiten zur Verfügung. Die Fremdenverkehrsverbände der Städte und Gemeinden bieten den Urlaubern oftmals ein vielseitiges Ferienprogramm an. Aus diesen Gründen haben die Mittelgebirge fast das ganze Jahr über Saison.

Hinzu kommt, dass in einigen Mittelgebirgen Mineralquellen (Wasser mit gelösten Mineralien wie z. B. Kochsalz oder Schwefel) zu finden sind. Auch Thermalquellen, die warmes oder heißes Quellwasser enthalten, kommen vor. An solchen Orten entwickelten sich Kurorte mit umfangreichen Kureinrichtungen (z. B. Kurmittelhäuser, Bäder, Parkanlagen), die den Erholung Suchenden und Kurpatienten zur Verfügung stehen.

Die Alpen haben zweimal im Jahr Saison. Im Winter kommen viele Urlauber zum Skifahren und um andere Wintersportarten zu betreiben. Im Sommer sind es die Wanderwege und die Klettermöglichkeiten, die viele Urlauber anlocken, aber auch die landschaftliche Schönheit des Hochgebirges ist ein Grund, in die Alpen zu fahren. In den letzten Jahren war festzustellen, dass auch in den übrigen Jahreszeiten immer mehr Touristen in die Alpen kommen. Deutschland hat zwar nur einen kleinen Anteil am Alpenraum, doch ist auch hier der Tourismus weit verbreitet. Aus den großen Städten des Alpenvorlandes fahren viele Menschen auch zum Wochenendurlaub in die Alpen.

Außer diesen drei großen Ferienlandschaften gibt es in Deutschland noch weitere Erholungsräume, wie die Wald-, Moor- und Heidegebiete. Außerdem liegen z. B. an den Binnenseen der Holsteinischen und Mecklenburgischen Seenplatten beliebte Ferienorte.

Viele Erholungsgebiete wurden so stark besucht, dass man Vorkehrungen treffen musste, um Tiere und Pflanzen vor dem Ansturm der Touristen zu schützen und dem Erholung Suchenden die Natur zu bewahren. Deshalb hat man gefährdete Erholungsgebiete zu Naturparks, Naturschutzgebieten und Landschaftsschutzgebieten erklärt. Für ihre Nutzung sind genaue Regeln und Vorschriften festgelegt worden.

1. Ordne die in Abb. 139.1 eingetragenen Erholungsgebiete mit Hilfe des Atlas den Bundesländern zu.

2. Stelle fest, welche Erholungsgebiete an der Küste, im Mittelgebirge und im Tiefland liegen. In welcher Landschaft würdest du gerne deine Ferien verbringen? Begründe.

3. Viele Bewohner von Verdichtungsräumen fahren am Wochenende gerne in ein Erholungsgebiet, wenn die Anfahrt nicht zu lange dauert. Stelle anhand Abb. 139.1 fest, welche Erholungsgebiete in einem Umkreis von jeweils 100 km von Hamburg, Berlin, Leipzig, Dortmund, Frankfurt, Stuttgart und München zu erreichen sind.

4. Zählt auf, wo ihr oder eure Eltern schon einmal Urlaub gemacht haben.

5. In Deutschland gibt es vielfältige Erholungsgebiete. Warum machen trotzdem viele Menschen Urlaub im Ausland?

139.1 Erholungsgebiete in Deutschland

Wir untersuchen einen Raum – Ferieninsel Wangerooge

In den bisherigen Kapiteln hast du viele verschiedene Räume in Deutschland kennen gelernt. Ab und zu hast du auch die Grenzen überschritten und einen Blick in europäische Nachbarländer geworfen.

Wenn du noch einmal zum Anfang des Buches (Seite 6/7) zurückblätterst, findest du einige der Leitfragen, unter denen ein Raum untersucht werden kann. So hast du einige verschiedenartige Regionen in Deutschland jeweils unter einer ganz bestimmten Fragestellung kennengelernt:

- Welche landwirtschaftlichen Produkte werden hergestellt?
- Welche Industrien sind vorherrschend?
- Ist es ein städtischer oder aber ein ländlicher Raum?
- Warum eignet sich die Region besonders für ein Erholungsgebiet?

Diese Fragen weißt du jetzt zu beantworten und du kannst begründen, warum die Räume unterschiedlich genutzt werden. Allerdings haben wir die Regionen nicht jeweils unter allen geographischen Fragestellungen untersucht. Es wurde eine Auswahl getroffen. So hast du in jeder Region nur einen bestimmten Aspekt kennen gelernt.

Auf den folgenden Seiten wirst du einmal anders vorgehen, um einen Raum zu untersuchen. Am Beispiel der Insel Wangerooge soll verschiedenen geographischen Fragestellungen nachgegangen und ein Raum in seiner Gesamtheit vorgestellt werden. Einiges von dem, was du in den vergangenen Kapiteln kennen gelernt hast, wirst du hier wiederfinden, denn in jedem Raum sind unterschiedliche Faktoren wirksam, die sich gegenseitig beeinflussen. Einiges wird aber auch anders sein. Sicherlich wirst du dann herausfinden, was anders ist und warum es diese Unterschiede gibt. Dies hast du nämlich in den vorherigen Kapiteln gelernt.

Natürlich weißt du, dass Wangerooge eine bekannte deutsche Ferieninsel ist. So gibt es viel zu beobachten und zu schildern: die Fahrt durch das Wattenmeer zur Insel, die Insel-Eisenbahn, den Leuchtturm, die weiten Strände …

Weißt du aber auch, dass Wangerooge in einem Nationalpark liegt? Oder weißt du, wie die Insulaner früher, vor der Entwicklung Wangerooges zum Fremdenverkehrsort, lebten?

Sicher wirst du die Insel einmal mit ganz anderen Augen sehen. Viel Spaß auf Wangerooge!

142.1 Dünenlandschaft

1. Der Naturraum

Wangerooge ist mit 9 km Länge und einer Breite zwischen 0,5 km und 1,5 km die zweitkleinste der Ostfriesischen Inseln. Der Name „Wangerooge" leitet sich aus dem altgermanischen Wort „wanga" (Ebene, Wiese) und dem friesischen Wort „og" (Insel) ab.

Vom Festland ist Wangerooge durch das **Wattenmeer** (vgl. auch S. 41) getrennt, das an dieser Stelle etwa 8 km breit ist. Dieses Gebiet ist durch den ständig wechselnden Wasserstand der Nordsee gekennzeichnet. Mit steigendem Wasser, der **Flut,** wird das Watt vom Meer überspült. Mit Erreichen des **Hochwassers** ist der Wasserspiegel um etwa 2,5 m gestiegen. Bei ablaufendem Wasser, der **Ebbe,** breiten sich weite Sand- und Schlickflächen aus. Wenn **Niedrigwasser** erreicht ist, werden diese Flächen nur noch von wenigen Wasser führenden Rinnen, den Prielen, durchzogen. Die im gleichmäßigen Rhythmus ablaufenden Wasserstandsänderungen nennt man **Gezeiten** oder **Tide.**

Die Insel besteht von Natur aus nur aus Sandflächen und bewachsenen Dünen. An der Seeseite befinden sich die weiten Strände, von denen aus man schnell in tiefes Wasser kommt. Zum Strand gelangt man über die mehrere Meter hohen Dünen. Sie erstrecken sich in einem weiten Bogen über die gesamte Insel.

In den vergangenen Jahrhunderten hat sich die Form der Insel ständig verändert (s. S. 146). Die starke Strömung des Wassers, die Wellen und der vorherrschende Westwind tragen den Sand im Westen der Insel ab und lagern ihn teilweise im Osten wieder an. Auch heute wandert die Insel noch. Um den Strand nahe des Ortes erhalten zu können, müssen jedes Frühjahr über 80 000 m^3 Sand vom Ostteil der Insel mit Lastwagen zum Hauptstrand zurücktransportiert werden.

1. Lokalisiere Wangerooge in einer Atlaskarte.
2. Arbeite mit dem Luftbild auf Seite 140/141:
   - Wo liegt Norden?
   - Wo ist die See-, wo die Wattseite?
   - Nenne die Stellen, an denen der Sand abgetragen bzw. abgelagert wird.
   - Wo befinden sich die breitesten Strände Wangerooges?
3. Lege eine Tabelle mit allen größeren West-, Ost- und Nordfriesischen Inseln an. Welche dieser Inseln gehören nicht zu Deutschland?
4. Erläutere die Gezeiten anhand von Abb. 143.1.
   - Vergleiche die beiden Fotos.
   - Erläutere das Entstehen der Gezeiten.
   - Wie lange dauern Ebbe und Flut, wie lang ist eine Tide?
   - Was versteht man unter Niedrigwasser und Hochwasser? Wie oft treten Hoch- und Niedrigwasser in 24 Stunden auf?

Tidekurve

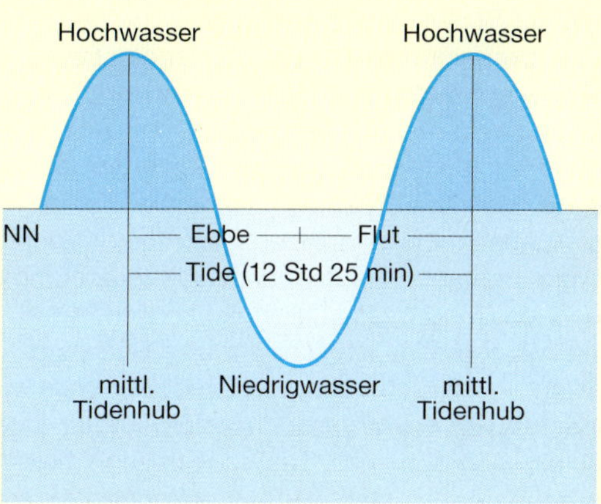

Tidekalender Wangerooge			***Juli 1990***	
Tag	Hochwasser		Niedrigwasser	
6.7.	6.42	19.23	0.25	13.11
7.7.	8.01	20.41	1.47	14.37
8.7.	9.14	21.50	3.06	15.51
9.7.	10.14	22.49	4.14	16.53
10.7.	11.06	23.42	5.12	17.48
11.7.	11.54	–	6.05	18.39
12.7.	0.32	12.40	6.53	19.26
13.7.	1.18	13.24	7.37	20.09
14.7.	2.01	14.08	8.18	20.50
15.7.	2.44	14.54	9.00	21.32
16.7.	3.29	15.42	9.45	22.16
17.7.	4.15	16.32	10.31	23.00
18.7.	5.04	17.30	11.22	23.53
19.7.	6.03	18.40	–	12.26
20.7.	7.16	20.01	1.02	13.49

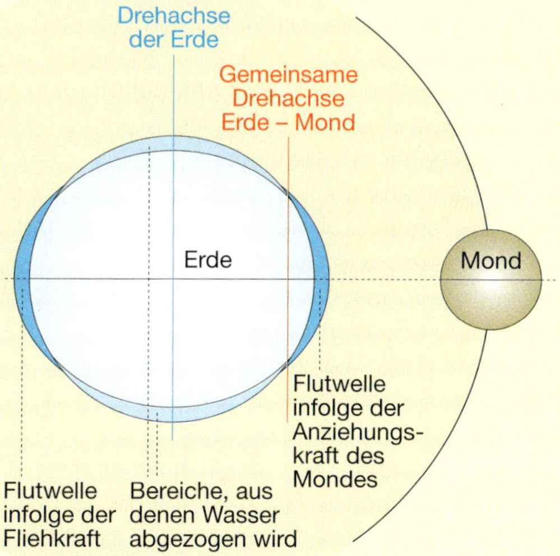

Entstehung von Ebbe und Flut

Erde und Mond sind in ständiger Bewegung: Die Erde dreht sich an einem Tag um ihre eigene Achse, der Mond bewegt sich in 28 Tagen um die Erde. Beide zusammen drehen sich in einem Jahr um die Sonne. Zwei unterschiedliche Kräfte sorgen dafür, dass das Wasser der Meere in Bewegung ist: Die Anziehungskraft des Mondes und der Sonne sowie die Fliehkraft durch die Drehung der Erde.

Auf der Seite der Erde, die dem Mond zugewandt ist, ist die Anziehungskraft des Mondes stärker als die Fliehkraft. Hier wird das Meerwasser zu einem Wasserberg zusammengezogen, es ist Flut. Auf der mondabgewandten Seite ist die Fliehkraft größer als die Anziehungskraft. So entsteht ein weiterer Wasserberg, auch hier ist Flut.

Gleichzeitig wird das Wasser aus den anderen Bereichen der Weltmeere abgezogen; dort ist Ebbe.

143.1 Die Gezeiten

144.1 Wattwanderung

Monat	Gästezahlen	Übernachtungen
Januar	822	8 628
Februar	880	9 472
März	5 786	50 349
April	4 989	60 732
Mai	9 799	99 013
Juni	8 177	97 002
Juli	13 739	177 456
August	12 176	180 203
September	7 111	93 293
Oktober	7 376	65 422
November	592	10 533
Dezember	2 103	14 530
Summe	73 550	866 633

144.2 Tourismus auf Wangerooge (1991)

144.3 In der Fußgängerzone

2. Urlaub auf Wangerooge

Der weite Badestrand vor der Strandpromenade zieht viele Urlauber in den Sommermonaten nach Wangerooge. Man kann hier in der Sonne liegen und faulenzen, aber auch auf gemieteten Fahrrädern die Insel erkunden. Viele Gäste unternehmen auch eine Wattwanderung. Ein ortskundiger Führer erzählt dabei viel über die Pflanzen und Tiere sowie andere Besonderheiten des Wattenmeeres. Auch auf die Gefahren durch die Gezeiten weist er immer wieder besonders hin.

Für viele Urlauber ist das Schwimmen und Toben in den Wellen ein besonderes Erlebnis. Das Baden ist allerdings wegen der Strömung des Wassers gefährlich. Außerdem darf nur bei Flut im Meer geschwommen werden, denn selbst für geübte Schwimmer ist es unmöglich, gegen den Ebbstrom voranzukommen. So ist das Baden nur an gekennzeichneten und während der Badezeit bewachten Abschnitten des Strandes erlaubt.

Für die Unterhaltung der Gäste gibt es Konzerte, Vorträge, Theateraufführungen, Tanz, Ausstellungen und vieles andere mehr. Bei schlechtem Wetter kann man in der Fußgängerzone bummeln oder das Meerwasserhallenbad besuchen.

Wangerooge ist nicht nur eine Badeinsel. Vor allem im Frühjahr und im Herbst kommen viele Gäste wegen der gesundheitsfördernden Eigenschaften des Klimas. Die saubere Luft heilt vor allem Haut- und Atemwegserkrankungen. Als anerkanntes Heilbad verfügt Wangerooge über Einrichtungen für Kuren und ärztliche Behandlungen.

1. Stelle fest, mit welchen Verkehrsmitteln Wangerooge zu erreichen ist (Atlas).
2. Arbeite mit der Klimatabelle 145.2.
   - Wann erreichen Luft und Wasser die höchste Temperatur, wann scheint die Sonne am meisten, wann regnet es häufig?
   - In welchem Monat ist es am günstigsten, einen Badeurlaub zu machen?
3. Stelle fest, wann Hauptsaison und wann Nebensaison ist (Abb. 144.2). Überlege, aus welchen Gründen die Gäste zu den verschiedenen Jahreszeiten auf die Insel fahren.
4. Stelle in einer Tabelle zusammen, welche Freizeitaktivitäten bei gutem und welche bei schlechtem Wetter möglich sind. Benutze dazu auch die Karte 145.1.

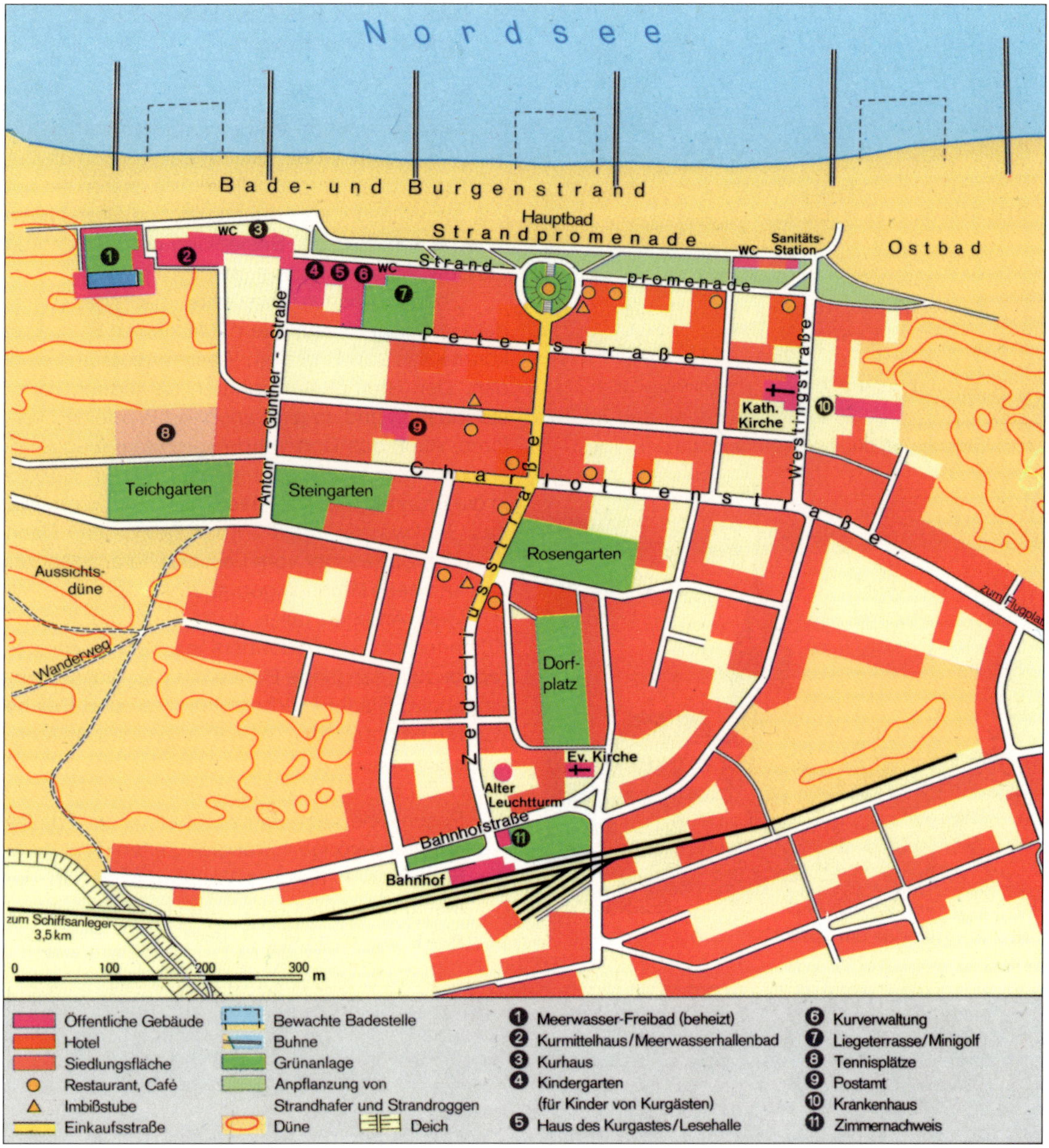

145.1 Ortsplan von Wangerooge

	J	F	M	A	M	J	J	A	S	O	N	D	Jahr
°C Luft	1,3	1,1	3,3	6,9	11,0	14,6	16,1	16,5	14,6	10,8	6,1	2,8	8,8
mm Niederschlag	60	42	42	41	56	63	91	96	87	73	75	69	795
°C Wasser	6	3	3	5	9	14	18	18	17	15	11	7	10,5
Sonnenscheindauer in Std./Tag	2	2	4	7	8	7	7	6	5	3	2	1	4,5

145.2 Klimatabelle von Wangerooge

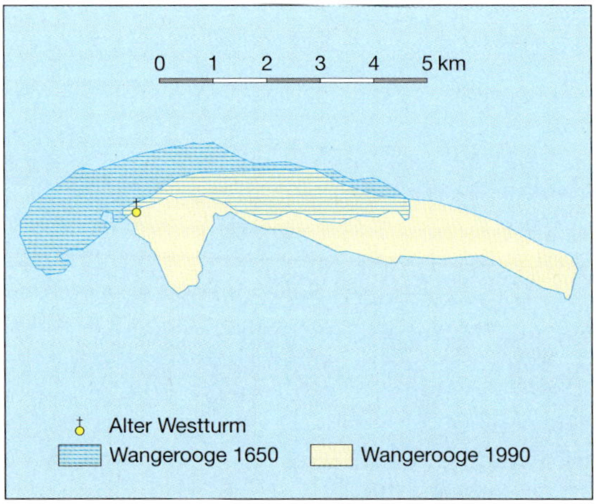

146.1 Verlagerung der Insel Wangerooge

146.2 Wangerooge um 1820

3. Das Leben der Inselbewohner hat sich verändert

Nicht immer konnten die Einwohner in dem heutigen Wohlstand leben. Bevor der Tourismus zur wichtigsten Einnahmequelle wurde, waren sie auf das angewiesen, was die natürlichen Grundlagen ihnen boten. Seit der Besiedlung der Insel lebten die Bewohner in Abhängigkeit vom Meer.

Ununterbrochen versuchte man, das Wandern der Insel zu verhindern. Mit kleinen Erdwällen konnte das Land vor dem Wasser geschützt werden. Den Sturmfluten konnten sie jedoch kaum standhalten und so ging auch viel Weideland verloren. Auch das Dorf wurde vom Meer weggerissen und musste wieder aufgebaut werden. Sobald in die Brunnen salziges Meerwasser eindrang, war das Trinkwasser ungenießbar geworden. Dann mussten Süßwasser vom Festland herantransportiert und neue Brunnen gegraben werden.

Viele Arbeiten fallen auch heute noch beim Küstenschutz an. Besonders im Westen Wangerooges hat man lange Buhnen in das Wasser hineingebaut. Starke Uferbefestigungen und Deiche wurden errichtet. Alle Schutzbauten müssen ständig ausgebessert und erweitert werden.

1. Beschreibe den Jahresablauf einer Familie auf Wangerooge in früheren Zeiten (Text).

2. Erläutere, in welcher Weise das Leben der Inselbewohner von der Lage im Meer geprägt war (Abb. 146.1 und 2, Text).

Das Leben der Insulaner in früheren Zeiten

Die Lage der Wangerooger verschlechterte sich um 1730, als sie durch Sturmfluten viel Weideland verloren. Es wurde teils von den Fluten weggerissen, teils durch Flugsand verschüttet. Bei solcher Notlage wurde das seit jeher erhoffte Strandgut um so wichtiger und wenn der Ruf „Schipp op Strand“ durch das Dorf hallte, dann eilte alles an den Strand – weniger um zu helfen, als um das wertvolle Strandgut zu sammeln.

Die kleinen, sandigen Gärten und die knappen Weideflächen, die allenfalls für je eine Kuh, ein halbes Dutzend Schafe und ebenso viele Gänse und Hühner reichten, genügten für die Ernährung der Wangerooger aber keineswegs. Deshalb betrieben die Männer den Sommer über Fischfang und Schifffahrt. Von den letzten Fahrten brachten sie Proviant und einiges Schlachtvieh vom Festland mit. Im Winter kamen die Männer Tag für Tag im Wirtshaus zusammen.

Wichtiger noch als die Schifffahrt und der Fischfang war der „Schillfang“, das Graben von Muschelschalen, die in großen Mengen auf den Schillbänken lagen. Dazu wurde das Schiff bei Ebbe auf Grund gesetzt. Dann wurden die Muschelschalen in großen Sieben von Sand und Schlick freigespült und in das Schiff geschaufelt. Es konnte in etwa zwei bis drei Wochen von drei Männern und drei Frauen gefüllt werden. Die Ladung betrug dann etwa 300 t und wurde zu den Kalkbrennereien verschifft.

(nach Hermann Homann: Wangerooge. Münster 1989)

Auf Wangerooge mit seinen knapp 1200 Einwohnern gibt es heute weder Fischerei, Landwirtschaft noch Industrie. Mehr als die Hälfte aller Erwerbstätigen arbeitet im Gaststätten- und Fremdenverkehrsgewerbe (Kurverwaltung, Beherbergung). Die anderen sind im Einzelhandel, in Handwerksbetrieben, im Bildungssektor und in anderen Dienstleistungsbetrieben (z. B. Gepäcktransport, Steuerberatung) beschäftigt.

Der Fremdenverkehr bietet der ganzen Familie Arbeit. Nicht nur die Eltern betreuen die Urlaubsgäste, auch die Kinder helfen oft mit. In Zeiten hoher Gästezahlen müssen sie daher alle auf ihre Freizeit verzichten. Somit braucht man keine Saisonkräfte einzustellen. Andererseits bildet der Familienbetrieb auch eine finanzielle Grundlage für Jugendliche, die aus der Schule entlassen werden. Insbesondere für die Mädchen gibt es kaum Ausbildungsmöglichkeiten auf der Insel. So müssen sie sich eine Lehrstelle auf dem Festland suchen, wo sie dann die ganze Woche über leben.

Der Tourismus hat zahlreiche Veränderungen im Ortsbild hervorgerufen. Für die vielen Gäste war es nötig geworden, einen festen Anleger für die Fähre von Harlesiel zur Insel zu bauen. Gleichzeitig nahm eine Inselbahn vom Anleger zur Ortsmitte den Betrieb auf, sodass ein großer Bahnhof gebaut werden musste. Restaurants und Gaststätten konzentrieren sich entlang der Hauptstraße. In den Geschäften werden Andenken verkauft und auch Tageszeitungen aus entfernten Regionen bietet man hier an. Hotels und Pensionen prägen das Ortsbild, auch wenn es keine „Betonklötze“ wie in vielen anderen Feriengebieten gibt. Etliche Häuser und Wohnungen sind jedoch die meiste Zeit des Jahres unbewohnt. Sie gehören Gästen auf dem Festland, die sie nur für wenige Wochen als Ferienwohnung nutzen.

Die vielen Urlaubsgäste müssen auch versorgt werden. Mit den Fährschiffen werden Obst, Gemüse, Fleisch, Fisch, Getränke und viele andere Lebensmittel auf die Insel gebracht. Dort verteilt man sie nach den Bestellungen auf die Geschäfte und Restaurants. Gelegentlich wird besonders wichtige Ware auch mit dem Flugzeug auf die Insel transportiert. So können fast alle Wünsche der Urlauber erfüllt werden.

3. Vergleiche die Einwohnerzahl von Wangerooge mit der Zahl der Feriengäste (Abb. 144.2).

4. Stelle Berufe zusammen, die durch den Fremdenverkehr entstanden sind (Text).

5. Erläutere, wie sich das Siedlungsbild verändert hat (Abb. 146.2, 144.3). Achte auch auf die unterschiedliche Nutzung der Gebäude.

6. Stelle mithilfe einer Atlaskarte fest, wo sich auf dem Festland die nächstgelegene größere Stadt befindet. Mit welchen Verkehrsmitteln können Auszubildende dorthin gelangen? Wie lange wird die Fahrt dauern?

147.1 Badebetrieb auf Wangerooge um 1900 und heute

148.1 Anlieferung von Waren

148.2 Die Inselbahn

4. Schutz von Insel und Natur

Die große Anzahl der Touristen birgt auch Gefahren für Wangerooge: Es fallen große Mengen Müll an, dessen Entsorgung schwierig ist. Das Bereitstellen von Energie und Süßwasser erfordert große Anstrengungen, da das Landschaftsbild erhalten und der Naturraum geschützt werden sollen. Andere Belastungen entstehen abseits der Insel. Schadstoffe werden über die Flüsse oder sogar direkt in die Nordsee eingeleitet. Bei Ölbohrungen kann auslaufendes Öl das Wasser verunreinigen. Auch durch militärische Übungen wird der Naturraum auf vielfältige Weise belastet. Für Ruhestörungen sind zum Teil die Schifffahrt und die „Freizeitkapitäne“ verantwortlich.

Heutzutage gibt es fast keine Autos auf Wangerooge; nur ein Kranken- und ein Feuerwehrwagen stehen für Notfälle bereit. Die Gäste können die Inselbahn und Fahrräder benutzen. Gepäck und Waren befördert man mit Fuhrwerken und einigen Elektrokarren. Wer mit dem Auto nach Wangerooge anreist, muss es auf dem Festland auf einem Parkplatz oder in der Garage abstellen.

Der breite Dünengürtel schützt die Insel vor Zerstörungen durch das Meer. Durch Anpflanzungen von Strandhafer, der mit seinem Wurzelwerk den Sand festhält, soll das Wandern der Dünen verhindert werden. Um diese Pflanzen zu schützen, führen befestigte Wege über die Dünen. So kann man trotzdem an den Strand gelangen. Das Wattenmeer erscheint oftmals als eine leblose Schlickwüste. Dabei ist es aber ein wichtiger Lebensraum: Im Winterhalbjahr ist das Watt Rast- und Nahrungsgebiet für zwei bis drei Millionen Vögel aus Nordeuropa. Sie profitieren dabei vom großen Nahrungsreichtum des Watts.

Um den Naturraum zu erhalten, hat man ihn unter Naturschutz gestellt. Der Nationalpark Niedersächsisches Wattenmeer erstreckt sich von Borkum bis nach Cuxhaven. Auch Wangerooge gehört dazu. Das Watt, die Inseln und die Feuchtwiesen sollen geschützt und vom Menschen nicht mehr als notwendig beeinflusst werden. Landwirtschaft, Fischerei und industrielle Nutzung sind nur in ganz engem Rahmen erlaubt oder aber völlig verboten. Die Natur soll sich frei entfalten können und möglichst vielen Pflanzen- und Tierarten eine ungestörte Entwicklung ermöglichen.

1. Stelle in einer Tabelle zusammen, welche Einrichtungen des Fremdenverkehrs auf Wangerooge entstanden sind (S. 144 – 148). Nenne Gefahren, die dadurch für die Umwelt hervorgerufen werden.
2. Welche Maßnahmen hat man auf Wangerooge ergriffen, um den Tourismus verträglich mit der Umwelt zu gestalten (Abb. 148.1, 148.2)?
3. Untersuche, welche Teile Wangerooges durch den Nationalpark besonders geschützt sind (Abb. 149.2).
4. Überlege, welche Interessen bei der Einrichtung des Nationalparks berücksichtigt werden mussten (Text).
5. Erläutere, wie die Natur durch unser Verhalten geschützt werden kann (Abb. 149.1).

Ein Nationalpark – was ist das?

Ein Nationalpark ist ein Gebiet, in dem die Natur weitestgehend sich selbst überlassen bleibt. Das Gebiet soll

- großräumig und von besonderer Eigenart sein,
- vornehmlich der Erhaltung eines möglichst artenreichen heimischen Tier- und Pflanzenbestandes dienen,
- vom Menschen wenig beeinflusst sein,
- einheitlich geschützt werden,
- der Bevölkerung, sofern mit dem Schutzzweck vereinbar, zugänglich gemacht werden.

Im Nationalpark „Niedersächsisches Wattenmeer“ soll die besondere Eigenart von Natur und Landschaft der Wattenregion erhalten und vor Beeinträchtigungen geschützt werden. Sie können Ihren Beitrag dazu leisten, indem Sie besonders folgende Regeln beachten:

- Bitte beachten Sie unbedingt die Hinweisschilder. Sie dienen dem Schutz der dort lebenden Tiere und Pflanzen und der Information der Bürger.
- Bitte weichen Sie nicht von den ausgewiesenen Wegen ab. So wird die Tier- und Pflanzenwelt nicht beeinträchtigt.
- Um die Pflanzendecke in den Dünen zu erhalten, sind vielerorts Stege und Wege gebaut worden. Benutzen Sie nur diese zum Spazierengehen und Wandern. Der Schutz der Dünen ist lebenswichtig für die Inseln.
- Als Wanderer und als Wassersportler sollten Sie Vogelansammlungen meiden und sich auf keinen Fall mehr als 300 m nähern. Die Vögel werden ansonsten bei der Nahrungsaufnahme, beim Brutgeschäft oder bei der Mauser gestört.
- Unternehmen Sie bitte Wattwanderungen nur unter fachkundiger Führung – zu Ihrer eigenen Sicherheit und um unnötige Störungen zu vermeiden.
- Im gesamten Nationalpark dürfen Hunde nicht frei laufen.
- Bitte füttern Sie keine Wasservögel wie Enten und Schwäne auf Teichen, Tümpeln und anderen Gewässern.

149.1 Aus einem Prospekt des Nationalparks

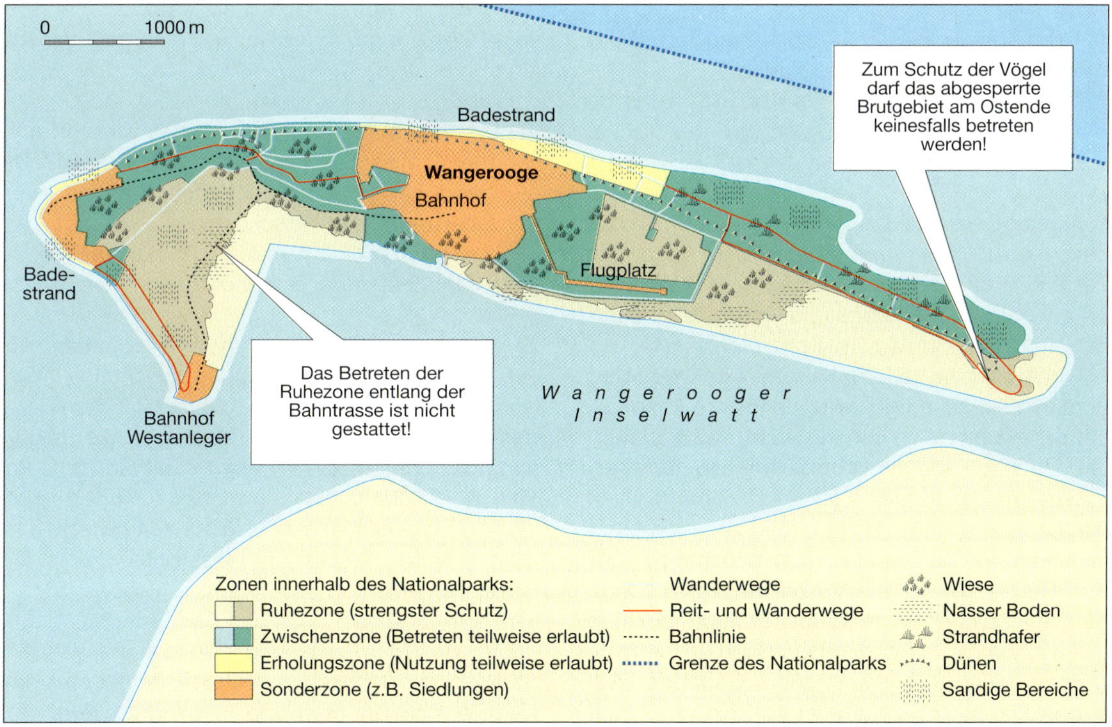

149.2 Nationalpark Wattenmeer: Ausschnitt Wangerooge

Geo- Bau- stein

Landschaft und Kartenbild

> Sondern, 17.7.93
>
> Liebe Alexandra!
>
> Das ist ja ganz toll, dass du mich am nächsten Wochenende besuchen darfst. Leider kann ich dich nicht vom Bahnhof abholen. Deshalb will ich dir den Weg zu uns beschreiben.
> Vom Bahnhof aus gehst du zur Hauptstraße und überquerst sie. Die Straße macht hier einen Bogen um den Ort. Auf der Hauptstraße gehst du etwa 20 Meter in Richtung Attendorn, also in nördlicher Richtung. Dann biegst du nach links in einen schmalen Weg ein. An der Kirche auf die du jetzt zuläufst hältst du dich rechts. Die Straße mündet hinter der Kirche in eine andere Straße rechts ein. Zu beiden Seiten dieser Straße liegen Grünflachen. Jetzt läufst du direkt auf unser Haus zu. Es ist das letzte in einer Gruppe von fünf Reihenhäusern. Vom Bahnhof zu uns sind es nur 300 Meter zu gehen.
>
> Bis Samstag, deine Anja

1. Verfolge auf Karte 151.2 den Weg vom Bahnhof in Sondern zu Anjas Haus.
2. Vergleiche das Luftbild in Abb. 151.1 mit der Karte 151.2. Welche Unterschiede zwischen Luftbild und Karte stellst du fest?

In ihrem Brief hat Anja den Weg mit Worten beschrieben. Sie hätte stattdessen auch eine Zeichnung beilegen können. Eine solche Wegskizze, auf der Straßen, Wege und Gebäude eingetragen sind, ist die einfachste Form einer **Karte.**

In Abbildung 151.2 ist ein Teil des Ortes Sondern als Karte dargestellt. Vergleicht man das Luftbild (Abb. 151.1) mit der Karte, so fallen mehrere Unterschiede auf. Autos, Wohnwagen, Zelte und Boote, die auf dem Luftbild zu erkennen sind, fehlen auf der Karte. Das Luftbild zeigt die Landschaft so, wie sie zu einem ganz bestimmten Zeitpunkt ausgesehen hat. Auf der Karte sind dagegen nur solche Dinge berücksichtigt, die über einen längeren Zeitraum unverändert an ihrem Ort bleiben, beispielsweise Straßen, Gebäude, Wälder und Felder. Eine Karte ist also ein vereinfachtes Abbild der Landschaft.

Häuser, Bäume und andere Dinge können in einer Karte nicht so wiedergegeben werden, wie sie in Wirklichkeit sind. Man verwendet daher auf Karten bestimmte Zeichen und Farben, um verschiedene Dinge darzustellen. Solche Zeichen heißen **Signaturen.** Ein rotes Kästchen mit einem Kreuz darin ist in Karte 151.2 die Signatur für eine Kirche. Dunkelgrün gekennzeichnete Flächen stehen für Wald. Normalerweise hat jede Karte eine Zeichenerklärung, die **Legende.** Hier wird erklärt, welche Bedeutung die Signaturen und Farben in der Karte haben.

3. Erstelle zur Karte 151.2 eine Legende. Verwende dazu auch das Luftbild (Abb. 151.1).

Will man auf einer Karte Entfernungen messen, so kann man dazu die eingezeichnete **Messleiste** verwenden. Die Messleiste zeigt, wie lang die Strecken auf der Karte in Wirklichkeit sind. Zum Messen von Entfernungen ist es am einfachsten, die Messleiste auf den Rand eines Blattes Papier zu übertragen und dieses dann auf die Karte zu legen. Misst man die kürzeste Entfernung zwischen zwei Punkten (z. B. von A nach B in Abb. 151.1), so entspricht diese Entfernung der Luftlinie. Will man von A nach B mit dem Auto fahren, so ist die Entfernung größer, weil die Straße in vielen Kurven verläuft.

4. Zeichne einen Grundriss deines Klassenzimmers. Miss dazu zunächst mit einem Maßband Länge und Breite des Raumes aus. Übertrage die Strecken dann so auf die Zeichnung, dass 1 m in der Wirklichkeit 1 cm in der Zeichnung entspricht.

Zeichnet man den Grundriss eines Zimmers so auf, dass 1 m Wandlänge auf der Zeichnung 1 cm lang ist, so hat man die tatsächlichen Längen hundertmal kleiner dargestellt. Man sagt, die Zeichnung hat einen **Maßstab** von 1 : 100 (sprich: 1 zu 100). Der Maßstab einer Zeichnung oder Karte gibt also an, wie stark im Vergleich zur Wirklichkeit verkleinert wurde. Neben der Messleiste wird in der Regel der Maßstab einer Karte angegeben. Man kann den Maßstab auch aus den Entfernungsangaben der Messleiste und den entsprechenden Strecken auf der Karte berechnen. Entspricht zum Beispiel 1 cm auf der Karte 10 km in der Wirklichkeit, so beträgt der Maßstab 1 : 1 000 000.

151.1 Sondern am Biggesee im Luftbild

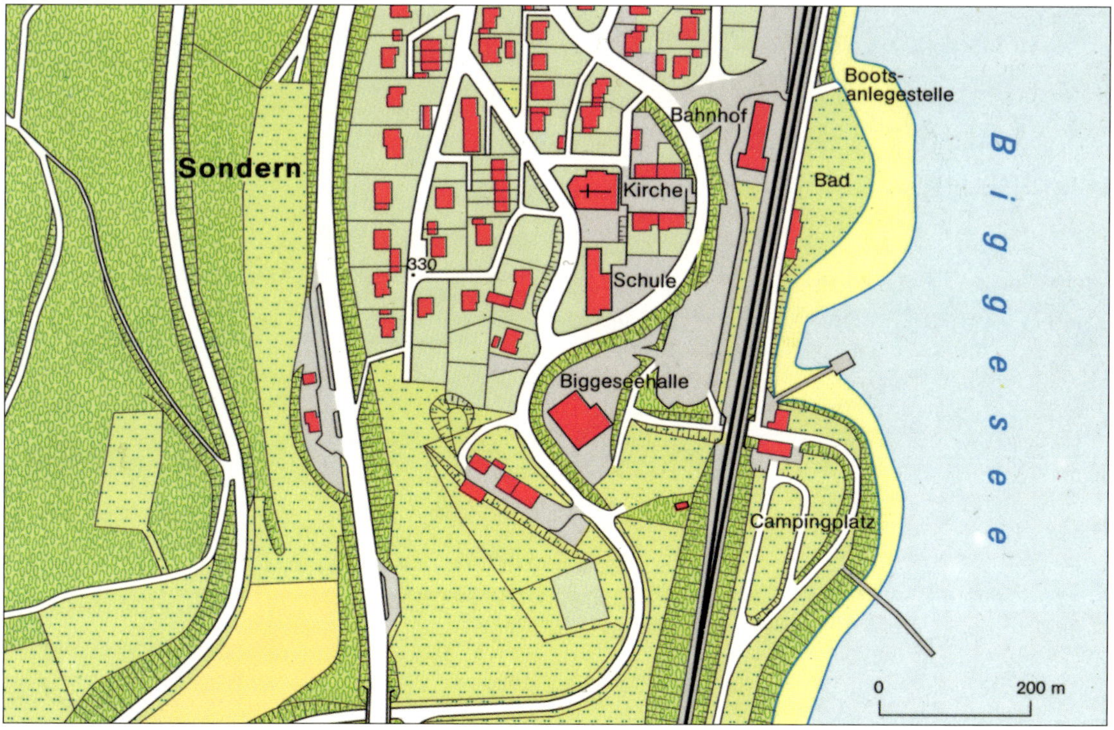

151.2 Sondern am Biggesee im Kartenbild

Geo-Bau-stein

Karten haben viele Gesichter

„Bei klarer Sicht bietet sich vom Feldberg ein herrlicher Blick über Teile des Schwarzwaldes und das Oberrheingebiet bis zu den Vogesen nach Frankreich hinein." So steht es in einem Reiseführer über den Schwarzwald. Gebirge und Ebenen mit Flussläufen wechseln hier auf kurzen Entfernungen miteinander ab. Wie kann man eine solche Landschaft im Kartenbild darstellen?

Weil Karten völlig eben sind, lässt sich das **Relief,** so nennt man die Oberflächenformen einer Landschaft, nicht direkt darstellen. Um verschiedene Höhen im Kartenbild zu verdeutlichen, verfährt man folgendermaßen: Man verbindet zum Beispiel alle Punkte auf der Karte, die 250 m über dem Meeresspiegel liegen, mit einer Linie. So erhält man eine **Höhenlinie.** Dann zeichnet man eine entsprechende Höhenlinie für alle Punkte, die 500 m hoch liegen. Die Fläche zwischen den beiden Höhenlinien wird dann mit einer Farbe gekennzeichnet. So erhält man eine **Höhenschicht.** Tiefländer werden meist grün dargestellt, Gebirge in verschiedenen Brauntönen. Je höher das Gebiet liegt, um so dunkler wird der Braunton (vgl. Legende zu Karte 152.1). Karten, auf denen außer den Oberflächenformen auch Gewässer, Städte und wichtige Verkehrswege eingetragen sind, heißen **physische Karten.**

Manchmal ist es besonders anschaulich, eine Landschaft nicht von oben betrachtet darzustellen wie in einer normalen Karte, sondern im Querschnitt. Einen solchen Landschaftsquerschnitt nennt man auch **Profil** (vgl. Abb. 152.2).

1. Beschreibe das in Abb. 152.1 und 152.2 dargestellte Relief von Westen nach Osten.

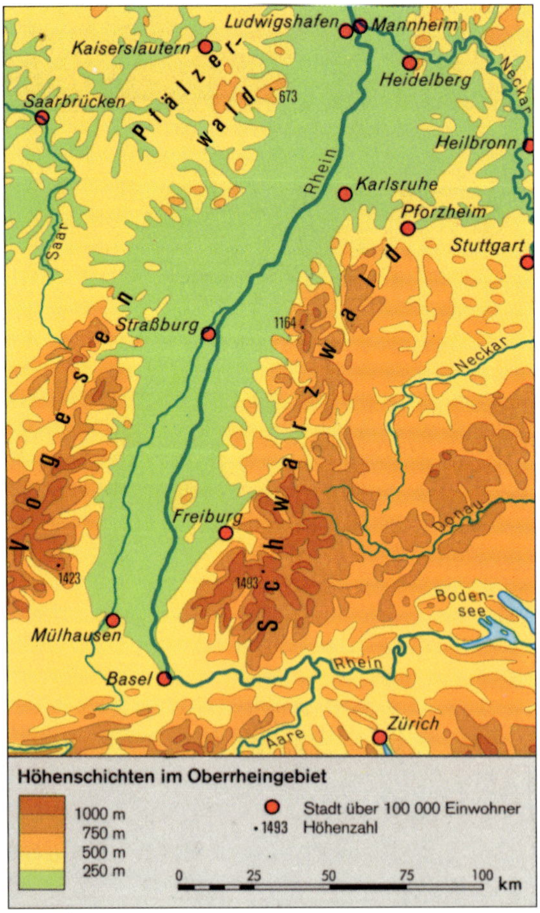

152.1 Karte mit Höhenschichten

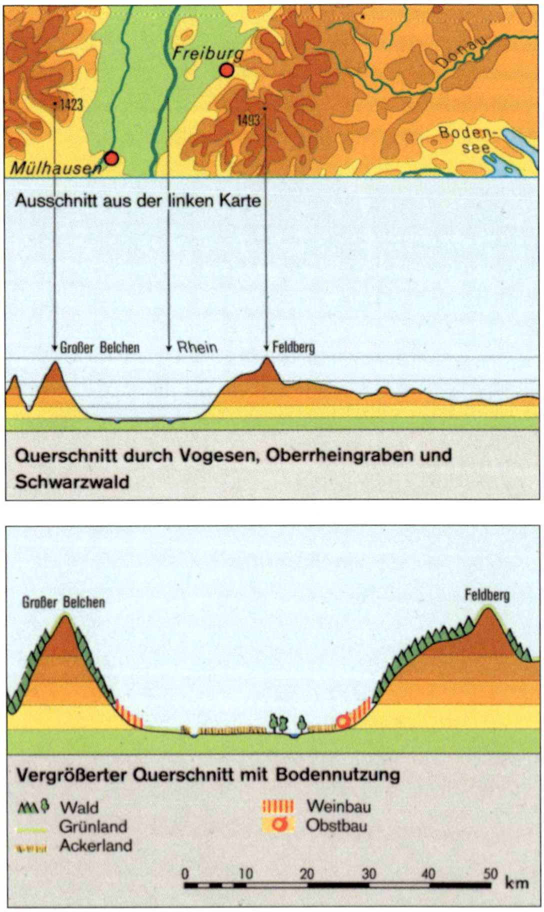

152.2 Landschaftsprofile

2. Auf welchen Höhenschichten liegen Karlsruhe und Stuttgart (Karte 152.1)?
3. Welche Bedeutung haben die schwarzen Punkte mit den Zahlen auf Karte 152.1?
4. Vergleiche die Karte 152.1 mit dem Profil in Abb. 152.2. Warum reicht ein Profil nicht aus, um die Oberflächenformen eines größeren Gebietes darzustellen?

Physische Karten dienen der allgemeinen Orientierung über die Oberflächengestalt der Erde und die Lage von Orten. Blättert man in einem Atlas, so sieht man, dass nicht alle Karten physische Karten sind. Manche Karten sind der Darstellung eines ganz bestimmten Themas gewidmet. So gibt es zum Beispiel Karten, die die Bodennutzung oder das Vorkommen von Bodenschätzen zeigen. Solche Karten mit einem ganz bestimmten eng begrenzten Inhalt heißen **thematische Karten.**

Betrachtet man eine Bodennutzungskarte (Karte 153.1), so sieht man, dass verschiedene Bodennutzungen mit unterschiedlichen Farben gekennzeichnet sind. Im Gegensatz zu den physischen Karten bedeutet hier die Farbe grün nicht Tiefland, sondern Wald. Auch bei thematischen Karten muss man also erst die Legende anschauen, bevor man die Karte verstehen kann.

5. Beschreibe die Bodennutzung im Oberrheingebiet nach Karte 153.1. Welche Gebiete sind stark bewaldet? Wo findet man vorwiegend Ackerbau oder Grünland?
6. Beschreibe nach Karte 153.2, wo im Oberrheingebiet viele Menschen wohnen, wo nur wenige.
7. Vergleiche Karte 153.2 mit Karte 152.1. Welchen Zusammenhang erkennst du zwischen dem Relief und der Bevölkerungsdichte?

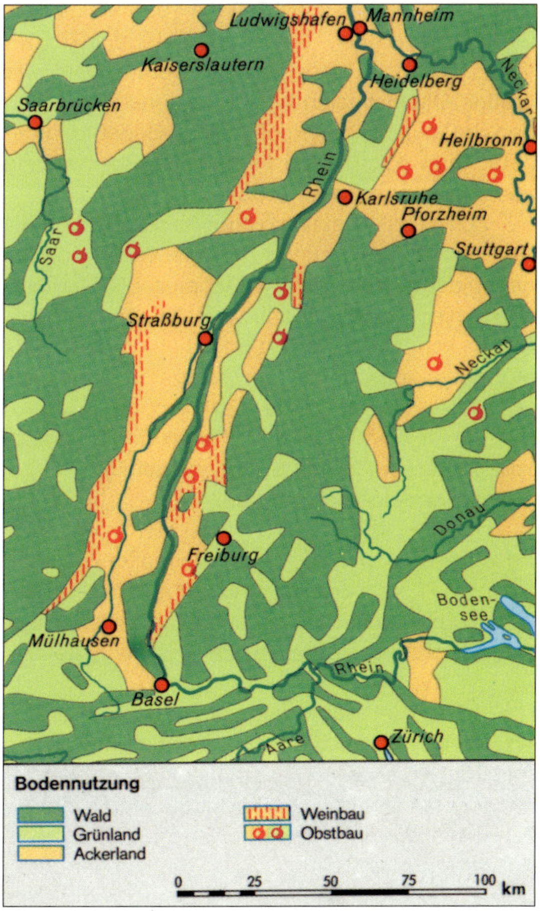

153.1 Karte der Bodennutzung

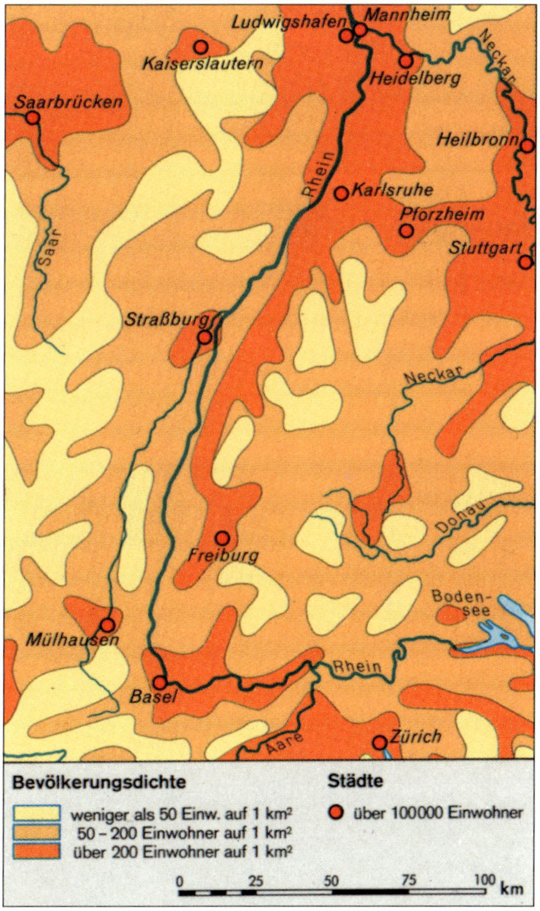

153.2 Karte der Bevölkerungsdichte

	1950	1970	1988
Bundesrepublik Deutschland	74	102	109
DDR	136	257	310
Summe	**210**	**359**	**419**

154.1 Braunkohlenförderung in Deutschland (Mio. t)

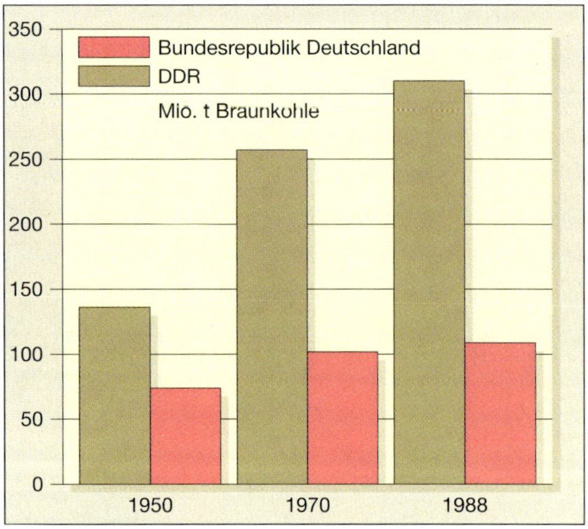

154.2 Braunkohlenförderung in Deutschland

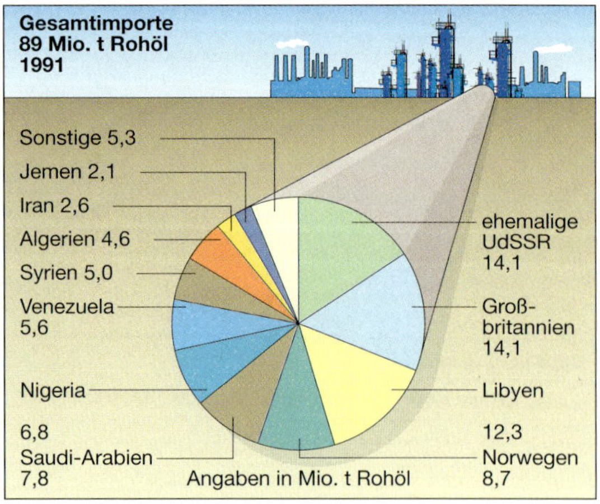

154.3 Erdölimporte Deutschlands

Arbeiten mit Tabellen und Diagrammen

Größenangaben, Mengen und Entwicklungen werden in diesem Erdkundebuch genauso wie in der Zeitung oder im Fernsehen durch Zahlen und Diagramme veranschaulicht. Dies führt zu besserem Verständnis. Dieser Geo-Baustein hilft dir dabei,
- Tabellen und Diagramme zu lesen und
- Diagramme selbst zu zeichnen.

Zahlen, denen du in diesem Buch begegnest, sind durch Messungen oder Zählungen ermittelt oder errechnet worden. 1970 wurden zum Beispiel in der DDR 257 Mio. Tonnen Braunkohle gefördert. Diese Zahl allein besagt nicht viel. Erst im Vergleich mit der Fördermenge der Bundesrepublik Deutschland (102 Mio. t) wird deutlich, dass es sich um einen hohen Wert handelt.

Betrachtest du solche Zahlenwerte über einen längeren Zeitraum, so kannst du die Entwicklung ablesen: Von 1970 bis 1988 steigen die Fördermengen an, der Förderunterschied zwischen DDR und Bundesrepublik Deutschland wird größer. Offensichtlich hat die Braunkohle in beiden Staaten eine unterschiedliche Bedeutung gehabt. Eine solche geordnete Zusammenstellung von Zahlen nennt man **Tabelle** (vgl. Abb 154.1).

Zum „Lesen" einer solchen Tabelle gibt dir die Unterschrift einen ersten Hinweis. Sie enthält oft neben dem Thema auch Angaben zur Größenordnung, hier: Förderangaben in Millionen Tonnen. Diese kannst du an der senkrechten Leiste (= Spalte) ablesen, in der waagerechten Leiste (= Zeile) findest du die Jahreszahlen.

Die meisten Tabellen enthalten eine Summenzeile (unten) oder eine Summenspalte (rechts), in der alle Werte addiert werden.

Anschaulicher werden diese Informationen, wenn man sie in Form von **Diagrammen** abbildet. Daraus kannst du jedoch keine genauen Zahlenwerte ablesen, es sei denn, sie werden zusätzlich angegeben.

Die **Säulen** im **Säulendiagramm** in Abb. 154.2 veranschaulichen auf einen Blick die Entwicklung der Fördermengen: Die braunen Säulen werden nach rechts länger = die Förderung steigt, die rötlichen bleiben nach rechts etwa gleich lang = die Förderung bleibt gleich. Auch der Größenunterschied zwischen den verschiedenfarbigen Säulen wird auf einen Blick sichtbar.

Aus **Kurvendiagrammen** lassen sich die Entwicklungen besonders deutlich ablesen: Während Steinkohlenförderung und Steinkohlenabsatz seit 1975 allmählich zurückgehen, wachsen die Halden (Abb. 155.1). Willst du ablesen, in welchem Jahr welche Fördermenge bzw. welche Haldenmenge vorhanden war, so musst du die gewünschte Jahreszahl auf der waagerechten Achse betrachten und (in Gedanken oder mit einem dünnen Bleistiftstrich) eine senkrechte Linie von diesem Punkt nach oben ziehen: Dort, wo diese die beiden Kurvenlinien trifft, lassen sich die beiden gesuchten Werte durch einen „waagerechten Blick nach links" zur Messlatte feststellen. Umgekehrt konstruierst du solche Kurven, indem du solche Schnittpunkte zunächst markierst und diese dann miteinander verbindest.

Balken- oder **Streifendiagramme** veranschaulichen häufig die Anteile an einer Gesamtmenge: Im Beispiel Abb. 155.2 wird sichtbar, welchen Anteil die einzelnen Energieträger in Deutschland beim Beheizen der Wohnungen haben – die Streifendiagrammreihe zeigt zusätzlich deren jeweilige Entwicklung seit 1970.

Anteile an einer Gesamtmenge können auch durch **Kreisdiagramme** (Abb. 154.3) oder **Tortendiagramme** (Abb. 155.3) veranschaulicht werden. Im übertragenen Sinn könnte man sagen, man sieht, welcher Bereich sich das „größte Stück vom Kuchen abschneidet".

Außerdem sagt die Kreis- oder Tortengröße etwas über die Gesamtmenge aus: Je größer die verbrauchte Gesamtenergiemenge in Abb. 155.3 ist, desto größer ist auch die Torte.

1. Erstelle eine Tabelle, welche die Entwicklung der Schülerzahlen deiner Schule zeigt. Trenne hierbei nach Schülerinnen und Schülern. Vielleicht kannst du auch nach der Herkunft aus verschiedenen Grundschulen untergliedern.
2. Zeichne für die letzten 5 Jahre Säulendiagramme (Säulenbreite: 1 cm; Säulenhöhe: 1 cm je 100 Schülerinnen/Schüler). Trenne erneut nach Schülerinnen und Schülern und gestalte die Säulen farbig.
3. Verbinde anschließend die Spitzen der jeweils zueinander gehörenden fünf Säulen miteinander zu zwei Kurven; benutze hierbei dieselben Farben wie bei Aufgabe 2.

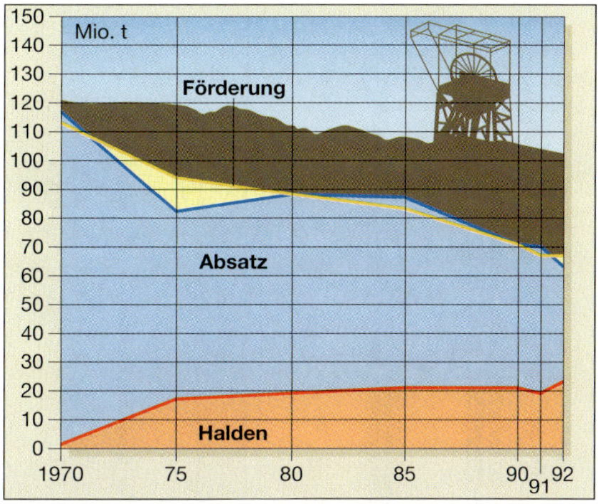

155.1 Entwicklung des Steinkohlenbergbaus

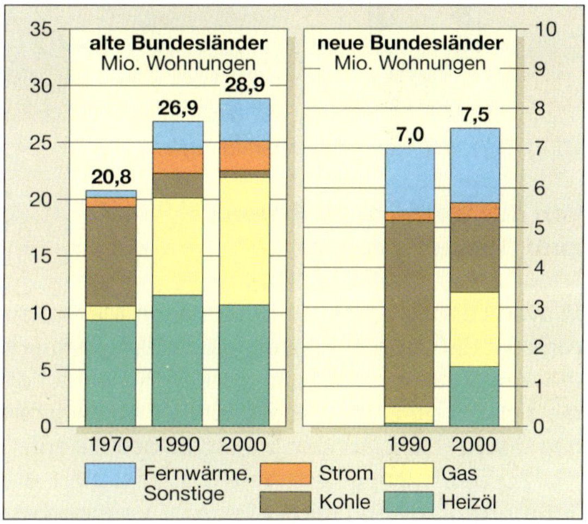

155.2 So heizen die Deutschen

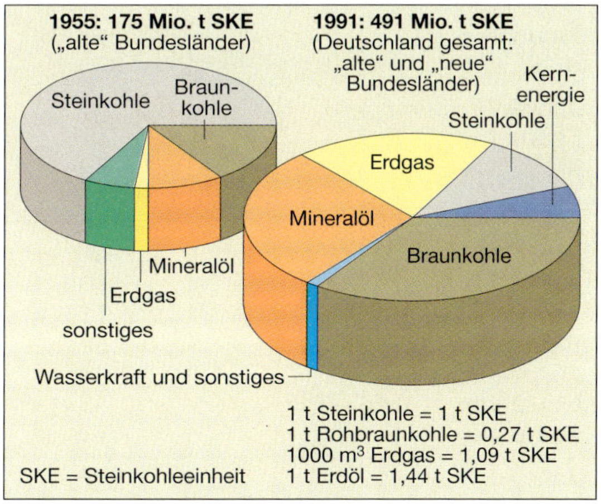

155.3 Energieverbrauch nach Verbrauchergruppen

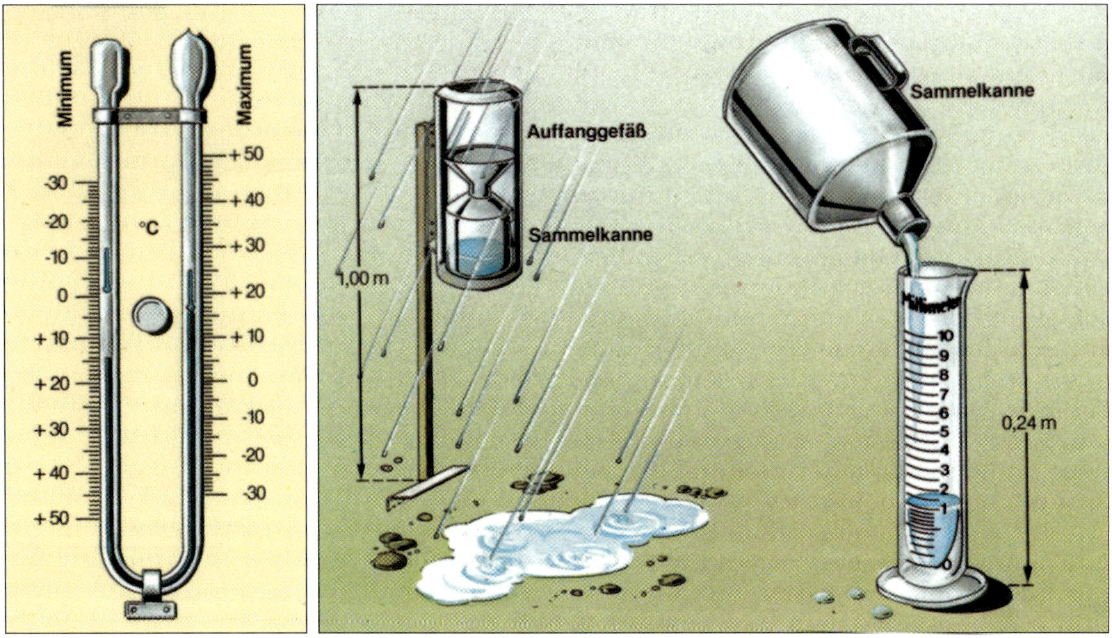

156.1 Thermometer und Niederschlagsmesser

Von der Wetterbeobachtung zum Klimadiagramm

In allen Ländern der Erde beobachten Menschen rund um die Uhr das **Wetter.** In den Wetterämtern messen Meteorologen, das sind Wissenschaftler, die sich mit dem Wetter beschäftigen, alle wichtigen Wettererscheinungen und schreiben sie auf.

Zu den wichtigsten Wetterdaten gehört die **Temperatur,** die in Grad Celsius (°C) angegeben wird. Das Thermometer zur Temperaturmessung muss an einem schattigen Ort aufgestellt werden. Dazu dient ein kleines Messhäuschen. Hier wird in zwei Meter Höhe die Lufttemperatur gemessen. Dreimal am Tag liest der Meteorologe die Temperatur ab und berechnet aus diesen Werten die Durchschnittstemperatur für diesen Tag.

Häufig verwenden die Wissenschaftler zusätzlich ein Minimum-Maximum-Thermometer. Es zeigt die höchste (Maximum) und die niedrigste Temperatur des Tages (Minimum) an.

Monate		Temperatur °C	Niederschlag mm
Januar	J	1	45
Februar	F	2	35
März	M	5	39
April	A	9	47
Mai	M	14	60
Juni	J	17	66
Juli	L	19	75
August	A	18	71
September	S	14	52
Oktober	O	9	47
November	N	5	43
Dezember	D	2	49
Jahr		10	629

156.2 Klimatabelle von Frankfurt/M.

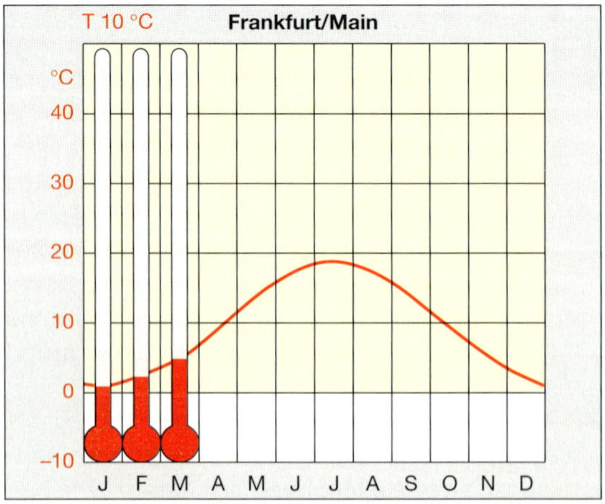

156.3 Temperaturdiagramm

Niederschläge wie Regen, Schnee oder Hagel misst man mit einem Niederschlagsmesser. Dabei werden die Niederschläge in einem Auffanggefäß gesammelt. Einmal am Tag gibt man die gesammelten Niederschläge in einen Messbecher. An einer Skala am Messbecher kann man die Niederschlagshöhe in Millimetern (mm) ablesen. Wenn 10 mm Regen gefallen sind, heißt das, dass der Erdboden 10 mm hoch mit Wasser bedeckt wäre, wenn das Wasser nicht abfließen oder versickern würde. Schnee muss vor der Messung aufgetaut werden.

Die Abb. 156.2 ist eine **Klimatabelle.** Eine aussagekräftige Klimatabelle erhält man, wenn man Temperaturen und Niederschläge über mindestens 30 Jahre misst und aus diesen Messergebnissen die monatlichen Mittelwerte berechnet. Wie ist ein solcher Mittelwert zu verstehen? In der Abbildung findest du beispielsweise für den Monat November einen Wert von 5 °C angegeben. Das bedeutet nun aber nicht, dass die Temperatur in jedem Jahr im November durchschnittlich 5 °C betragen muss. Es kann z. B. sein, dass der Mittelwert in einem Jahr bei 2 °C liegt, in einem anderen Jahr dagegen bei 8 °C. Der Durchschnitt für diese beiden Jahre ergibt jedoch wieder 5 °C. Die langjährigen Durchschnittswerte für Temperaturen und Niederschläge beschreiben das **Klima** an einem Ort.

Anschaulicher als in einer Klimatabelle kann man die Durchschnittswerte der Temperaturen und Niederschläge in Diagrammen darstellen. In einem Temperaturdiagramm werden die Monatswerte zu einer roten Temperaturkurve verbunden. Die monatlichen Niederschläge verdeutlicht man in einem Niederschlagsdiagramm durch blaue Säulen von unterschiedlicher Höhe. Meist zeichnet man für Temperaturen und Niederschläge ein gemeinsames Diagramm, ein **Klimadiagramm.**

1. Stelle ein Thermometer bei Sonnenschein jeweils fünf Minuten vor eine Hauswand, auf eine Rasenfläche und in den Schatten. Vergleiche die Temperaturen. Begründe, warum man im Schatten messen sollte.
2. Probiere ein Minimum-Maximum-Thermometer aus: Erwärme es und kühle es ab. Was ist mit den Stiften geschehen? Was zeigen sie an?
3. Beschreibe den Niederschlagsmesser (Abb. 156.1). Wie misst man den Niederschlag?
4. Beschreibe anhand der Abb. 156.3 die Temperaturkurve für Frankfurt/M.
5. Beschreibe die Höhe der Niederschläge in den einzelnen Monaten (Abb. 157.1).
6. Beschreibe anhand der Abb. 157.2 zusammenfassend das Klima von Frankfurt/M.
7. Erläutere die Beschriftung in Abb. 157.2. Was bedeuten die Eintragungen T 10 °C und N 629 mm?
8. Lies den Wetterbericht in der Zeitung oder achte auf die Wetterkarte im Fernsehen. Welche Wettererscheinungen außer der Temperatur und den Niederschlägen werden dort berücksichtigt?
9. Welche deiner Freizeitbeschäftigungen werden stark vom Wetter beeinflusst? Unterscheide dabei zwischen Sommer und Winter.

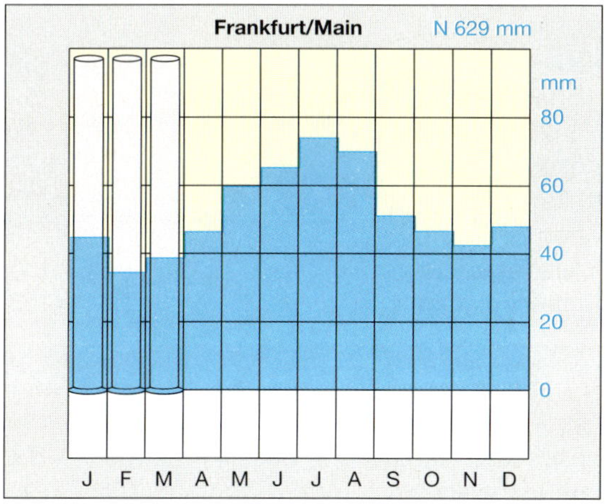

157.1 Niederschlagsdiagramm

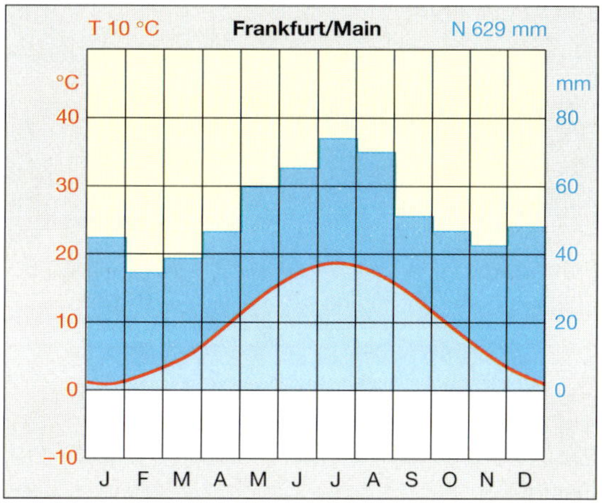

157.2 Klimadiagramm

Register

Bildquellen

Aerocamera, Rotterdam: 60.1, 89.1, 91.1
Aeroview Sellenraad, Rotterdam: 71.1
Alberti, Winterberg: 63.2
BASF, Ludwigshafen: 84.1
Bavaria, Gauting: 14.1 (Alexandre), 14.2 (Guth), 14.4 (Meier), 33.1 (Krauskopf), 87.1 (TCL), 91.3 (Kappelmeyer), 109.1 (Merten)
Cramm, Langenhagen: 143.1, 143.2
Coppenrath Verlag, Münster: 146.2
Deutsche Luftbild, Hamburg: 9.1, 40.1, 104.1, 140.1
Eck, Ammerbuch: 54.1 (6 Fotos)
Ehrich, Düsseldorf: 114.1
Luftbild Elsäßer GmbH, Stuttgart: 44.3, 77.1
Flughafen Frankfurt/Main AG: 94.1, 95.1
Forstamt Winterberg: 63.3
Gerber, Leipzig: 42.1, 43.2, 57.4, 80.1 (1), 80.1 (2), 83.2, 99.1, 101.2, 136/137 (4 Fotos)
Archiv Gerstenberg, Wietze: 147.1(1)
Glaser, Berlin: 23.2
Geodata-Service, Olpe: 151.1
Harst: 117.1
Husumer Schiffswerft: 108.1
Ifa-Bilderteam, Taufkirchen: 7.4
IMA, Hannover: 43.1, 49.1, 49.2, 61.3 (1), 61.3 (2)
Ittermann, Meschede: 36.1
Kantonales Bauamt Uri, Altdorf: 134.3
Koch, Dortmund: 10.2, 12.1, 12.2, 12.3, 12.4, 13.1
Kommunalverband Ruhrgebiet, Essen: 123.1
Konopka, Schwerte: 32.1, 64.1 (1), 64.1 (2), 64.3, 66.1
Kurverwaltung Wangerooge: 144.1, 144.3
Lade, Frankfurt: 109.2
Lauter, München: 86.1
Lennardt, Dortmund: 73.2
Mader, Worms: 7.1
Maier, Rottenburg: 34/35
Mangold, Ottobrunn: 134.1
Mauritius, Mittenwald: 5.2, 7.2, 8.1, 8.2
Mittag, Borken: 48.1,
Mobil Oil, Hamburg: 4.2, 96.1
Muuß, Altenholz: 3.2, 39.3, 44.1
Nationalparkamt Mecklenburg-Vorpommern, Speck: 127.1, 127.3, 128.2
Neumann, Grevenbroich: 26.1, 26.2, 28.1, 29.2, 29.3, 148.1, 148.2
Obstland Dürrweitzschen: 32.2, 57.1,57.2, 57.3
Pescatore, Luxemburg: 6.5
Planungsamt der Stadt Stuttgart: 85.2
Presseamt der Stadt Bonn: 118.2, 118.3, 119.1, 119.2, 119.3
Prucker, Wolkenstein: 132.1, 132.2
Rehfeld, Berlin: 21.1 (1), 21.1 (2)
Rheinbraun AG, Köln: 70.1
Rohmeyer, Fischerhude: 5.1, 38.1, 39.4, 147.1(2)
Ruhrkohle AG, Essen: 74.1, 74.2
Salzgitter AG: 78.1
Schönfelder Bildwerbung, Osterode/Harz: 106.1
Stadtarchiv Grevenbroich: 24.1
Steininger, Hannover: 142.1
Tappeiner Werbefoto, Meran: 130.1 (1), 130.1 (2)
Theißen, Dortmund: 58.1, 58.2, 62.1, 131.3
Trans Dia: 127.2
Ullstein Bilderdienst, Berlin: 20.1(1) (Hiss), 20.1(2) (Klöckner), 20.1(3) (Klöckner), 20.1(4) (Klöckner), 20.1 (5) (Schlemmer), 22.1 (Rieth), 22.2 (Rondholz), 23.1 (Frentz)
Universität Gießen: 64.2
Verkehrsamt Wolkenstein: 114.2, 117.3, 131.1, 131.2, 132.3
Verlagsarchiv: 3.1, 4.1, 6 (4 Fotos), 44.2, 51.2, 68.1 (4 Fotos), 78.2, 101.1, 117.2, 124.1, 125.1, 134.2
Volkswagen Sachsen GmbH, Mosel: 70.2, 81.1, 82.1, 83.2
Wernicke, Dagebüll: 7.3
Wührl, Bochum: 73.1
Zefa, Düsseldorf: 14.3 (Weigel), 17.1, 115.1 (Oster)

ISLAND
Reykjavík
Europäisches Nordmeer
Nördlicher Polarkreis
Hammerfest
Narvik
Luleå
NORWEGEN
SCHWEDEN
Trondheim
Färöer (dän.)
Shetlandinseln (brit.)
Bergen
Oslo
Uppsala
Turku
Stockholm
Göteborg
ATLANTISCHER OZEAN
Nordsee
Ostsee
Glasgow
GROSS-BRITANNIEN
Belfast
Newcastle
Dublin
IRLAND
Liverpool
Manchester
Sheffield
Birmingham
London
Bristol
DÄNEMARK
Kopenhagen (København)
Malmö
Königsberg (Kaliningrad)
Danzig (Gdańsk)
Hamburg
Bremen
Stettin (Szczecin)
Amsterdam
NIEDER-LANDE
Den Haag
Hannover
Berlin
POLEN
Brüssel (Bruxelles)
BUNDESREPUBLIK
Posen (Poznań)
Łódź
Warschau (Warszawa)
Kanalinseln (brit.)
Lille
BELGIEN
Düsseldorf
Köln
Bonn
Leipzig
Dresden
Brest
Le Havre
Reims
LUXEMBURG
Luxemburg
Frankfurt
Breslau (Wrocław)
Lublin
Seine
Paris
DEUTSCHLAND
Prag (Praha)
Krakau (Kraków)
Nantes
FRANKREICH
Straßburg (Strasbourg)
Stuttgart
TSCHECHISCHE REP.
Brünn (Brno)
SLOWAKEI
München
Wien
Preßburg (Bratislava)
Dijon
Bern
Zürich
LIECHTENSTEIN
Vaduz
SCHWEIZ
ÖSTERREICH
Graz
Budapest
UNGARN
La Coruña
Bordeaux
Lyon
Turin (Torino)
Mailand (Milano)
SLOWENIEN
Laibach (Ljubljana)
Zagreb
KROATIEN
Temesvar
Porto
Bilbao
Valladolid
Toulouse
Genua
Venedig
Nizza
MONACO
Bologna
BOSNIEN-HERZEGOWINA
Sarajevo
Belgrad (Beograd)
PORTUGAL
SPANIEN
ANDORRA
Marseille
Florenz
SAN MARINO
Lissabon (Lisboa)
Madrid
Zaragoza
Barcelona
Korsika
ITALIEN
JUGOSLAWIEN
Serbien
Montenegro
VATIKANSTADT
Rom (Roma)
Skopje
MAKEDONIEN
Valencia
Sardinien
Neapel (Napoli)
Bari
Tirana
ALBANIEN
Sevilla
Córdoba
Balearen
Palma
Murcia
Cádiz
Málaga
Cagliari
GRIECHENLAND
Tanger
Gibraltar (brit.)
Ceuta (span.)
Mittelmeer
MAROKKO
Melilla (span.)
Oran
Algier
Annaba
Palermo
Messina
Rabat
Casablanca
ALGERIEN
Constantine
Tunis
Sizilien
Catania
TUNESIEN
MALTA
Valletta
Marrakesch
Tripolis
Staatsgrenze
Berlin Hauptstadt eines Staates
Bonn Regierungssitz eines Staates
Orte
über 1000000 Einwohner
500000 – 1000000 Einwohner
100000 – 500000 Einwohner
unter 100000 Einwohner
0 100 200 300 400 500 600 700 800 900 1000 km